依推定的权利人
同意之行为研究

邵 睿 ◎ 著

中国社会科学出版社

图书在版编目(CIP)数据

依推定的权利人同意之行为研究 / 邵睿著. —北京：中国社会科学出版社，2021.6

ISBN 978-7-5203-8281-6

Ⅰ.①依… Ⅱ.①邵… Ⅲ.①刑法—研究—中国 Ⅳ.①D924.04

中国版本图书馆 CIP 数据核字(2021)第 066868 号

出 版 人	赵剑英
责任编辑	任 明 周怡冰
特约编辑	芮 信
责任校对	季 静
责任印制	郝美娜

出 版	中国社会科学出版社
社 址	北京鼓楼西大街甲 158 号
邮 编	100720
网 址	http://www.csspw.cn
发 行 部	010-84083685
门 市 部	010-84029450
经 销	新华书店及其他书店
印刷装订	北京君升印刷有限公司
版 次	2021 年 6 月第 1 版
印 次	2021 年 6 月第 1 次印刷
开 本	710×1000 1/16
印 张	16.25
插 页	2
字 数	275 千字
定 价	98.00 元

凡购买中国社会科学出版社图书，如有质量问题请与本社营销中心联系调换
电话：010-84083683
版权所有 侵权必究

前　言

本书是江西省社会科学"十三五"（2016年）规划项目"我国刑法视野中的'医疗行为'研究"（项目类别：一般项目、项目编号16FX05），由笔者博士学位论文《论依推定的权利人同意之行为》改编而成，并获得笔者所任教的东华理工大学所提供的东华理工大学学术专著出版资助。笔者作为一个半道出家的"法律人"，在跨入刑法学大门的那一刻起，就为刑法学学科所具有的宏大体系和深邃哲理所深深折服，其中的阶层犯罪论体系学说，更算得上是刑法学发展史上的钻石。应当认为，该体系是"刑法学理论发展到一定程度的结晶，而透过它，刑法学的发展才能展现灿烂夺目的光彩"（许玉秀）。也许是为了避免因实现绝对的理论统一而过早地结束自身的学术生命，数百年来，该体系内部一直在诸如法益的概念、构成要件判断与违法性判断的关系、违法性的本质等对于体系的存在与发展具有重大影响的问题上，存着明显的对立与激烈的争论，呈现出了高铭暄先生所说的"五花八门"、"变动不居"的特点，但也正因为如此，才使得该体系能够在面对不断前进的社会和丰富多彩的生活时保持相当的张力，并在历史的发展过程中经久不衰。

"犯罪是侵害法益的行为。"在当今的刑法学界已然成为通说，就连我国也有相当数量的学者主张可以将犯罪的本质属性——社会危害性理解为"法益侵害性"，但如果我们对法益概念形成与发展历程的回顾，并对诸多"法益"概念进行梳理，便可以深刻地体会到罗克辛教授之"'法益'的定义至今仍然没有得到成功而明确的说明，因而不能提供一个可以在法律上作为基础的和在内容上令人满意的界限"这一论断的正确性。

法益这一概念除了具有解释论上的机能外，更应当具有限制论上的机能，即必须避免刑事立法恣意将不适当的内容作为法益并（动用刑法）予以保护，因此法益的内涵就必须先于刑法而存在。同时，根据我国刑法第一条的表述，我们应当前往刑法的制定依据——宪法中寻找答案。而宪法的核心价值之一便是自由。因此，所谓的"法益"应当指称一种体现着特定利益的价值状态，其内容应当是保障"人的自我实现与自由发展"。

但从现实生活来看，刑法保护对于大部分受到侵害的法益来说，都显得"为时已晚"，因此刑法实际上是通过直接保护（隐藏在刑法条文背后的）行为规范的有效性来间接实现法益保护之目的的，行为违法性的实质便在于违反规范进而侵害法益。正是在这个意义上，"构成要件源自规范，而规范则源自法益"（耶赛克）。

从社会生活的现实来看，在特定情形下，不同行为人（亦为法益主体）之间会因为分别适用不同的行为规范而导致法益冲突，为保持法秩序的（相对）同一性，避免出现在民法或行政法上的合法行为构成犯罪的"尴尬"局面，由刑法所保障的某些行为规范在这类情形下必须暂时"失效"，而导致其暂时"失效"的条件即是违法性判断的内容。

如此一来，构成要件符合性判断与违法性判断之间的关系便不是传统理论所认识的形式判断与实质判断，或者事实判断与价值判断的关系，而是一种知性思维与辩证理性之间的关系。具体而言，前者以原则的、一般的方法判断有无实质的法益侵害性，而后者研究在特定场合下，根据不同主体间相冲突的法益比较，具体判断哪些行为规范必须暂时"失效"。如此分类的理由在于：只要行为人没有违反行为规范的要求（进而阻却构成要件符合性），则其行为对法益造成了何种结果在刑法上就是不重要的；而行为人只是在（隐藏在刑法条文之后的）行为规范和（由整体法秩序所决定的）允许规范之间进行行为选择，则必须分别考察两种行为的后果并进行比较。同时，阻却构成要件符合性并不总是符合整体法秩序的要求，仍然有可能对其实施正当防卫或紧急避险，而对阻却违法的行为而言，不存在对其实施正当防卫或紧急避险的余地。

在当今社会中，共同体的行为总是受到各种不同规范的引导，其中最主要（同时也是最重要）的即为法律规范：在社会进程中，法律承受者（社会成员）的行为经由间接的、规范的行为准则（一般的法律条款及个别化义务）而受到引导。但从促进社会发展进步及保障社会成员自由的角度而言，赋予公民私人自治，对于激发公民的责任感和创造能力同样具有重要意义，因此在某些特定群体内部，其成员之间完全有可能基于其在交往过程中所形成的彼此信任的特定关系就某种事务的处理建立起一套习惯做法，这使得任何正式的法律保护和法律制裁成为多余。因为某项规范（包括法律在内）要被视为是正当的，主要并不是依靠其对社会成员的压制，而应当是"理性的引导"，从这个意义上说，社会共同体就存在于由法律和习惯等多种规范编织交错而成的规范系统之中。

以上这类存在彼此信任之特定关系的群体被称为"小型群体"，这类群体是以彼此信任作为活动基础的。考虑到在法律的适用过程中，起决定作用的并非社会成员对法律的服从义务，而是适用这一法律规范本身所欲达到的目的，为实现这一目的，正式的法律规范有时需要对某种"民间性公共秩序"（包括"小型群体"中的非正式规范）网开一面，即为了保障其内部成员之间的正常交往，在不影响群体外部成员的前提下，根据该"小型群体"中成员间存在的彼此信任的关系以及在交互活动中就某种事务的处理而形成的习惯做法对正式规范作出某些调整与修正，以保证特定情形下人们行为规范的个别化与合理性。相应地，在解释某个行为是否违反了由行为规范所建构的构成要件时，就必须将上述"非正式规范"包含在"行为规范"这一概念之内。

在刑法学研究的领域，依推定的权利人同意之行为即属这类"特定情形"，因为其要解决的问题恰好就是对于基于特定的关系而形成的"小型群体"中的人们在无法获得权利人现实意志的条件下，通过考察相互之间的特定关系和客观存在的情势，以期最大限度地接近权利人现实意志来处置原本应由权利人自身处置的事项的行为之定性问题。在这一过程中，上述"非正式规范"的重要意义即在于其是指导行为人在该类场合下"擅自"行为的行为规范。当"小型群体"中的行为人遵循了这些"非正式规范"（以不动摇正式规范对于社会中其他成员及社会整体之效力为前提），即便其行为看上去不那么严格地符合正式规范的要求，刑法也应当本着上述"网开一面"的精神，放弃对其作出否定评价。

同时应当注意的是，相当数量的学者主张将依推定的权利人同意之行为作为部分医疗行为正当化理论依据之一，联系当前医患关系紧张（据不完全统计，自2019年1月至7月，全国共发生恶性伤医、杀医案件达39起之多）的社会局面。一方面人们对伤医、杀医行为进行了严厉的舆论谴责，另一方面社会公众要求维护患者自主权的呼声也不绝于耳。因此司法实践也对相关问题的研究提出了现实要求，以实现党的十九大报告中提出的"健康中国战略"。

2017年5月3日，习近平总书记在视察中国政法大学时提出了"在法学学科体系建设上要有底气、有自信。要以我为主，兼收并蓄"的要求，因此"中国的刑法学必须服务于中国的刑事法治现实和实践，必须立足于解决中国刑事法治实践中出现的问题"，但"在经济和法律全球化的今天，作为一个刑法学者，必须具有国际眼光和开放的思想和胸襟"（高铭暄）。据此，本书研究阶层犯罪论体系的目的不在于将该体系直接"移植"进我国，而是以依推定的权利人同意之行为为契机，借鉴阶层犯罪论体系的合理因素，将我国传统刑法理论中的各类犯罪阻却事由予以类型化，并在对"社会危害性"这一犯罪本质属性赋予新的内涵之前提下，明确依推定的权利人同意之行为的成立要件。

当然，此处应强调，作为"半道出家"的笔者，并不想为这篇尚存些许不足的"著作"作出"没有功劳、也有苦劳"的"背书"，只是希望本书在付诸出版后，读者们能够对本人的见解不吝评阅，但过多的批评可能不免连累以下人员：

他们是笔者的博士生导师朱建华教授、硕士生导师高维俭教授，以及笔者攻读博士学位期间导师组的梅传强教授、李永升教授、王利荣教授、石经海教授、袁林教授，无论是在课堂上或者讲座中聆听老师们的教诲，抑或是在交谈中体会老师们的观点，都会带给笔者无限的启迪与鼓励，甚至在毕业多年以后，仍能感受到老师们学术思想的深邃与厚重，因此过多的批评对他们来说是不公正的，对于书中难免的疏漏与不足，"归责"主体只能是作者自己。

另外，在笔者攻读博士学位的过程中，得到了张理恒博士、黄悦博士、张建一博士、吴建勇博士、胡印富博士、秦宗川博士等人的大力协助，在此一并谢过！

目　　录

第一章　引言 …………………………………………………… (1)
 第一节　本书的写作目的 ………………………………………… (1)
 第二节　本书的理论意义与实践意义 …………………………… (4)
 第三节　国内外研究现状 ………………………………………… (5)
  一　国内研究现状 ……………………………………………… (5)
  二　国外研究现状 ……………………………………………… (7)
 第四节　本书的主要创新点 ……………………………………… (9)
 第五节　本书的研究方法 ………………………………………… (10)
  一　比较分析的方法 …………………………………………… (10)
  二　案例分析的方法 …………………………………………… (10)

第二章　依推定的权利人同意之行为概述 …………………… (11)
 第一节　称谓之争 ………………………………………………… (11)
  一　"被害人"还是"权利人"？ …………………………… (11)
  二　"承诺"还是"同意"？ ………………………………… (16)
 第二节　依推定的权利人同意之行为的概念和分类 …………… (20)
  一　概念的聚讼 ………………………………………………… (20)
  二　依推定的同意之行为概念探究 …………………………… (22)
  三　"推定"的分类 …………………………………………… (30)

第三章　国外刑法中的依推定的权利人同意之行为 ………… (36)
 第一节　英美法系国家中的依推定的权利人同意之行为 ……… (36)
 第二节　大陆法系国家中的依推定的权利人同意之行为 ……… (38)
  一　"违法阻却事由"在阶层犯罪论体系中的地位 ………… (38)
  二　"违法阻却事由"的称谓 ………………………………… (40)
  三　主要国家的立法状况与理论学说 ………………………… (42)

第三节　各类正当化根据的述评……………………………（46）
　　一　关于正当化根据的聚讼………………………………（46）
　　二　依推定的同意之行为的主导形象分析………………（55）
　　三　依推定的同意之行为的正当化根据分析……………（59）

第四章　依推定的权利人同意之行为的出罪理由分析之一
　　　　——依阶层犯罪论体系为视角 ………………………（78）
第一节　依推定的权利人同意之行为不属于"违法阻却事由"……（78）
　　一　"同意"的地位之争…………………………………（78）
　　二　构成要件符合性判断与违法性判断的关系…………（89）
　　三　依推定的同意之行为不属于"违法阻却事由"的理由……（109）
第二节　依推定的权利人同意之行为属于"构成要件阻却
　　　　事由"………………………………………………（112）
　　一　法益概念的演进史……………………………………（112）
　　二　法益概念的特征分析…………………………………（132）
　　三　依推定的同意之行为属于"构成要件阻却事由"的理由
　　　　——不存在刑法意义上的"法益侵害"………………（140）

第五章　依推定的权利人同意之行为的出罪理由分析之二
　　　　——以"四要件"犯罪构成理论为视角 ……………（146）
第一节　依推定的权利人同意之行为在"四要件"犯罪构成中的
　　　　地位……………………………………………………（146）
　　一　对传统刑法理论中"犯罪阻却事由"之理论地位的
　　　　诘难………………………………………………（147）
　　二　"犯罪阻却事由"的体系地位解决方案之争…………（150）
第二节　依推定的权利人同意之行为的出罪理由……………（163）
　　一　社会危害性是犯罪的本质属性………………………（163）
　　二　依推定的同意之行为不具有社会危害性……………（170）
第三节　依推定的权利人同意之行为属于"超法规的犯罪阻却
　　　　事由"………………………………………………（179）
　　一　"超法规的犯罪阻却事由"与罪刑法定主义…………（180）
　　二　"超法规的犯罪阻却事由"之存在理由——"万能立法者"
　　　　之否定………………………………………………（189）

第六章 依推定的权利人同意之行为的成立要件
——以"非正式规范"为核心的分析 ……………………（196）
第一节 行为处于"非正式规范"的效力范围之内 ……………（196）
第二节 行为所涉事项属于权利人能够自由处置的事项 ………（197）
  一 权利人具有同意能力 ……………………………………（199）
  二 被"推定"的权利人意志具有自愿性 …………………（201）
第三节 "非正式规范"的构建 …………………………………（204）
  一 就行为所涉事项存在"特定关系" ……………………（205）
  二 权利人的惯常行为 ………………………………………（208）
  三 缺乏权利人之现实意志 …………………………………（211）
  四 情势的紧迫性 ……………………………………………（216）
  五 行为人对权利人的可能意志具有主观上的认识 ………（218）
第四节 是否遵循"非正式规范"的判断 ………………………（219）
  一 判断标准——"社会一般观念" ………………………（219）
  二 判断方法——"社会一般观念"的"间接在场"与"直接在场" ………………………………………………………（224）

第七章 结语 ……………………………………………………（231）

参考文献 …………………………………………………………（232）

第一章 引言

第一节 本书的写作目的

依一般的见解,在当今社会中,共同体的行为总是受到各种不同规范的引导,其中最主要(同时也是最重要)的即为法律规范:在社会进程中,法律承受者(社会成员)的行为经由间接的、规范的行为准则(一般的法律条款及个别化义务)而受到引导①。因此,人类据以决定彼此之间行为模式的主要规范即为法律规范,这些法律规范作为衡量某一行止之社会意义的重要标准而存在,换言之,法律规范即是这些行为模式及其评价标准的整体。具体而言,法律规范是指对作为行为主体的人或组织在一定前提条件下之行为模式及其法律后果的规定,也是检验及调整上述行为的尺度标准。相对于社会中存在的其他规范而言,法律规范具有以下特征:第一,法律规范是由国家制定或认可的,并由国家之强制力保障其实施与运行,因而具有国家权威性。第二,法律规范所针对的是一般人或组织,且调整的是其在相同(或相似)情形下的行为,而不是只限于某个人的某一次偶然行为,因此具有概括性及普遍性的特征。第三,为了保证对行为后果(是否合法、正当)的预测,从而避免产生执法者及守法者面对法律规范无所适从的局面,法律规范就不能模棱两可或朝令夕改,因而其必须明确具体、相对稳定。② 以上这些特征使得以法律规范为基础而建立的"法律秩序成了一种最重要、最有效的社会控制形式。其他所有

---

① 参见[德]齐配利乌斯《德国国家学》,赵宏译,法律出版社2011年版,第23页。
② 参见郭道晖《法理学精义》,湖南人民出版社2005年版,第229—230页。

的社会控制方式，都从属于法律方式，并在后者的审察之下运作"①。具体来说，对于现代社会而言，法律规范在建立和维持社会秩序的过程中，主要体现出以下几个方面的作用：第一，建立和维持社会政治秩序；第二，维护权力运行秩序；第三，建立和维持经济秩序；第四，维护社会生活秩序，等等。②对于刑法这一部门法而言，其存在的目的在于确立一定的行为规范并通过刑罚的公布与适用以调整人们的行为，从而达到保护社会及公民个人的目的。然而，人们必须明确的是，法律（制定法）并不是一开始就存在于人类社会之中的，而是经历了一个由原始社会的习惯到经由氏族公共权力确认的习惯法，再（在国家产生之后）到制定法的过程。在这一过程中，习惯被人们反复地适用，并为社会公众的法律意识所普遍接受，并且为了满足社会生活中不断产生和变化的需要，人们也会在生活交往中构建出某些新的习惯，在这种意义上说，习惯也是进行社会控制的一种方式，是制定法的重要补充形式，在具体场合下，习惯对社会生活的控制也会体现为群体内的"非正式规范"的引导作用，如在某些场合下，特定的群体内部成员间的交互行为往往并不直接表现出与法律规范在建立和维持社会秩序的过程中所体现出的各方面作用存在某种联系，这也可以被理解为：在这类情形中，法律规范之社会控制机能失去了其（自法律产生以来）一贯的主导地位，形成这种局面的主要原因在于：某项规范（包括法律在内）要被视为是正当的，主要并不是依靠其对社会成员的压制，而应当是"理性的引导"，既然特定群体内部各成员之间基于其在交往过程中所形成的彼此信任的特定关系已经就某种事务的处理建立了一种习惯做法，只要这一习惯未动摇其他社会成员对正式规范效力的信赖，就会使得任何正式的法律保护和法律制裁成为多余。

以上这类存在彼此信任之特定关系的群体被称为"小型群体"：一方面，生活于其中的每个成员都对其他成员了如指掌，清楚地知道其他人想得到什么东西或者害怕出现什么状况，如此一来，群体中各成员间从事相互合作的行动就会变得更为容易；另一方面，成员间的某些利益冲突作为其日常生活一部分，完全可能是微不足道、无足挂齿的。而在社会这一

---

① ［美］罗斯科·庞德：《法律与道德》，陈林林译，中国政法大学出版社2003年版，第37页。

② 参见付子堂主编《法理学进阶》，法律出版社2005年版，第97—100页。

"大型群体"中，互不相识、彼此陌生的人们之间的交互行为，不是以彼此信任作为基础的，而是充满着"注意与防范"，因而在处理相互间的关系时，需要预先达成一个正式的协议，并且按照法律所确立的正式规范来指引各自的行为。但在"小型群体"之中，其成员间的交互行为显然更多地是受到某种来自习惯的"非正式规范"所指引。①

以法律规范为主体的正式规范来统摄社会生活的方方面面的做法或多或少地与法律实证主义思想（这一思想曾在19世纪达到其顶峰）具有某种关联，它认为所有法律问题的答案都能在现存的法律规范中找到答案，因为人类理性（尤其是法学家及立法者）可以达到制定一部完美无缺的法律之高度，亦即所有的法律规范都潜在于法学家及立法者的头脑之中，它们只需要通过纯粹的逻辑演绎就可以被发现，所有的法律规范都以一种逻辑形式而存在着，并且这些法律规范一经制定就是终局性的。但是，一方面，这些纯粹的逻辑演绎并非法律的全部；另一方面，指引具体场合下人们行为的规范也应当具有高度个别化的特征。美国法学家诺内特（Nonet）和塞尔兹尼克（Selznick）对这个问题进行了很好的说明，他们首先将社会生活中的法律现象归为三类："压制型"、"自治型"和"回应型"。前者的标志是法律机构在适应社会政治环境时会体现出被动性和机会主义性的特征。中者则关注保持法律的完整性，为此，法律一方面盲目地强调形式主义（这一点可以被视为是保持法律完整性的代价），另一方面则自我隔离地在一个狭窄的范围内界定自己的责任。而后者则认为，制定与适用法律的目的才是批判既定做法的标准，这就使得对法律进行服从的要求并不显得那么的严格，从而使"公共秩序"这一概念少了一份僵硬而多了一份文明②，换言之，在法律的适用过程中，起决定作用的并非社会成员对法律的服从义务，而是适用这一法律规范本身所欲达到的目的，为了达成这一目的，正式的法律规范有时需要对某种"民间性公共秩序"网开一面。而对于上述"小型群体"中的非正式规范来说，其也可谓是一种"民间性公共秩序"，为了保障其内部成员之间的正常交往，

---

① 参见［美］理查德·A.爱泼斯坦《简约法律的力量》，刘星译，中国政法大学出版社2004年版，第61—62页。

② 参见［美］诺内特、塞尔兹尼克《转变中的法律与社会》，张志铭译，中国政法大学出版社1994年版，第85—87页。

在不影响群体外部成员的前提下，也需要法律这一正式规范对其"网开一面"，即根据该"小型群体"中成员间存在的彼此信任的关系以及在交互活动中就某种事务的处理而形成的习惯做法对正式规范作出某些调整与修正，以保证特定情形下人们行为规范的个别化与合理性。

在刑法学研究的领域，依推定的权利人同意之行为即属这类"特定情形"，因为其要解决的问题恰好就是对于基于特定的关系而形成的"小型群体"中的人们在无法获得权利人现实意志的条件下，通过考察相互之间的特定关系和客观存在的情势，以期最大限度地接近权利人现实意志来处置原本应由权利人自身处置的事项的行为之定性问题。在这一过程中，上述"非正式规范"的重要意义即在于其是指导行为人在该类场合下"擅自"行为的行为规范。当"小型群体"中的行为人遵循了这些"非正式规范"（以不动摇正式规范对于社会中其他成员及社会整体之效力为前提），即便其行为看上去不那么严格地符合正式规范的要求，刑法也应当本着上述"网开一面"的精神，放弃对其作出否定评价。研究依推定的权利人同意之行为的目的就在于分析为什么"小型群体"中的成员间得以在一定范围内适用非正式规范，这一"范围"的界限何在，换言之，遵循何种标准行为方能不被视为正式规范所调整的对象。

第二节 本书的理论意义与实践意义

本书旨在解决如下问题：即依刑法的立场观之，对因出现特殊情势，行为人在不能取得权利人现实同意之前提下，通过考察相互之间的特定关系和客观存在的情势，对权利人"如果在场"的意志进行合理的推定而代为处置原本应由其自身处置的事项的行为，能否动用刑法进行干预。对于这类行为，权利人在事后既有可能表示现实的同意也有可能做出相反表示。在前一情况下，对"权利人同意"的理论稍作修改便可否定刑法介入之必要性，而对于后者而言，应当认为，一方面，从行为人与权利人之间的关系来看，由于其处于某一特定的"小型群体"之内，有着适用于该群体内部成员在处理某一类事务时所能够依据的"非正式规范"，在该类规范本身不影响社会整体及社会中其他成员的前提下，行为人又遵从着这种规范，那么就应当否定刑法介入的必要性；另一方面，当行为人之行为依社会中处于相同或相似地位的一般人之标准来判断，不再体现出"小型群体"中的成员间相互行为之特征时，刑法始有介入之可能性。因此，本书的理论意义在于：

第一，正确看待刑法在法律体系以及社会整体控制措施中的地位，明确刑法只是社会控制手段之一，并且只能在其他社会控制手段失灵的时候才得以启用。

第二，明确刑罚是国家在和平时期所能动用的最严厉措施，其发动条件会受到严格的限制，从而避免重刑主义倾向，避免因相当数量的社会成员都贴上"犯罪人"的标签而导致的刑罚失效。

第三，改变"刑法万能主义"的思想，避免公权力介入人们生活关系中的方方面面，提倡人权保障的思想，提高社会自治能力。

而研究这一问题的实践意义则有：

第一，揭示依推定的权利人同意之行为的具体成立要件，为司法机关正确处理这类问题提供相对全面而明确的标准。

第二，分清刑法应当介入的场合和不应当介入的场合，节约司法资源，集中力量打击对社会具有重大威胁的犯罪行为。

第三，在一些不值得刑法干预的场合下，为当事人提供运用其他途径解决问题的空间，避免因刑法的介入而破坏人们业已构建的对社会整体发展具有重要意义的小型群体，保护其内部成员之间的互信互爱关系，以最终达到保持社会稳定与促进个人自由发展的目的。

第三节 国内外研究现状

一 国内研究现状

目前国内尚无刑法学专著或博士学位论文对该问题进行专门的研究，只是在部分刑法教科书中略有提及。一般而言，持"四要件"犯罪构成理论的学者会在"排除犯罪性行为"中研究该问题，如马克昌教授即在其主编的《犯罪通论》中的"第三部分"——"排除犯罪性行为"中对此进行了阐述，他指出：基于推定承诺的损害（即依推定的权利人同意之行为——笔者注），是指行为人在缺乏被害人的现实承诺，但出于为了维护被害人利益的目的，而在推定被害人可能作出现实的承诺的基础上实施的某种侵害行为，例如，某人见到其邻居家中起火，恰好该邻居又家中无人时，为了扑灭大火破门而入的行为，对于这类行为不能径行认定为"非法入侵他人住宅"，但要其排除犯罪性，必须遵循具有严格的条件：第一，基于这种"推定"而行为的目的必须是为了维护权利人的利益。一般而言，该类行为所导致的后果是为了达到救助权利人的目的，即防止其利益遭受更大的损失。第二，待处理的事情必须具有现实急迫性，方能由行为人代为处理。第三，从行为当时的客观情况来判断，必须具有获得权利人同意的现实可能性，即权利人对于由行为人来处置原本应由其本人处置的事项，极有可能在事后表示同意。当然，从实际情况来看，如果行为人的推定是根据当时客观情况所作出的，即使在事后未获得权利人的现实同意，也不能仅仅因此被认为其依据"推定"而做出的行为是违法的。第四，基于"推定"而进行的行为，其本身的方法和程度上必须为社会之一般观念所认可。[①] 而主张阶层犯罪论体系的学者一般在"违法阻却事由"中研究该问题，如张明楷教授在其编写的《刑法学（上）》（第五版）中，就在该书第五章第三节——"违法阻却事由"中论述该问题，他认为："现实上没有被害人的承诺，但如果被害人知道事实真相后当然会承诺，在这种情况下，推定被害人的意志所实施的行为，就是基于推定的承诺的行为（即依推定的权利人同意之行为——笔者注）"，如在发生火灾之际，行为人为了保护权利人的财产，使其不至于在火灾中受到损坏，而在缺乏因事外出的权利人之现实承诺的情形下，闯入住宅抢救物品的行为，欲阻却该类行为的违法性，必须具备以下要件：第一，缺乏权利人之现实的同意；第二，对"权利人知道真相后将予以同意"的推定须以合理的一般人意志为标准，而非仅仅取决于以被害人的实际意志；第三，该行为是为了权利人的一部分法益牺牲其另一部分法益，因此所牺牲的法益不得大于被挽救的法益；第四，所牺牲的法益必须是权利人自身有处分权限的（个人）法益。[②] 可以看出，除了体系上的区别以外，对于该

[①] 参见马克昌主编《犯罪通论》，武汉大学出版社1999年版，第829—830页。
[②] 参见张明楷《刑法学（上）》，法律出版社2016年第5版，第226页。

问题本身的认识可谓大同小异，除此之外，我国学者普遍不承认"为（除权利人之外的）其他人利益的推定"，如冯军教授就认为：一个擅自处置他人法益的行为，只有在为了权利人本身的利益而实施的情况下，才有可能被认为是根据"推定的承诺"所作出的，原因在于"只有英雄才会作出侵害自己的利益的承诺"，但法律（特别规定了作为义务除外）并没有赋予人们像英雄般行为的义务，同时，不希望自己的利益受损乃人之常情，因此当某一行为及其所造成的结果是完全不利于权利人的，对这类意志的"推定"就缺乏合理的根据，也许人们会在不损害自身利益的前提下希望对其他人提供某些帮助，但是在仅仅有益于他人并且这种"有益于"是以自我利益受损为代价时，就不能进行这种"推定"。[①]

二　国外研究现状

在英美法系中，由于其包括刑法学在内的各种法学理论都具有实践性、简便性与动态性的特点，因而没有现成的关于该问题的系统理论，只是将该问题作为一种合法的辩护事由。赵秉志教授对该事由在英美法系中的成立要件进行系统总结道：某个擅自处分他人利益的行为欲成立依推定的权利人同意之行为需要具备以下几个要件：第一，不存在权利人的现实同意，包括权利人不能表示同意或者无能力表示同意且又无法取得其监护人或合法管理人的现实同意；第二，行为人依据合理的一般人的认识"推定"权利人得知真相后会表示同意，但这种"推定"的正确与否不绝对取决于权利人的实际意思；第三，行为之目的在于为了保护或挽救权利人的利益；第四，行为人所处置的事项所涉及的利益必须属于权利人本人所能够自由处分的个人利益；第五，依推定的权利人同意之行为本身不违反法律的规定及公序良俗的原则。[②]

大陆法系国家的刑法学者一般都在"违法阻却事由"中研究该问题，将其视为符合构成要件但不具有违法性的行为，即依推定的权利人同意之行为从抽象的意义上来说，是"法益侵害"行为，只不过在特定情形下，

[①] 参见冯军《刑法问题的规范理解》，北京大学出版社2009年版，第164页。
[②] 参见赵秉志主编《英美刑法学》，科学出版社2010年第2版，第109—110页。

可以将该"法益侵害"行为予以合法化，但是学者间就其阻却违法的理由存在争议。如德国学者罗克辛（Roxin）将"被允许的风险"视为其阻却违法的理由，具体而言，依推定的权利人同意之行为的实质在于：允许行为人根据一种单纯的假想同意，冒着与权利人之真实意志并进而造成其法益损害相对抗的危险，去处置权利人的法益。[①] 而另一名德国学者韦塞尔斯（Wessels）则认为，在依推定的权利人同意之行为中，存在的是两个不同种类的阻却违法的理由：当事人的切实利益和利益缺乏原则，其中前者主要针对在医生在紧急情况下因无法获得陷入昏迷状态的患者之现实同意而进行的治疗活动，后者则是指"为（除权利人之外的）其他人利益的推定"的情形。[②] 在日本，大谷实教授认为，依推定的权利人同意之行为，是作为具有社会相当性的行为，来确定为排除违法性事由的，换言之，他认为"社会相当性"是其阻却违法的理由[③]；前田雅英教授也认为"使同意得以推定出来的情况"包括目的正当性、手段相当性和行为的必要性、紧急性[④]。而西田典之教授则认为，所谓依推定的权利人同意之行为，是指行为人在实施某一法益侵害行为的时点虽然并未取得法益主体的现实同意，但通过权衡诸多情况，推定得到法益主体在事后作出现实的同意表示具有很高的盖然性的场合，故依此"推定"而做出行为，即他将"法益衡量"视为这一场合下阻却违法的理由，但是他同时也认为，在权利人事后不予认可的情况下，行为人的行为不能被阻却违法，只能于责任领域内讨论该问题。[⑤]

---

① 参见［德］克劳斯·罗克辛《德国刑法学总论——犯罪原理的基础构造》第1卷，王世洲译，法律出版社2005年版，第530页。

② 参见［德］约翰内斯·韦塞尔斯《德国刑法总论》，李昌珂译，法律出版社2008年版，第204—206页。

③ 参见［日］大谷实《刑法讲义总论》，黎宏译，中国人民大学出版社2008年第2版，第240页。

④ 参见［日］前田雅英《刑法讲义总论》，曾文科译，北京大学出版社2017年第6版，第219页。

⑤ 参见［日］西田典之《日本刑法总论》，刘明祥、王昭武译，中国人民大学出版社2007年版，第146—148页。

第四节 本书的主要创新点

第一，本书认为在阶层犯罪论体系下，"构成要件符合性"与"违法性"这两个判断阶段之间的关系并非形式判断与实质判断的关系，而是知性思维与辩证理性之间的关系。具体而言，前者判断行为是否具有实质的法益侵害，而后者研究在特定场合下，各种不同主体间相冲突的法益如何协调的问题。在判断基准上，前者采用"行为时"的标准，而后者采用"审判时"的标准。

第二，本书（并非如同大陆法系传统刑法理论）将依推定的权利人同意之行为认定为"违法阻却事由"，而是"构成要件阻却事由"。理由在于：所谓"法益"即是满足社会成员"自我实现和自我发展"之需要的状态，依推定的权利人同意之行为，恰好是对权利人法益的尊重，因此其中并不存在法益侵害，因而也就没有法益冲突，更不需要协调。同时，当某个擅自处分他人法益的行为不能排斥刑法的介入时，其原因也不在于法益比较，而是因为该行为没有体现出对权利人"自我实现和自我发展"之需要的尊重。

第二，本书在维护"四要件"犯罪构成理论具有大体上合理性的前提下，对将原本体系性地位不够明朗的四个要件划分为两个阶层，即将"犯罪主体"、"犯罪客观方面"与"犯罪主观方面"作为第一阶层，该阶层研究构成犯罪的肯定性的要件，体现立法者的价值判断。将"犯罪客体"作为第二阶层，研究作为否定犯罪成立的各类"犯罪阻却事由"，体现司法者的价值判断，并以"社会危害性"为基础将我国刑法理论中的"犯罪阻却事由"分为四类：对社会有益、客观危害性显著轻微、缺乏人身危险性以及所涉当事人之间的关系不属于"社会关系"等，而依推定的权利人同意之行为即属于最后一类。

第三，本书主张在判断某个擅自处置原本应当由他人处置的事项之行为是否成立依推定的权利人同意之行为时，除了强调行为人对权利人的意志进行的"推定"本身是否合理之外，还将能够进行这种"推定"的主体（即行为人的范围）限定在基于行为所涉及的事项与权利人存在"特定关系"的人群中。

第五节　本书的研究方法

一　比较分析的方法

由于依推定的权利人同意之行为作为一种犯罪阻却事由本身就产自大陆法系的刑法理论，因此，本书在论及与此相关的"构成要件符合性"判断与"违法性"判断、法益的概念、正当化原理等问题的时候，在很大程度上借鉴了大陆法系国家尤其是德、日两国刑法学界的理论成果。

二　案例分析的方法

刑法理论只有在具体运用中才能得到检验、丰富和发展，尤其是包括依推定的权利人同意之行为在内的各种阻却犯罪事由，离开了在现实生活中所发生的具体案件，根本不能发现原有理论对某一类问题的解释乏力，可以毫不夸张地说：在任何阻却犯罪事由产生之前，总有一个依照原有理论无法解释或解释欠妥的具体案件存在。另外，对某个阻却犯罪事由进行研究时，也离不开对具体案件的分析，本书在对依推定的权利人同意之行为阻却犯罪成立的原理及成立要件的确立时，主要是借助于熟人间擅自处理他人财物的行为及未得病患同意之治疗行为进行说明的。

第二章 依推定的权利人同意之行为概述

第一节 称谓之争

依推定的权利人同意之行为,大致上是指如下这类情况:行为人在擅自处置原本应由权利人处置的事项时,有理由认为权利人如果在场就应当会对此表示同意,从而依据对权利人的实际意志进行的"推定"来引导自身的行为。如:当邻居不在家的时候,擅自进入其住宅修理因暴风雨损坏的房屋;仆人在未经允许的情况下,将富豪主人的少许长期闲置的旧衣物赠予受冻的乞丐;或者在无法联系到好友的情况下,将其汽车"借用"等行为。[①] 在"依推定的权利人同意之行为"这一概念中,"权利人"也被称为"被害人"、"同意"也被称为"承诺",这几者在目前我国刑法理论中基本上处于能够随意互换的地位:"权利人"即"被害人"、"同意"即"承诺",然而随着研究的深入,部分学者提出这样的提法并不妥当,各种术语的使用并非单纯的用词问题,而是涉及更深层次的理论认识。综合来看,这些称谓之争主要体现在以下几个方面。

一 "被害人"还是"权利人"?

对于在具体案件中涉及的权益主体到底应该被称为"被害人"还是"权利人",不同的学者提出了各自的观点,其中采用"被害人"这一称谓的各类学说,依据研究对象的不同,各自对"被害人"的概念也作出

[①] 有的国家将这种"无权使用交通工具"的行为规定为犯罪,如德国刑法典之第248条b款。

了不同的界定。

（一）"被害人"概念的聚讼

"被害人"这一概念，从词源学的意义上考证，源于拉丁文中的"Victima"一词，值得玩味的是，这一词汇最早是一个宗教概念，意为在宗教仪式上作为奉献给神灵的祭祀品的人和动物，也称"牺牲品"，和法律并没有多少联系。后来的西方学者将被害人理解为因他人的行为而遭受损害的个人或组织，也包括道德和法律秩序，例如现代被害人学的奠基人之一冯·亨蒂（V·Hentig）就认为所谓被害人即其法益受到侵害的个人或组织，而另一位奠基人门德尔松（Mendelsohn）则将各种自然意义及社会意义上的不良事件（如意外事件、自然灾害等）中遭受损害的被害者都纳入被害人学研究对象的范畴。① 应该说，后者相对于作为规范刑法学研究内容之一的"被害人"来说，显然失之过宽了。我国的刑法理论虽然有涉及"被害人"的内容，但却没有在刑事立法及司法解释中明确"被害人"的概念，这大概是因为"被害人"这一概念更多的是在刑事诉讼法学及犯罪学中进行研究的。在刑事诉讼法领域，"被害人"是指"其人身、财产及其他权益遭受犯罪行为侵害的人"②。这样一来，根据我国刑事诉讼的立法与实践，"被害人"既可以被理解为公诉案件中的被害人（狭义的被害人），也可以被理解为一切遭受犯罪行为侵害的人（广义的被害人），在这种理解中，不仅狭义的被害人，而且自诉案件中的自诉人也能被认为是"被害人"，甚至附带民事诉讼的原告人和反诉人等也能被囊括在"被害人"这一范畴之中。③ 而在犯罪学中，"被害人"这一概念与"加害人"总是对应的，是指"因受犯罪行为侵害而其人身或财产法益遭受直接损害的人"，具有被害性和互动性两个特性。前者是指被害人自身存在的某些易受社会越轨行为侵害的特性因素，而后者则是指被害人与加害人在一定的被害情境中相互之间外显的社会性交互作用。④ 应该说以上刑事诉讼法学和犯罪学上关于"被害人"的概念在其各自学科所承载的学术使命面前都是科学而且可行的，但是规范刑法学作为刑事法学的

---

① 参见王牧《犯罪学》，吉林大学出版社1992年版，第28页。
② 樊崇义主编：《刑事诉讼法学》，中国政法大学出版社1996年版，第86页。
③ 参见刘根菊《关于公诉案件被害人权利保障问题》，《法学研究》1997年第2期。
④ 参见张远煌《犯罪学》，中国人民大学出版社2007年版，第106—108页。

核心内容，其基本概念必须根据本国现行的刑法规范所规定的内容来予以建构，同时对这些内容所赖以存在的结构进行体系性的研究，找出解决各类刑事案件的新方法，并保证这些方法在体系中的稳定性和逻辑上的自洽性。因此，刑法学中的"被害人"概念，必须从刑法规范本身出发予以构建。基于这一立场，目前我国刑法理论界出现了以下几类具有代表性的观点：第一类观点认为，立足于刑事法律与其他法律及社会控制措施之区别，考虑刑事法益保护的需要及刑法辅助性原则，认为被害人是指遭受违反刑事法律的行为之侵害而导致其法益受损的法律主体，其中的"法律主体"既可以是自然人也可以是法人或其他组织甚至国家，既包括直接因犯罪行为而受到损害的人，也包括其他在刑事诉讼法上具有诉权的人①。第二类观点主张刑法学中的"被害人"概念应当与犯罪学和刑事诉讼法学中的相应概念保持一定的距离，即具有自身的相对独立性，具体而言，在刑法中，"被害人"概念的适用范围是由刑事立法所规定的，同时其不应当是抽象的，而应当是具体的，即总是与具体的犯罪行为联系在一起。据此，刑法学上的被害人应指"在刑法中明确规定为犯罪的行为所直接指向的，由于犯罪所造成的危害后果的直接承载者"②。第三类观点在界定"被害人"的概念时，使用的是刑事诉讼法上的方法，但在总结其特征时，则充分考虑了规范刑法学上的意义，认为"被害人"这一概念应当指称"刑事被害人"，既包括公诉案件中的被害人（狭义的被害人），也包括自诉案件中的自诉人，但附带民事诉讼的原告人以及反诉人则不在其列，详言之，这一概念具有以下三个特征：第一，被害人的权益在客观上确实遭受了犯罪行为的侵害从而受到了损失；第二，犯罪行为所侵害的权益是合法权益③；第三，既然被害人是犯罪行为的直接侵害对

---

① 参见申柳华《德国刑法被害人信条学研究》，中国人民公安大学出版社2011年版，第28页。

② 凌萍萍：《被害人承诺研究》，博士学位论文，吉林大学，2010年。

③ 论者在阐述该问题时，举例说：毒贩甲在贩毒过程中，其毒品被乙盗走，虽然甲的权益受到损害，但由于其毒品不是合法财产，不受法律保护，因此甲不能成为刑事被害人。对此，笔者认为，在该类案件中，虽然甲持有毒品的行为具有违法性，但对于乙来说，甲的占有权依然受到保护，甲所不能对抗的，是国家处理毒品的公权力，至于普通民众能不能根据刑法第20条关于"正当防卫"的规定，为阻止其毒品交易行为而盗走该毒品并上交，涉及为公共利益而防卫的前提条件和限度问题，在此不作进一步展开。

象，那么所其遭受的法益侵害也应该是由犯罪行为所直接导致的①。

（二）"权利人"概念的提出

有学者认为，"被害人"这一称谓不够准确，理由在于：第一，在权益主体对行为人的行为表示认可的情形下，将权益主体描述为"被害人"显得极为不妥。因为在刑事法学中，"被害"与"犯罪"是相互对应的范畴，无犯罪即无被害，自然，无"犯罪人"也就无"被害人"。但是，在此情形下，对权益主体的意志进行研究的目的正是为了甄别此处的行为人到底是否"犯罪人"，而提前将权益主体称为"被害人"的做法无疑造成了一种悖论：因为权益主体已经被确定为"被害人"，从而行为人自然也就成了"犯罪人"，这就完全否定了对这一问题进行研究的必要。虽然可以似是而非地将此处的"被害人"理解为"表面上的被害人"，但这并不足以改变这一称谓的不严谨性。第二，在这类情形下，如果事后查明权益主体的利益确实没有受损反而因行为人之行为而受益（如医疗救助等情形），仍然对实际上受益的权益主体冠以"被害人"的称呼，确属明显失当。因此，应当以"权利人"取代"被害人"这一称谓。②

（三）本书的观点

对于到底应该使用"被害人"还是"权利人"，笔者认为，这仍然取决于研究的目的。从专业细分的角度来看，虽然规范刑法学相对于整个刑事法学来说，是部分与整体的关系，但其研究范畴不是不能够再进行细分的，上述各种概念正是在研究规范刑法学中的不同问题时，根据所研究问题的目的与方法予以构建的。第一类"被害人"概念是论者在"被害人信条学"的意义上提出的。根据论者的见解，"被害人信条学的被害人学理论出发点是被害人共同责任的原理和交互关系理论"③，即在什么样的场合下，可以将权益主体自身的行为与行为人的行为一并视为导致犯罪事实发生的原因，并由此使得两者共同对犯罪承担责任。论者以诈骗罪为切入点，依托刑法的辅助性原则和最后手段原则对法益的值得保护性展开探

---

① 参见张少林《被害人行为刑法意义之研究》，博士学位论文，华东政法大学，2010年。

② 参见高维俭、薛林《论应权利人同意之行为——被害人同意理论的重构》，《政治与法律》2004年第3期。

③ 申柳华：《德国刑法被害人信条学研究》，中国人民公安大学出版社2011年版，第103—104页。

讨，可见，在"被害人信条学"上，权益主体的利益并非"毫发无损"，不能被视为被害人"得到了满足"。第二类"被害人"概念是在研究"被害人承诺"①时提出的，依规范刑法学的眼光来看，"被害人承诺"在刑法上的意义主要存在以下几种：第一，"被害人承诺"是某些犯罪的构成要件要素，如德国刑法第216条中的"应要求杀人"、日本刑法第213条中的"承诺堕胎"等。第二，"被害人承诺"对于犯罪的成立来说不发生任何影响，即这种"承诺"被视为在任何情况下都无效，奸淫幼女罪是其适例。第三，"被害人承诺"使得行为人的行为得以正当化，如在盗窃、侵占等场合。②可以看出，权益主体的利益没有受到损害，反而得到了满足的结果，只存在于上述第三种情形，而在前两种情形中，不可谓其利益未受损害。第三类"被害人"概念则是针对被害人的行为之刑法上的意义提出的，既包括被害人对某个行为表示了同意、也包括其自身存在过错以及对行为人予以了谅解等情形，显然在后两种场合，不存在权益主体因行为人的行为"得到满足"的情形。此外还有学者专门针对被害人的过错展开研究，认为被害人是指"其过错行为对犯罪人的犯罪行为具有一定推定作用，并使其自身利益遭受直接损失的自然人"③。可以看出，这一概念对于被害人过错的研究是合适的，但对于本书的研究主题来说却并非如此。正如前文所指出的，本书研究的是一类"行为人在擅自处理原本应由权利人处置的事项时，有理由认为权利人如果在场就应当会对此表示同意，从而依据对权利人的实际意志进行的'推定'的内容来引导自身的行为"，而之所以行为人会产生这种认识，是因为行为人根据自身与权益主体的特定关系，尤其是在交往过程中通过观察了解其特性以及行为时所能正确认识到的与这些特性有关的客观情势作出了合理判断。这里，既不涉及权益主体有任何过错或对行为人的行为予以了谅解，也不是某种犯罪的构成要件要素，因而不存在完全意义上的"被害人"。对于行为人的行为，如果权益主体事后表示了认可，则与现实存在的同意之场合一样，其利益的确得到了满足，毕竟"在有关人对这种已经侵入其法益

---

① 关于"同意"与"承诺"的关系将在随后进行讨论，为了尊重原论者的观点，这里根据原文直接引用"承诺"一词。
② 参见张亚军《被害人承诺新论》，《中国刑事法杂志》2005年第4期。
③ 初红漫：《被害人过错与罪刑关系研究》，博士学位论文，西南政法大学，2012年。

的举止行为感到满意，或者甚至对此感到高兴时，国家就不允许将这个行为人加以犯罪化"①。既然没有犯罪人，因而也就无所谓"被害人"；如果行为人的行为在事后并没有得到认可，此时确实存在利益损失，但在这类行为中决定行为之刑法意义的并非完全是权益主体事后的认可，而是行为时的具体情况，只要行为人的行为满足了一定的条件，其行为就不应当受到刑法的追究，因此在这种情况下，仍然不存在刑法意义上的"犯罪人"与"被害人"。即便在行为人并非为了权益主体而行为（诸如仆人将主人闲置的旧衣物送人或者在无法联系到好友的情况下，将其汽车"借用"等）的场合，如果行为人的行为确实能够体现出社会交往活动中所承载的人情与利益，并且在很大程度上与权益主体在日常生活中处理自身利益时所表现出的愉悦感相一致，那么就应当认为这一行为依据的是合理的"推定"，因为人们对某种利益的关注，与其说是在重视这种利益本身的价值与内容，不如说是在体验着利益的产生、流动和灭失的过程，所谓的"利益"并不是"冰冷静止的产权符号"②。但如果行为人在推定权益主体的态度时无端地"臆想"或者根本没有认真审视行为时的具体情况而导致权益主体的利益受损时，则权益主体可以被视为"被害人"，在此情况下，已经不能认为该行为依据的是合理的"推定"了。

说到底，判断一个行为能否成立依推定的权利人同意之行为从而予以出罪的前提就是该行为尚未被定性；但"被害人"则是相对于"犯罪人"提出的（至少在刑事法中是这样），在该场合使用"被害人"的字样无论如何具有"先入为主"之嫌及判断逻辑上的矛盾，因而使用"权利人"一词是更好的选择，即便最终认定行为不能逃避刑法的规制，也不妨碍在判断过程中将实际上的"被害人"暂时称为"权利人"。

二 "承诺"还是"同意"？

车浩教授曾撰文指出：我国刑法学界在研究"同意"问题时，时而

---

① ［德］克劳斯·罗克辛：《德国刑法学总论——犯罪原理的基础构造》第 1 卷，王世洲译，法律出版社 2005 年版，第 533 页。
② 曾文科：《个人法益结构及其应用》，《福建法学》2012 年第 1 期。

使用"承诺"、时而使用"同意"①，显得莫衷一是，但这并非是文字用语的小问题，而是涉及不同犯罪论体系间的理论"嫁接"问题。一般来说，大陆法系犯罪论体系将行为"不法"性的认定置于两个阶段予以判断，前者被称为"构成要件符合性"，后者则是"违法性"。所谓"构成要件符合性"是指行为符合罪刑法规（通常情况下是指刑法分则）所规定的各个犯罪类型，是对个罪所进行的描述，而"违法性"则是从整体的法秩序立场来判断行为的性质。其中前者所采取的判断方法具有积极性的特点，而后者则——与前者刚好相反——采取消极判断的方法。如需确认行为最终的"不法"，必须先经过"构成要件符合性"的积极判断，得出肯定结论后才能进入"违法性"的消极判断，并在缺乏阻却违法性事由时，最终确认"不法"。

在德国刑法理论的早期发展阶段，人们仅仅认识到就阻却违法性而言，权利人容认行为人之行为的意思表示（即"承诺"，德语为"Einwilligung"）具有重要意义，至于此等意思表示能否与构成要件相关联，以及是否需要另一个术语来表述这一"关联"，具体怎样进行表述，当时的德国刑法理论界并没有给予充分的重视与考虑。1954 年，德国刑法学者格尔茨（Geerds）首次提出区分阻却构成要件符合性的"Einverstaendnis"与阻却违法性的"Einwilligung"，接受德国刑法理论的我国台湾地区学者将前者译为"合意"或"许可"，而对于后者则继续冠以"承诺"之名。大部分行为（如非法入侵住宅、强奸、侮辱等）中的权利人对行为的容认起到的是阻却"构成要件符合性"的作用，而只有很少一部分行为（主要是指身体伤害和财物损毁）中权利人对行为的容认是阻却"违法性"的。因此真正意义上的"承诺"仅是在大陆法系犯罪论体系的"违法性"判断阶层使用的。而反观我国通行的"四要件"犯罪构成理论，并没有对犯罪的成立条件进行类似"构成要件符合性"与"违法性"的区分，相应地，在排除犯罪性事由中，也没有区分阻却"构成要件符合性"还是"违法性"，因此无法兼容最初的"承诺"概念。据此，必须在阻却"构成要件符合性"的"合意"与阻却"违法性"的"承诺"

---

① 详见车浩《"被害人承诺"还是"被害人同意"？——从犯罪论体系语境差异看刑法概念的移植与翻译》，《中国刑事法杂志》2009 年第 11 期。

之上构建一个能够涵盖两者从而符合我国犯罪构成理论的术语。而对于将"承诺"一词扩大原有意义使其得以涵盖两者的做法，车浩教授认为其无异于是一种"旧瓶装新酒"的下策，并主张应该使用"同意"一词作为理想的上位概念。这样做可以避免在不同的层面上使用"承诺"而带来的理论上的混乱与错位，而且"同意"一词更加符合汉语的语言习惯并在德日刑法译著中已有一定市场，同时其也是英美刑法理论中对应问题的惯常译法，因此便于灵活引进国外理论。

其实，对于这两种阻却事由的区分早有论著进行过介绍，如张明楷教授就在其论著中介绍过前述德国学者格尔茨的观点，但是张教授是将"承诺"作为上位概念，而将阻却构成要件符合性的"承诺"（Einverstaendnis）译为"合意"，将阻却违法性的"承诺"（"Einwilligung"）译为"同意"。两者间的区别在于：第一，对于"同意"来说，存在的空间在于权利人本人所及的利益范围之内，而"合意"则是根据构成要件的特征，以违反权利人的意志为前提时，才有讨论的余地。第二，"同意"只有在"如果不同意就有重大的反伦理性"的场合下才能成立，因而违反公序良俗的"同意"不能阻却行为的"违法性"，而"合意"则不存在违反公序良俗的问题。第三，在对行为性质的理解上，"同意"的场合对于权利人之理解力的要求要高于"合意"的场合。前者需要权利人对行为的"不法"的性质及其效果具有充分的理解力，而后者只需要权利人表露出自然的意思，对行为"不法"的性质及其效果的理解力是不重要的。虽然在格尔茨提出其观点以来的一段时期内，该区分方法在德国居于通说地位，但自20世纪中后期以来，还是有人对此表示了异议，理由在于：虽然刑法的任务在于保护法益，但某项法益却并非绝对不能被侵害甚至灭失的，而是应当由权利人在法律允许的范围内进行自由的支配，因此所谓的"保护法益"亦应当是保护这种"对法益的自由支配"，从而在法律允许的范围内对某项法益具有自由支配权的权利人对他人处置该法益的行为表示了认可，那么无论是这种自由支配权还是法益本身都已然失去了刑法意义上的重要性。目前德国刑法理论中对此最有力的见解是：所有的有效的"承诺"都阻却构成要件，而在日本，基于对构成要件符合性与违法性及其相互关系的理解不同，前田雅英、山中敬一等学者认为"承诺"发挥的作用应该是阻却构成要件，而曾根威彦等学者则主张在违法性阶段讨论"承诺"①。

虽然对于以上专业术语的争议都是在"权利人同意（承诺）"而非"推定的权利人同意（承诺）"之下展开的，但是在这一点上，两者可以相同对待，原因倒不是在于都有"同意"、"承诺"等字样，而是因为两者都是出于对权利人之个人支配权的尊重，只不过前者是尊重权利人的现实支配，而后者是在"推定"这种方式的基础上实现这种"尊重"的，不同的只是权利人的现实意志是否具有最终的决定性意义，至于"同意"或"承诺"本身的理解和性质则应该是相同的，因此可以一并讨论。对于上述"同意"还是"承诺"的问题，笔者认为要从以下四个方面来把握：首先，站在学说史的角度来看，必须明确"阻却构成要件符合性"、"阻却违法性"之间的区别。其次，这种区别并非是绝对的，如在将"违法阻却事由"视为"消极的构成要件要素"的所谓"消极的构成要件理论"中就是如此。再次，由于我国"四要件"犯罪构成理论也没有对"构成要件"与"违法性"进行区分，因此在借鉴大陆法系国家刑法理论对该问题的学说时，只能借助两者的上位概念"嫁接"相关理论成果，至于将这个上位概念翻译为"同意"还是"承诺"抑或是其他什么名词，都没有决定性的意义，关键问题在于明确"同意"或"承诺"在不同犯罪论体系中的理论地位，继而"从一而终"地在论著中做到理论上的"自洽"。最后，本书对于该上位概念采用"同意"一词，原因仅仅在于这一概念在相当数量的译著中都被采用，而并非是因为其具有其他的特别优势，也不将采用"承诺"作为相同概念的论著视为"旧瓶装新酒"。对于处于其下位的两个概念，本书分别称之为"合意"（阻却构成要件符合性）和"承诺"（阻却违法性），以避免（准确地说是"尽量降低"）由于语言翻译的差异所带来的困扰。特别需要指出的是，以上分析只是讨论刑法术语的翻译问题及不同犯罪论体系下的用语差别，至于"同意"到底是否需要区分为"合意"与"承诺"以及其究竟是"阻却构成要件符合性"还是"阻却违法性"，则需要在后文中予以进一步的释明。

综上，本书将所研究的行为称为"依推定的权利人同意之行为"，简称为"依推定的同意之行为"，但在引用其他著作中对相关问题的论述

---

① 参见张明楷《外国刑法纲要》，清华大学出版社2007年第2版，第180—181页。

时，尽量保持原文的样貌，如果没有特别的说明，则可将"被害人"视为"权利人"、"承诺"视为"同意"，特此说明。

第二节 依推定的权利人同意之行为的概念和分类

目前世界上只有少数国家或地区在成文法中明确规定了这一概念，如我国澳门地区刑法典之第38条规定"推定同意等同于实际同意"，"行为人作出行为时之情况，可合理使人推测，假设受法律保护利益之人知悉作出事实时之情节，将就该事实作出有效同意者，推定为同意"。其他国家要么只在刑法总则中规定了"权利人同意"（如意大利刑法典），要么只在分则中针对某种行为规定了"权利人同意"（如德国刑法典），而包括我国在内的绝大多数国家和地区都在成文刑法中对"权利人同意"及"推定的同意"未作明文规定，而将是其概念和具体适用交给理论研究和司法实践。因此，相对于刑事立法中的缺位，在学理上，对此类行为的概念之争却始终没有停止过。

一 概念的聚讼

在对依推定的同意之行为的概念研究中，按照对其得以正当化的根据来划分，形成了两类在思路上截然不同的概念：

第一类概念主要体现为以下表述方式：其一，"所谓推定同意，是指现实中并不存在，但根据情形可能赋予有效性的同意"[1]，而导致不存在现实同意的情形主要有行为时不能与权利人取得联系从而获得现实的同意，或者虽然能和权利人本人取得联系，但由于所涉法益意义重大，超出了权利人自身的理解能力与同意效力的范围之外，须得其法定代理人的同意，但却不能在行为时立即取得的情形，还包括对由于伤病患者陷入昏迷状态，不能对其接受医疗行为作出现实而有效同意的病人进行紧急救治的情形等等。其二，"推定的承诺是指虽然没有被害人的现实的承诺，但如

---

[1] ［德］汉斯·海因里希·耶赛克、托马斯·魏根特：《德国刑法教科书》，徐久生译，中国法制出版社2001年版，第466页。

果被害人知晓行为当时的所有客观情况,能够推定其当然作出承诺的情况"①。典型的情况是邻居不在家时,翻墙去关闭水阀门以应对水管爆裂所导致的突发事件。其三,"所谓基于推定性承诺的行为,是指虽然实际上并不存在被害人自己作出的承诺,但是,可以认为在被害人知道情形时就当然会给予承诺,从而推定其意思所实施的行为"②。在火灾发生时闯入主人不在家的房屋内搬出贵重物品的行为是其适例。此类概念的共同特点是特别强调权利人知晓行为时的情况下会作出同意的意思表示,这种"推定的同意"作为一种规范结构,虽然与真实存在的同意有区别,但在对权利人的意志予以充分尊重、体现权利人对其法益处置的自我决定权这一点上却是高度一致的,只不过依照权利人之现实同意而行为尊重的是意志的真实表达,而依照"推定的同意"而行为是对权利人可能的意志予以尊重③;换言之,"其评价标准不在于以客观基准来作法益或利益衡量,而在于从行为时的观点推测法益持有人真正的主观意思"④。

第二类概念区别于上述学者站在关注权利人是否"极有可能"对行为人的行为给予"同意"的立场,而是从行为所处的客观情势本身出发,认为"基于推定的承诺的行为,指根据客观的判断,从理性的人的见地,能预期被害人承诺的场合"。例如,当权利人因事外出时,其家中的自来水管突然爆裂,或者由于其疏忽大意没有将正在使用的煤气关闭,导致了一场突如其来的火灾,某邻人为了避免该权利人的财产损失,擅自进入其屋内将贵重物品暂时搬出。同时,在这一场合,使用"推定"这一提法是不准确的,而应该将其称为"为了被害人的行为"或"真正福祉原理",而所谓"推定的承诺"不过是为行为人"为了被害人的行为"划定了界限。日本的木村龟二持这种看法⑤。在德国,威尔泽尔(Welzel)、毛拉赫(Maurach)等学者认为"推定同意的这种限制性要求,应当仅仅

---

① [韩]金日秀、徐辅鹤:《韩国刑法总论》,郑军男译,武汉大学出版社2008年版,第312页。
② [日]大塚仁:《刑法概说(总论)》,冯军译,中国人民大学出版社2003年第3版,第415页。
③ 参见车浩《论推定的被害人同意》,《法学评论》2010年第1期。
④ 林钰雄:《新刑法总则》,元照出版有限公司2014年版,第286页。
⑤ 参见马克昌《比较刑法原理——外国刑法学总论》,武汉大学出版社2002年版,第379页。

用于阻止第三人进行过分热情的关照",而施密特豪伊泽（Schmidhäuser）则更加彻底地指出："在具体的案件中，丝毫不能依赖对这个有权利的人会是如何作出决定的推测；他那假定的意志是不重要的。"① 换言之，在这种观察立场下，促使行为人行动的主要因素并非来自行为人对权利人意志的推定，而是从行为人自身的理性之处获得了"灵感"。

在对任何一个给定的对象归纳概念的问题上，笔者倾向于这样的观点："任何概念和定义，都只是简单的、粗糙的、近似的，不可能穷尽事物的全部真相"，"因为任何事物都是一个具有许多规定和关系的丰富的总体"，"是许多规定的综合，因而是多样性的统一"，所以，"一个事物的概念和它的现实，就像两条渐近线一样，一齐向前延伸，彼此不断接近，但永远不会相交"，英国新分析主义法学家哈特则认为："不管我们的定义有多复杂，我们还是不能将它们精确化到分工适用于各个方面，精确化到对任何一种给定的情况"②。因此，本书不仅尽量避免唐突地给依推定的同意之行为归纳出一个抽象的概念，还尽量通过具体的分析和典型的事例群，从正反两方面予以阐明。

二 依推定的同意之行为概念探究

我国台湾地区学者陈子平认为："推定之承诺与被害人之承诺在法的性质上并无差异，不同者仅于行为时无现实之承诺而已，因此属于被害人承诺之延长线上之问题"③，"只是，推定承诺，在即便事后查明侵害法益行为违反了法益主体的意思，但仍然可以作为排除违法性事由的一点上，有其独特之处"④。那么，既然依推定的同意之行为与存在"权利人同意"的行为在法的性质上并无差异因而前者在后者的"延长线"上，为什么又"有其独特之处"呢？或者说为什么在法的性质上相同的两个概念不

---

① 参见［德］克劳斯·罗克辛《德国刑法学总论——犯罪原理的基础构造》第1卷，王世洲译，法律出版社2005年版，第533页。
② 郭道晖：《法理学精义》，湖南人民出版社2005年版，第1页。
③ 陈子平：《刑法总论》，中国人民大学出版社2009年版，第202页。
④ 黎宏：《日本刑法精义》，法律出版社2008年第2版，第151页。

能够合并在一起，而仅仅是一个在另一个的"延长线"上？因此，要明确依推定的同意之行为的概念，必须回答以下三个问题：第一，为什么要"推定"？第二，什么是"推定"？第三，谁来"推定"？

（一）为什么要"推定"？

应该认为"推定的同意"中的"同意"并非通常意义上的意志表达，而是一种规范结构。根据通常的词义，"同意"意为"对某种主张表示相同的意见"①，在"权利人同意"中，这种"同意"是一种现实存在的"相同的意见"。但在依推定的同意之行为的场合下，由于作为事实基础的客观情境多数在行为时处于权利人的预料之外，因而这种"相同的意见"作为一种心理事实在当时来说是不存在的，即不可能取得现实的同意。当然，"'不可能'并不意味着被害人的拒绝，而是指因无法克服的障碍无法适时的取得被害人承诺的情况"②。据此，"不可能取得现实的同意"就成为了需要"推定"的原因，而能够及时对权利人进行询问而不进行这种询问的，则不能认为其行为是依照"推定的同意"而进行的，当然在特定场合下，这个标准也不能被绝对化，应该考虑行为人对权利人作出同意之极高度盖然性的认识。另外，在以下几类事例中，也不能因为不存在现实的同意，就需要借助"推定的同意"来对行为进行说明：

1. 在轻微或短暂的损害行为中，能够向权益主体询问而未进行询问，不需要借助"推定的同意"。如警察在未办理任何借用公款手续的情况下，临时将当天收到的少量罚款购买生活用品，并打算第二天一上班就从自己的银行卡中将钱取出并补上公款的行为。应该说，这种行为不构成挪用公款罪，但其理由并非该警察"推定"其上级或单位中有权管理此事的人会同意他的这种做法，而是基于构成要件本身的限制性理解，即"刑法不理零星琐事"，在理解一个人动用了少量公款，但立即就能够并且愿意还上这些钱的行为是否构成"挪用"公款时，不能仅仅从物理的角度进行观察，而应该站在公民共同生活关系的立场来衡量。③

2. 在现实的同意之"合理延伸"的情况下，不需要借助"推定的同

---

① 吕叔湘、丁声树主编：《现代汉语词典》，商务印书馆1983年版，第1153页。

② ［韩］金日秀、徐辅鹤：《韩国刑法总论》，郑军男译，武汉大学出版社2008年版，第315页。

③ 参见杨仁寿《法学方法论》，中国政法大学出版社1999年版，第174页。

意"。如负责替老板拆看工作信件的助理拆开了一封外观上与其他工作信件别无二致的（但确实是老板本人不愿意让其他人看见的）私人信件时，也不能被认为是"侵犯通信自由"，然而在此处发挥作用的仍然不是"推定的同意"，而是一种现实的同意之"合理延伸"，即根据工作的实际情况来看，老板对其秘书拆看其工作信件的同意已经合理地延伸为"拆看外观上与工作信件相同或高度相似的信件"，只要秘书不明知或应当明知其所拆看的是一封私人信件，就应当视为存在现实的同意。理由在于任何人都不能向他人作出这样的同意：允许拆看工作信件，但拆开后才发现是私人信件的，则不予同意。

3. 在所谓"预设的同意"之场合，不能认为行为人对权利人的意志进行了"推定"。例如，在我国一些乡镇存在一种"无人菜摊"：七八个蔬菜筐就组成了一个简易市场，菜摊前却是空无一人，菜筐里的蔬菜没有标价，也没有人看守，由购买者自觉依行情把适当的钱放到筐里，收摊时，筐里有多少钱摊主也从不去计较，交易双方全凭诚信。[①] 排除蔬菜的微小价值因素，这类行为也不能被视为"盗窃"，因为这里存在一种"预设的同意"。这种"预设的同意"和在"权利人同意"中讨论的"同意"具有以下三处不同：第一，"预设的同意"是一种普遍的、概括的同意，因为摊主也不知道被取走的会是哪些蔬菜以及会被什么人取走。第二，"预设的同意"必须在设定的条件被满足后才能发挥"同意"的作用。即取走菜的人必须"自觉依行情把适当的钱放到筐里"，否则，这里就不存在着摊主的"同意"，行为人也不是一个"购买者"，而是一个真正意义上的窃贼。第三，"预设的同意"在权利人未作公开撤销声明之前是持续有效的，权利人仅仅在内心或者非公开场合的撤销行为，都不足以否定"同意"在不知情的公众间的有效性。[②] 在"预设的同意"的场合，同样不存在"推定的同意"之适用余地。

（二）什么是"推定"？

关于"推定的同意"中的"推定"到底意指什么的问题，存在两种

[①] 参见刘永良《客家祖地"无人售菜摊"延续16年》，http://www.chinanews.com/df/2012/03-18/3752477.shtml，2012年3月18日。

[②] 参见车浩《盗窃罪中的被害人同意》，《法学研究》2012年第2期。

截然不同的回答,第一种观点认为:此处的"推定",应该是指对事态的客观理解和合理判断,其中"客观的标准"、"真正的福祉"、"大体上的理性"以及"通常的措施"是这类学说的"关键词"。根据该类观点,说到底,"推定的同意"是一个法律理念的问题,而不涉及权利人的主观意志。易言之,在主张这类观点的学者看来,作为权利主体的权利人,并非是一个特定情境下有着自身行为惯性和非理性偏好的具体人,而是一个"被理想化的"、"作为具有人格上的自律的存在的"抽象人,因而刑法必须保证行为人的推定具有一般的客观价值,并且要符合"目的正当性、手段相当性和行为的必要性、紧急性"的要求①。第二类观点则认为:所谓的"推定"应为"与权利人个人意思方向一致"的判断,因为虽然通常来说,权利人会赞同作为一般观念存在的"客观的标准",但是作为现实存在的人并不总是能够进行正确的价值判断的"人格自律"的存在,只要没有超越国家和社会对其作为公民所赋予的权限,他的决定就应当得到包括刑法在内的整体法规范的尊重与保护,无论其看上去多么"不自律"或"不合理"②。可以看出,正是对"什么是'推定'"这一问题的回答构成了前述两类不同概念的真正分歧。

关于"客观的标准"和"权利人个人意思"在"推定"的标准中哪一个处于更优先的地位的问题,笔者赞成如下观点,即在依推定的同意之行为中,"客观的标准"在确定某个行为所依据的"推定"是否合理时,并不具有完全的独立意义,仅仅是对权利人真实意志进行判断的资料,虽然这种标准往往体现着一种大体上的理性,而且权利人如果在场的话,通常情况下也的确会采取这样的处置措施,但在这里起决定性作用的永远是权利人本来可能想要的东西,而不是什么"真正的福祉",即使这些东西是非理性的,因为行为人通过"推定"需要解决的问题就是"假如权利人于行为时在场,并且对当下的真实情况具有完全而正确的认识,那么从其自身的立场出发,他会否对行为人所采取的法益处置行为表示同意",所以引导行为人之行为的这种"推定"就应当重点考察权利人的假定意志,而不是客观的利益衡量,否则,就与紧急避险没有多少区别了。换言

---

① [日]前田雅英:《刑法讲义总论》,曾文科译,北京大学出版社 2017 年第 6 版,第 219 页。

② 参见[日]曾根威彦《刑法学基础》,黎宏译,法律出版社 2005 年版,第 64 页。

之，在这类场合下，"某个行为是否符合当事人的利益，这取决于是否符合当事人的偏好。具体而言，也就是是否符合他的个人利益、愿望、需求或者价值方面的考虑"①。例如，当一个人不在家的时候，他的水管突然爆裂了，从一般的理性思维见地，他希望此时有位热心的邻居在他回家之前帮他做点什么，事实上也有位邻居就这么做了，这种想法肯定是理性的，并且也符合屋主（权利人）的利益；但当屋主明确地告诉过这位邻居就算是"天塌地陷"也不愿意在自己的屋里看到他或者别的什么人，抑或是邻居自己从别的渠道了解到了这个信息，那么他擅自进入屋内关闭水阀的行为就不能被视为是依据"推定的同意"而作出的（但是可以考虑是否成立"紧急避险"）。在此，"客观上具有优势地位的利益，仅仅是得到考虑的情况中的一部分，并且是在作为推定意志标志的范围之内加以考虑的，而不是作为权衡的目的"②。质言之，这一标准涉及依推定的同意之行为的主导形象是"权利人同意"还是"紧急避险"的问题，对此后文将作出说明。

（三）谁的"推定"？

乍看上去，这个问题好像是多余的，依"推定的同意"而进行的行为中的"推定"主体当然是行为人，但是结合前两个方面的结论，这并非是一个不言自明的问题，似乎应该有着另外一层含义：是否所有的人都能进行这种"推定"。本书的回答是：不能。理由如下：

第一，从之前的分析中，可以得知，在行为人依据"推定的同意"进行某个行为前，必须尽可能地及时对权利人进行询问并且要充分考虑权利人的假定的意志。而在现实中，如果行为人和权利人完全是毫不相干的人，就不可能及时询问权利人，也无从得知权利人的假定的意志，尤其是那些非理性、不自律的"怪癖"，至于基于"对权利人作出同意之极高度盖然性的认识"而无须向权利人进行询问的情况则更是无从谈起。因此，从实然的角度出发，行为人至少必须是一个常态下能够与权利人进行某种程度的联系或沟通并对行为人有所了解的人。

---

① ［德］乌尔斯·金德霍伊泽尔：《刑法总论教科书》，蔡桂生译，北京大学出版社2015年第6版，第196页。

② 参见［德］克劳斯·罗克辛《德国刑法学总论——犯罪原理的基础构造》第1卷，王世洲译，法律出版社2005年版，第532—533页。

第二，站在考虑权利人之切身感受的立场上，正如"同意"总是向特定人作出的一样，在权利人的假定意志中，也应该存在根据不同行为主体而带来的意志差别。以进入屋主不在的房屋内关闭水阀为例，面对不同的行为人（如屋主的亲戚、朋友、邻居、消防队员、陌生人、仇敌以及屋主明确表示"天塌地陷"也不愿看到的人，等等）同样地擅自进屋、擅自关闭水阀，其感受必然是不同的，作出"同意"表示的可能性也不同。对于与权利人在所涉利益上毫无关系的人，即便因为特殊的原因偶然知道了权利人的行为习惯，也不能进行这种"推定"，或者更准确地，他不能依据这种"推定"来行为，更不能以此规避刑罚。

第三，从行为人得知事实真相后的态度来看，既有可能对行为人之行为表示认可，也有可能不表示认可。倘若权利人总是会对"推定"表示认可，那么也就没有必要对"推定"进行如此细致的研究，原因就在于前文所说的"在有关人对这种已经侵入其法益的举止行为感到满意，或者甚至对此感到高兴时，国家就不允许将这个行为人加以犯罪化"。但是关键的问题并不在于权利人事后的态度，因为在这种场合下，"只要合理推定该行为符合行为人的真实意图，且该行为是实现推定的意思内容的行为的话，即便事后被害人不承认，也作为具有社会相当性的行为，排除违法性"[①]。所以可以肯定地说，依推定的同意之行为的独立研究价值就在于处理这种权利人事后不认可的情况，而对于认可的情况，只需对"权利人同意"稍做加工即可。在权利人事后不认可的情况下，行为人所推测的权利人意志和权利人自己真实存在的意志之间发生了冲突，但在依推定的权利人同意之行为中，"这种冲突将这样得到弥合：法律制度将根据客观的和不同的标准来确定一种'推定的意志'，再由这种意志对这种侵犯加以正当化"[②]，即便事后人们也许会发现权利人的真实意志并非如同这种"推定的意志"所描述的那样。这种"弥合"行为人与权利人之间存在差异的意志的确可以为将该类行为进行独立研究这一做法本身提供一个"正当化事由"，然而，刑法存在的一个重要理由就在于保护法益，为

[①] ［日］大谷实：《刑法讲义总论》，黎宏译，中国人民大学出版社2008年第2版，第240页。

[②] ［德］克劳斯·罗克辛：《德国刑法学总论——犯罪原理的基础构造》第1卷，王世洲译，法律出版社2005年版，第532页。

什么在权利人并没有对某个侵害自身法益的行为表示认可时要去"委曲求全"地去与行为人进行弥合？即便考虑刑法还有保障公民不受国家刑罚权侵害的机能（甚至大多数时候，这种保障机能处于优先地位），这种保障机能的实现也与"弥合"行为人与权利人的意志扯不上关系。其实，原因就在于，能够依据"推定的同意"而行为的人，必须要在所涉及的法益上与权利人存在某种形式的特定关系，这种关系并非由刑法本身所规定，甚至不位于包括宪法在内的任何法律之后，而是维系一种作为社会整体之一部分的"小型群体"的存在和发展所必不可少的纽带，这种"小型群体"（如血缘关系、其他亲属关系、日常交往圈、工作或提供服务中所形成的关系等等），对于社会的存在和发展来说是不可或缺的，有时甚至显得非常重要。相对于以互不相识的陌生人为基础形成的社会这个"大型群体"，这类"小型群体"具有以下特征[①]：

其一，其成员之间的交往基础是以"友爱互助"为起点的，而不是陌生人之间的"注意义务"，正是对这些"注意义务"的违反方才赋予了某一行为以违法性的特征，这一点无论在过失犯罪抑或是故意犯罪中都是成立的。而"小型群体"中的成员不需要如同社会中的陌生人之间那样去相互警惕，因为他们之间基于特定的利益存在着相互依赖、相互协作的关系，因而几乎不需要担心（当然不是绝对如此，然而一旦有人使得其他人有理由地产生了这种"担心"，则很难说他还属于该"小型群体"中的一员了）其他成员会对自己产生某种危害，正因为如此，行为人的某些"擅自"行为才能被理所当然地认为是极易获得权利人认可的行为。

其二，在"小型群体"中，其成员都彼此具有相当程度的了解，他们不会像社会中的陌生人之间一样，对彼此在某些特定情况下的选择一无所知，因为在以前的类似境遇中，他们已经知道了对方想要什么，担心什么：谁害怕房屋被水浸渍，谁讨厌别人擅入房间，谁的哪一件衣服是不想要的，谁的车可以随便开，成员们理解彼此的期待，也熟悉彼此的回应，唯此才能认为行为人能够充分考虑权利主体在场时的意志，而无须事先得到一个类似于正式协议式的现实的"同意"。如果权利人事后表示了认

[①] 关于"小型群体"的特点参见［美］理查德·A.爱泼斯坦《简约法律的力量》，刘星译，中国政法大学出版社2004年版，第61—62页。

可，则只是从一个方面印证了这种了解的可靠性，如果情况恰好相反，也不能简单地否定行为人通过从以前的类似境遇里与权利人的交往过程中形成的"推定"。

其三，相对于社会中陌生人之间"稍纵即逝"的短暂性关系，"小型群体"中成员间的相互关系则具有长久性的特征，并且在相当程度上，他们以维持彼此间的关系为需要。正是这种长久性的关系，才使得他们不会在一些在陌生人看来是"大逆不道"的问题上患得患失：在一个四合院里，今天是张三家的水管破了，可能明天就轮到李四家，谁都有可能"擅入"邻宅，谁的宅子也都可能被邻人"擅入"。当然，这种关系不一定仅仅存在于生活的场合，由于工作或提供服务也能够形成这种关系，但所能"推定"的事项必须和工作有关，如医生可以就治疗的某些行为进行"推定"，但不能"推定"从因为正在进行手术而处于昏迷状态的患者钱包里"借钱"的行为会得到"同意"。

应该认为，只要这类"小型群体"中的关系及维持其关系的规范没有以不可容忍的方式危及作为"大型群体"的社会及社会中的其他成员，刑法就不宜介入并打破这种规范。而正是由于行为人与权利人因行为所涉及的利益而形成了某种特定关系因而被认为是同处一个"小型群体"之内，这才构成了行为人能够对权利人之意志进行"推定"的前提条件，以往诸种对依推定的权利人同意之行为的概念描述，往往侧重于"推定"的内容是否合理，而忽略了对进行这种"推定"的主体性限制。但本书却认为，正是这种主体性限制才构成了这类行为不受刑法规制的关键，否则单单凭借"合理的推定"永远都无法战胜权利人内心的真实态度；另一方面，这种主体性限制本身也是判断某个"推定"是否合理的重要资料。对此，本书将在依推定的同意之行为的成立原理及成立要件中进行详细论述。

综上，本书认为，依推定的权利人同意之行为应表述为：与权利人在所涉事项的范围内具有一定关系的行为人，因无法明确知悉权利人的现实意志，而通过考察自身与权利人的特定关系，尤其是在相互间的交往过程和客观存在的情势，以权利人的行为倾向为导向处置原本应由权利人自身处置事项的行为，该行为在刑法上的意义主要取决于上述考察过程和行为本身，权利人事后的明确表态仅具参考价值。

三 "推定"的分类

在前述三种依推定的同意之行为的场合：邻居不在家的时候，擅自进入其住宅修理因暴风雨损坏的房屋；仆人在未经允许的情况下，将富豪主人的少许长期闲置的旧衣物赠予受冻的乞丐；或者在无法联系到好友的情况下，将其汽车"借用"等情形中，可以发现，"推定"行为的受益人并不相同，杜里奥·帕多瓦尼（Tullio·Padovani）教授根据这种不同，将指导行为人之行为的"推定"分为三类，即"为权利人利益的推定"、"为第三者利益的推定"及"为自己利益的推定"①。但更多的学者采取以下这种分类方法，即将"为第三者利益的推定"和"为自己利益的推定"统称为"为其他人利益的推定"。因为从"推定的同意"中，我们"可以获得的是两个不同种类的考虑：行为是本着当事人的切实利益和利益缺乏原则"。② 前者即对应着"为权利人利益的推定"，而后者对应着"为其他人利益的推定"。

（一）"为权利人利益的推定"和"为其他人利益的推定"

如前所述，这种分类方法是依据受益对象来进行的，但对于能否为除权利人以外的其他人的利益而行为进行推定，并非不是一个没有争议的问题。

我国台湾地区有学者认为："推定承诺之成立要件约有下列诸项：一、主观上须有'利于'被害人之意思……"③，"犯行人的行为必须是为了受创者的利益而做"④。而在我国大陆地区，相当数量的学者也都否认"为其他人利益的推定"，例如高铭暄教授认为：依推定的同意之行为与紧急避险行为在基本性质上是一样的，只是在具体的成立条件上才有所差异。前者是所保护和损害的利益属于同一主体，而在后者中，所保护和

---

① 参见[意]杜里奥·帕多瓦尼《意大利刑法学原理》，陈忠林译，中国人民大学出版社2004年版，第164页。
② [德]约翰内斯·韦塞尔斯：《德国刑法总论》，李昌珂译，法律出版社2008年版，第204—205页。
③ 黄仲夫：《刑法精义》，元照出版有限公司2014年版，第128页。
④ 薛成泰：《德国刑法中的合法化事由的体系》，元照出版有限公司2007年版，第108页。

损害的利益存在因主体不同而产生的冲突。① 言下之意,既然在依推定的同意之行为所侵害和挽救的都是同一个权利人的利益,当然也就不存在"为其他人利益的推定"。在近年出版的一些刑法学论著中,也基本沿袭了该观点,如"为了被害人利益,是推定承诺的首要特征。如果是为了行为人或者第三人的利益,不能成立推定的被害人承诺"②,"推定的被害人承诺必须符合下列基本要件才能构成正当化事由:……行为的目的必须是为了被害人利益"③,而冯军教授则更加明确地指出:一个擅自处置他人法益的行为,只有在为了权利人本身的利益而实施的情况下,才有可能被认为是根据"推定的承诺"所作出的,原因在于"只有英雄才会作出侵害自己的利益的承诺",但法律(特别规定了作为义务除外)并没有赋予人们像英雄般行为的义务,同时,不希望自己的利益受损乃人之常情,因此当某一行为及其所造成的结果是完全不利于权利人的,对该行为的"推定"就缺乏合理的根据,也许人们会在不损害自身利益的前提下希望对其他人提供某些帮助,但是在仅仅有益于他人并且这种"有益于"是以自我利益受损为代价时,就不能进行这种"推定"。④ 当然另有学者一方面主张"基于推定承诺的行为……一般是为了被害人的一部分法益牺牲其另一部分法益",但同时认为"不排除为了自己(即行为人——笔者注)或第三人的利益而牺牲被害人的利益"。与此形成鲜明对照的是⑤,大陆法系国家的刑法学者大都认可"为其他人利益的推定",如大塚仁教授认为:依推定的同意之行为在绝大多数场合下,的确是为了权利人自身的利益所进行的,但是当行为人与权利人之间因为存在特别亲密的关系而使得行为人能够对权利人的真实意志作出高度准确的预测时,也能够允许其推定权利人会为了行为人自己或者第三人而放弃某种利益⑥,可见,大塚教授是将行为人与权利人之间的特别关系作为行为人的"推定"是否

---

① 参见高铭暄主编《刑法学原理》第 2 卷,中国人民大学出版社 2005 年第 3 版,第 256 页。

② 陈兴良:《刑法学》,复旦大学出版社 2010 年第 2 版,第 120 页。

③ 周光权:《刑法总论》,中国人民大学出版社 2007 年版,第 231 页。

④ 参见冯军《刑法问题的规范理解》,北京大学出版社 2009 年版,第 164 页。

⑤ 张明楷:《刑法学(上)》,法律出版社 2016 年第 5 版,第 226 页。

⑥ 参见[日]大塚仁《刑法概说(总论)》,冯军译,中国人民大学出版社 2003 年第 3 版,第 415—416 页。

合理的判断资料加以考虑的,而在本书看来,这种关系主要是作为对"推定"之主体的限制性条件而存在的;德国刑法学者施特拉腾韦特(Stratenwerth)则举例道:"在相关例子里,大多数情况下,行为人确实或者推测是为了照顾受害人的利益而侵犯其权益,比如需要对昏迷者进行紧急手术……还有一些,只涉及行为人本人或者第三者的利益,例如,闯入邻居家借用电话报警而邻居不在家"①。造成这种局面的原因,笔者认为,否定"为其他人利益的推定"多是站在以紧急避险行为作为依推定的同意之行为的主导形象之立场上的,而持肯定观点的学者,则将存在"权利人同意"的行为视为其主导形象。例如我国学者在描述依"推定的同意之行为的成立要件时就主张:主观上具有救助被害人的正当目的;待处理的事项具有紧迫性;所造成的损害必须小于所挽救的利益"等等②,除了相冲突的利益归属主体不一样,其他的要件几乎是紧急避险的翻版。但正如前文所指出的那样:与"推定"中的权利人意志可能发生冲突的对象是权利人的真实意志,换言之,行为人之行为所损害的法益和所保护的法益间的冲突并不具有决定性的意义,因而,客观上的法益衡量与权利人可能存在的意志在判断某个"推定"是否合理时并非处于等量齐观的位置或者以前者为准,而应当认为对权利人可能存在的意志的考察才是判断某个"推定"是否合理的关键,而客观上的法益衡量只是进行这种考察的重要手段之一。据此,将紧急避险行为视为依推定的同意之的主导形象,将客观利益衡量作为其正当化的基础,进而否认"为其他人利益的推定"的观点,是颠倒了目的与手段的做法。而如果以存在"权利人同意"的行为为其主导形象,则没有理由否认可能存在权利人乐于为其他人奉献的意志。这里需要注意的是,不能因为法律没有规定特殊作为义务的人,不需要像英雄般地舍己为人,就否定能够"为其他人利益的推定"。从道德规则的分类来说,确实大致存在着以下三类规则:第一类是"不应当做损他行为",根据这一规则,诸如杀人、抢劫、盗窃等对他人造成损害的都在禁止之列,这一类规则对于保持人类社会的存在和发展所

---

① [德]冈特·施特拉腾韦特、洛塔尔·库伦:《刑法总论Ⅰ——犯罪论》,杨萌译,法律出版社 2006 年版,第 154 页。

② 参见高铭暄主编《刑法学原理》第 2 卷,中国人民大学出版社 2005 年第 3 版,第 256—257 页。

依赖的基本秩序是极为重要的，因而十分有必要将其上升为法律规范，甚至不惜用刑罚手段予以维护；第二类是"可以做不损他而利己的行为"，即一切不会对他人造成损害的行为都是可以被允许的，人们日常生活中的绝大多数行为即是此类行为，是构成社会日常行为规范的基础，所谓的"非英雄般的行为"也即是此类行为；第三类则是"应当做利他行为的规则"，这一规则意味着一切有利于他人的行为都是应当去做的。[①] 对于这类行为，原则上只应在道德规则的层面上提倡，如果要将其上升为法律规范，进而甚至以刑罚为手段保障其实施，则需要充分的特别理由，具体来说，这些"充分的特别理由"可以被视为不作为犯中的实质作为义务。问题是在依推定的同意之行为中，权利人因有利于行为人的利益而致自身的利益受损和不作为犯中的作为义务在规范意义上完全没有可比性，后者是一种强制性的义务，而前者是行为人基于自身与权利人的特定关系及权利人在过往交际中表现出的行为倾向对行为人"自愿为了行为人而做出牺牲"的实际意志的推定，在绝大多数情况下，这些推定在事后能够被证明是正确的；少部分情况下，虽然权利人在事后表达了相反的意志，但这不能妨碍行为人进行推定的理由本身，而且其利益也可以通过其他手段得到恢复。当然，在某些场合下，一种行为可能既能够借助"推定的同意"得到说明又符合"紧急避险"的条件，但是，并非所有的行为都是如此。同时，在"推定的同意"中何谓"较大价值"、何谓"较小价值"也不能像在紧急避险中那样依据社会上一般人的客观理解决定，而应该取决于权利人与行为人过往交际过程中所体现出的价值偏好。再者，将该类行为予以非罪化处理的意义也不在于仅仅是维护这种"较大利益"，而是行为人与权利人间的特定关系，这种"特定关系"的维系当然并非绝对地适宜用入罪手段来干涉（至多在成立不作为犯的场合下才是如此），但是，正是因为刑法的运用不能轻易地破坏这种关系，所以依据这种"特定关系"对行为进行非罪化处理的做法就是可以被接受的。一言以蔽之，在经合理"推定"的权利人意志中，只要存有"为他人利益而牺牲自身利益"的可能性，就不应当否定"为其他人利益的推定"。

但是，一方面要承认存在"为其他人利益的推定"，另一方面也要承

---

① 参见张恒山《法理要论》，北京大学出版社2002年版，第129页。

认这种"推定"与"为权利人利益的推定"之间的区别,因为就这两种"推定"而言,其对行为人意志的判断之"风向标"是不同的,在为权利人自身的利益而对其意志进行推定,客观上的法益衡量以及一般人在此情况下通常所持有的态度对于确定权利人的可能意志来说处于优先被考虑的地位;而在为其他人的利益而推定时,则应当更多地考虑权利人自身的喜好与其他非理性的成分,因为"每个人都是自己利益的最佳法官,没有人会赞成自认为对自己有害的事情"①,什么是权利人"自认为对自己有害的事情"只有权利人自己最清楚,同时在为其他人的利益而推定时,应当更加强调行为人与权利人之间的特定关系和受影响的利益对于权利人的微不足道性,如从一位富豪亲戚那里"借"走一笔钱和对贫穷的亲戚做同样的事,其意义肯定是不同的。

(二)"与物品有关的推定"、"与人格有关的推定"和"对现时决定的推定"

这是在"为权利人利益的推定"中根据所推定事项进行的再分类,为德国刑法学者罗克辛所主张[2]:

1. "与物品有关的推定"是指行为人为了权利人的利益,对于影响了权利人对财物的处置,但没有(或基本没有)影响其生活形态的行为之推定。如对于一个人在暴雨突然来临时,冲入已经外出的邻居的院子,把其放置在院子里晒太阳的家具搬到屋檐下,以免因淋雨而损坏的行为来说,可以认为该行为是依照行为人"推定"权利人之"不愿意其家具被雨水淋湿"的意志而进行的,除非他明确地知道,这位邻居是有意将这些家具置于空旷处以检测其受雨淋后的质量。

2. "与人格有关的推定":是指行为人在进行可能对权利人的自由权利(如通信自由等)产生影响的行为时,对权利人的意志进行的推定,对于这类推定不能简单地像上述对"与物品有关的推定"那样,仅仅在例外的场合下才考虑权利人的相反意愿,而是一开始就必须考虑这种例外。

---

① [英]吉米·边沁:《立法理论》,李贵方等译,中国人民公安大学出版社2004年版,第316页。

② 参见[德]克劳斯·罗克辛《德国刑法学总论——犯罪原理的基础构造》第1卷,王世洲译,法律出版社2005年版,第537—539页。

3. "对现时决定的推定"：这主要是指与生命和死亡有关的推定，尤其是在给丧失意识的人进行的手术中会出现的情况。在这种推定中，权利人意志的现实缺位和获得的紧迫性是关键性的因素，因此当一个手术能够无损害地推延或者患者的意志并没有丧失的时候，就没有什么可值得推定的现时决定。当然，在很多场合下，医生的紧急治疗行为得以排除刑法介入的原因在于该类行为是一类正当业务行为，医生对患者意志的"推定"仅仅是在从事这种正当业务过程中所必须采取的手段，而与"依推定的同意之行为"没有太大的关系。指出这一问题的重要意义在于：对于一个如果不及时开展就有可能构成不作为犯罪的正当业务行为而言，不需要借助（也不能够）包括"依推定的同意之行为"在内的各种事由来说明其正当性。因此，在需要借助这一事由来说明其正当性的紧急治疗行为必须是一类即便不及时开展也不至于构成不作为犯罪的行为。当然，在什么样的场合下，医生不及时地对患者进行紧急治疗不会构成不作为犯罪的问题涉及不作为犯的实质作为义务，并非本书的研究核心，这里只是需要明确需要借助"依推定的同意之行为"来予以出罪的紧急治疗行为本身不能是不作为犯的实质作为义务所规定的内容。

因此，本书根据受益主体的不同，将依推定的同意之行为中的"推定"分为"为权利人利益的推定"和"为其他人利益的推定"，同时根据所推定的事项将"为权利人利益的推定"进一步区分为"与物品有关的推定"、"与人格有关的推定"和"对现时决定的推定"，而对于"为其他人利益的推定"来说，原则上仅限于"与物品有关的推定"，而不涉及"与人格有关的推定"和"对现时决定的推定"。

第三章 国外刑法中的依推定的权利人同意之行为

第一节 英美法系国家中的依推定的权利人同意之行为

依推定的同意之行为作为一种系统理论被提出来最早出现在大陆法系的刑法学理论中，这也是与其系统性的理论特征相符合的，但是在介绍大陆法系国家中的相关情况前，我们先关注一下与大陆法系并列为当今世界两大法系之一的英美法系之刑法理论对该问题的研究，以便在互相比较中对该问题有一个较为完整的认识。

英美法系并不追求大量精准而繁杂的概念和辞藻的堆砌，而是尽可能地做到简洁、实用，且适应于其对抗制的诉讼模式，由于英美法系国家从哲学传统上看，具有经验主义至上的倾向并渗透出实用性的特征，这导致了其法律人的思维也具有灵活性的一面，因此"英美犯罪构成理论结构具有显著的实践性、简便性与动态性"[1]，这一点在其刑法理论中的主要表现就在于其采用的是简单的双层次模式，依次为犯罪的本体要件和责任充足要件，前者包括犯罪行为和犯罪心态，而后者的要求是某个行为构成犯罪必须不具备合法的辩护事由。从刑事诉讼的具体流程来看，控方只要证明被告人存在本体要件中所规定的犯罪行为和犯罪心态，并且辩方（被告人）又无法提出合法的辩护事由，则其行为将被认定为成立犯罪。从规范意义上看，本体要件强调的是国家对社会基本秩序的维护与社会公共利益的保卫，而合法辩护则立足于制约国家公权力发动刑法时可能存在的恣意，从而保障公民的人权。作为第二层次的辩护事由是经过长期司法实践，并在此基础之上加以总结的总则性规范，是判例法

---

[1] 储槐植、高维俭：《犯罪构成理论结构比较论略》，《现代法学》2009年第6期。

传统的产物。① 其中，最重要的两类合法辩护事由是正当化事由（Justification）与免责事由（Excuse）。所谓正当化事由，是指虽然行为从表面上看是违法的，然而于特定情形之下，该行为也能起到对社会的正面作用，在此，行为人不仅不应当被追究刑事责任，反而应当受到鼓励，典型的情况便是"正当防卫"与"紧急避险"。而免责事由则是行为人虽然实施了违法行为，也不存在任何正当化事由，但其行为从道德的角度上来看并不值得谴责，因而得以免于刑事追究，如未成年、精神病或受胁迫等。两者在道德意义、刑法理论上的一致性、共犯的刑事责任等方面具有一定程度的差别。②

依推定的同意之行为作为一种犯罪阻却事由，在英美法系的刑法理论中，处于第二层次即合法的辩护事由，这一点是没有异议的，但是：

第一，该事由既不是典型的正当化事由，也不是典型的免责事由，而是必须根据具体案件的情况进行分析。

第二，如前所述，依推定的同意之行为的主导形象是存在"权利人同意"的行为，因此，从论理的角度来说，"推定的同意"之理论研究势必受到"权利人同意"之相关理论的影响，然而在英美法系的刑法理论中，对于现实存在的"权利人同意"的态度，也必须予以区分，原则上来说，因为犯罪行为侵犯的是公众利益，因此不允许"私了"，例如："一个人不可能合法同意放弃生命，生存权在普遍情况下是神圣不可侵犯的"③。但是在有些场合，根据犯罪的性质，如果存在权利人的同意，则犯罪根本不能成立，如"1916年的法律维护普通法的规则，即除非'未经所有人同意'或者未经所有人的合法代理人的同意而取得，不能构成对物品的盗窃"④。因此，从实际结果来看，这一点和后述大陆法系对该问题的处理是大同小异的。

第三，在英美法系的刑法理论中，一般认为，某个擅自处置应由他人处置事项的行为要成立依推定的同意之行为需要具备以下几个要件：一是

---

① 参见储槐植、江溯《美国刑法》，北京大学出版社2012年第4版，第29—30页。

② 参见储槐植、江溯《美国刑法》，北京大学出版社2012年第4版，第55—57页。

③ [美] 约书亚·德雷斯勒：《美国刑法精解》，王秀梅等译，北京大学出版社2009年版，第190—191页。

④ [英] J. W. 塞西尔·特纳：《肯尼刑法原理》，王国庆、李启家等译，华夏出版社1989年版，第304页。

不存在权利人的现实同意,包括权利人不能表示同意或者无能力表示同意且又无法取得其监护人或合法管理人的现实同意;二是行为人依据合理的一般人的认识"推定"权利人得知真相后会表示同意,但这种"推定"的正确与否不绝对取决于权利人的实际意思;三是行为之目的在于为了保护或挽救权利人的利益;四是行为人所处置的事项所涉及的利益必须属于权利人本人所能够自由处分的个人利益;五是依推定的同意之行为本身不违反法律的规定及公序良俗的原则。①

第二节　大陆法系国家中的依推定的权利人同意之行为

根据大陆法系刑法理论的通说,依推定的同意之行为属于"违法阻却事由"的一种,因此,首先必须简要地介绍一下大陆法系国家的犯罪论体系,尤其是"违法阻却事由"。

一　"违法阻却事由"在阶层犯罪论体系中的地位

大体上来看,大陆法系阶层犯罪论体系是由行为、构成要件符合性(该当性)、违法性和有责性几个阶段构成的,相互之间是层层递进的关系。其中,作为第一阶层的行为阶层解决的问题是"犯罪首先是行为,无行为则无犯罪……构成要件符合性的考察对象和出发点也只能是行为"②。换言之,行为是刑法的评价对象,而其后的诸阶层都是对行为的评价,对于不具备行为资格的事物,自始便排除在刑法的评价之外。行为这一评价对象的确立是展开刑法评价的先决条件和起始点。③ 构成要件符

---

① 参见赵秉志主编《英美刑法学》,科学出版社 2010 年第 2 版,第 109—110 页。
② 郑泽善:《刑法总论争议问题研究》,北京大学出版社 2013 年版,第 1 页。
③ 参见柯耀程《变动中的刑法思想》,中国政法大学出版社 2003 年版,第 2 页。值得说明的是,对于"行为"在大陆法系犯罪论体系的基底性作用是不存在分歧,但是否将其单独作为一个阶层进行判断,则存在不同意见:第一种意见认为,应当将"行为"单独作为一个阶层进行判断;第二种意见认为,仅应将"行为"作为后续三个阶层的判断对象,即"行为"是作为"评价的对象"而存在的,而后三者是"对对象的评价",犯罪论体系就是一个价值评判体系,因而不主张将"行为"单独作为犯罪论体系的一个阶层,而仅仅是将其作为该体系的评价对象;第三种意见主张在"构成要件"的判断中消解对"行为"的判断。

合性要求犯罪必须是符合刑法典（即狭义刑法，主要是刑法分则）与广义刑法中的相关条文各本条所规定的内容之行为，其中的"构成要件"也称为"典型事实"，"即符合犯罪规范所描述的行为模型的具体事实。它……是区别具有刑法意义与非刑法意义的行为的基础"[1]。对于"违法性"，可以从两个层面进行理解，一是"形式的违法性"，二是"实质的违法性"。前者是指行为违反了刑法规范中所规定的作为义务或不作为的义务，即"与法律的矛盾"；后者则是指立法者将一行为规定为犯罪并受刑罚处罚的理由。值得注意的是，"德国、日本刑法理论中的违法性论一般只论及违法性的存在与否问题，即是否存在违法阻却事由的问题"[2]，而不专门地在这一阶段积极地确认违法并讨论其程度。"有责性"则是指在确定行为人实施了符合构成要件的行为，且不具有消极判断的合法化事由的基础上，根据该不法行为其行为人进行非难的可能性，因此"有责性"又可被称为"可谴责性"[3]，因此，有责性需要回答行为人因其不法行为在多大程度上可以被谴责的问题。此外，在大陆法系刑法理论中还存有"不法"这一概念，指的是某个由法规范作出否定评价的外在客观行为事实，既包括违法评价的对象，也包括这种评价本身，从犯罪论体系上看，不法概念不仅包含了行为和构成要件该当性，也包括了违法性[4]，这是行为成立犯罪的实质性条件。因此，对于通过了"构成要件符合性"的行为，如果认为存在"违法阻却事由"，则将导致行为本身不具有"不法"的性质，从而不能作为犯罪来处理，不需要再去进一步地讨论"有责性"的问题。"换言之，不法行为会被评价为具有违法性之行为，其必须符合阻却违法事由不存在之消极要件"[5]。对于"不法"与"违法性"的区别，应当认为"'不法'包含着构成要件符合性的范畴，所以是刑法上的一种特定的现象，从而与民法上的不法和行政法上的不法区分开来。

---

[1] ［意］杜里奥·帕多瓦尼：《意大利刑法原理》，陈忠林译，中国人民大学出版社2004年版，第109页。

[2] 贾济东：《外国刑法学原理》，科学出版社2013年版，第213页。

[3] 但是，并非所有的学者都将"有责性"理解为可谴责性，在某些主张功能性的犯罪论体系的学者（如Roxin）看来，重要的并非行为人是否能够被谴责，而是一般预防。

[4] 参见 Claus Roxin, *Strafrecht Allgemeiner Teil Band I*, München: Beck C. H, 2006, p. 4.

[5] 余振华：《刑法违法性理论》，瑞兴图书股份有限公司2010年版，第45页。

而违法性虽然也被限制在刑法之内,但是'经常超过这个范围向外延伸',因为按照法秩序统一的原则,'违法'通常具有整体法秩序的意义"①,亦即"不法"包含着"违法性"这一判断本身和作为判断对象的通过了"构成要件符合性"判断的行为,而在"不法"判断中的"违法性"这一判断标准在很多场合需要延伸至刑法之外。当然,如果某一事由可以在"构成要件符合性"的判断中直接否定行为的"不法",就没有必要再来进行"违法性"的讨论,从最后的结果上来看,无论是否定"构成要件符合性"还是否定"违法性",都将最终使得行为在刑法意义上的"不法"特征消失,从而失去受到刑法之否定评价的实质性条件。"此外,阻却违法事由并不以法律明文规定者为限,甚至依法理或习惯法亦可得出其他阻却违法事由之概念,此即所谓超法规阻却违法事由"②。

二 "违法阻却事由"的称谓

上文中提到一个通过了"构成要件符合性"判断的行为,如果存在"违法阻却事由"则可以导致该行为最终不具备"不法"性质,其中的"违法阻却事由"也被称为"合法化事由"、"正当化事由",一般来说,这几种称谓没有本质上的区别,但当一种在刑法上不受否定评价的行为被称为"合法化行为"或"正当化事由"的时候,则不能不考虑刑法与整体法秩序之间的关系。从字面意思来看,"合法化事由"和"正当化事由"的意义可以等同,但是,"违法阻却事由"只是意味着一个行为并非是"违法"的,至于是否"合法",则要看在"合法"与"违法"之间是否存在一个"无法"的状态,如果存在,那么仅仅只是阻却了"违法"的行为便不能立即被认为是"合法"的。对于是否存在"无法"的状态,理论上存在三种观点:第一种观点认为,法不干涉的状态即为"无法"状态,可以区分为两层意思:第一层意思是指在诸如吃饭、睡觉、散步、聊天等纯属私人活动的场合,不需要经过法律的塑造。第二层意思是指在类似于具有同等价值的义务冲突的场合,比如说当一位父亲的两个孩子同

---

① 贾济东:《外国刑法学原理》,科学出版社2013年版,第212页。
② 余振华:《刑法违法性理论》,瑞兴图书股份有限公司2010年版,第45页。

时落水，他只能选择救起其中一个的时候。在这种生命对生命间发生冲突的悲剧性场合，刑法应该主动退出并放弃评价，从而形成一个"无法"的领域。德国学者阿图尔·考夫曼（Arthur·kaufmann）等人持此类观点①。第二种观点则认为，行为，只要是不违法，就必须看作为是合法的。虽然对于一般意义上的读书看报、吃饭睡觉等行为，法律并不予以评价，但却不能认为这些行为介于合法行为和违法行为之间，而是应当认为上述行为已经属于合法行为，并且受到法律的保护，因此，没有必要承认放任行为的概念。② 日本刑法学者大谷实持此说。第三种观点是德国刑法学者罗克辛的观点，他认为从犯罪论体系中所包含的各阶层来看，在构成要件符合性阶段之前确实存在着一个无法的领域，因为单就行为这一评价阶段来看，虽然也并非是完全的事实性描述，而是涉及了行为中所体现出的人格，但是法律规范的因素却尚未进入到对该行为的评价之中，虽然在偷逃税款等极少数场合，法律的规定已经渗透到了行为的评价阶段，但这并不能否定绝大多数场合下构成要件符合性阶段之前存在的无法领域。然而，当某个行为该当了某种构成要件之后，一种抽象的法益侵害便已经存在了，这时就不应当再有无法领域存在的余地，因为当法律规范对某个行为已经作出了某种评价之后，人们不能因为法律最终否定了先前的评价（如某些该当了特定的构成要件但却又缺乏违法性的行为）就认为该行为不受法律的评价，从而形成一个无法领域，换言之，"无法"领域只存在于构成要件的判断之前。③

对此，本书认为，首先，不能因为存在于所谓"无法"领域内的行为，只是没有受到刑法的干涉（即刑法既不鼓励也不反对），就认为刑法没有作出评价。从刑法规范本身来看，"所谓刑法规范，也称罪刑规范，是指由国家制定并由国家强制力保证其效力的，禁止公民实施侵害行为、

---

① 参见［德］克劳斯·罗克辛《德国刑法学总论——犯罪原理的基础构造》第 1 卷，王世洲译，法律出版社 2005 年版，第 395 页。

② 参见［日］大谷实《刑法讲义总论》，黎宏译，中国人民大学出版社 2008 年第 2 版，第 213 页。

③ 参见［德］克劳斯·罗克辛《德国刑法学总论——犯罪原理的基础构造》第 1 卷，王世洲译，法律出版社 2005 年版，第 396 页。

命令公民履行刑事义务,指示和约束司法人员处理刑事案件的法律规则"①。因此,刑法中的法律后果都是惩罚性的,从世界范围来看,也没有哪一部刑法是通过对遵守其某一规范的行为进行鼓励来实现社会控制之目的的,所以对某一行为是否"合法"的判断,不能依赖于其是否属于刑法的刻意塑造。其次,对于吃饭、散步等私人活动来说,也不能认为刑法没有对其进行塑造,因为对这些行动的无故干预,有可能被视为对作为人类基本权利(如生存权、人身自由等)的侵害,从而招致刑法的否定评价与严厉制裁。即便对于具有同等价值的义务相冲突的情况,刑法也不允许任何人粗暴地干涉行为人择一履行的行动自由。最后,如罗克辛教授所言,在进行构成要件的判断之前,存在一个"无法领域",因为在进行"构成要件符合性"的判断之前,存在的只是一个对于"行为"质量的判断,即确认某一举动确实能够被看作是一个"行为",尚未进行任何与法规范有关的价值分析,无论最终被评价为"违法"或是"合法"的行为,此时都处于这个"无法"领域之内,因为除了极少数场合外,"法"是从"构成要件符合性"的判断才介入的。因此,在违法性判断中,阻却了违法性,即应当认为行为实现了合法化或正当化,而不是同时也可能构成一种介于合法与违法之间的中性行为,正是在这个意义上,"违法阻却事由"和"合法化事由"以及"正当化事由"是相同的概念,可以进行无障碍的互换,本书也采取这一立场。

三 主要国家的立法状况与理论学说

如前所述,依推定的同意之行为也属于"违法阻却事由"的一种,但是由于"不同国家的刑法理论对违法阻却事由所作的分类,与本国刑法对违法阻却事由的规定密切联系"②,因此对于该事由的定位也有不同,有些国家无论在刑事立法还是在刑法理论中都没有该事由的一席之地:如法国刑法理论将"违法阻却事由"分成"以有法律命令与合法当局的指挥"的行为和"以有法律允许"的行为,前者如执行公务等,后者主要

---

① 冯军、肖中华主编:《刑法总论》,中国人民大学出版社2016年第3版,第27页。
② 张明楷:《外国刑法纲要》,清华大学出版社2007年第2版,第154页。

是指正当防卫和紧急避险。对于存在"权利人同意"的行为，该国刑法理论认为"因为刑法具有公共秩序之性质，是为社会利益而制定的，受害人不得以其意志以及为某种私人利益而阻止刑法的适用，因此，受害人本人的同意对于侵犯人之生命、身体健康与身体的犯罪并无任何效力"；但是，"尽管刑法具有公共秩序之性质，受害人在完全知情的情况下，可以使构成犯罪的要件之一随之消失；受害人在此种情形下表示的同意，也可依据传统习惯，以法律允许之名义，作为一种具有证明效力的原因而得到认定"[①]，而对于依推定的同意之行为，该国刑法则完全没有涉及。但是绝大多数大陆法系国家至少在学理上还是对该事由表示了认可，现按国别对其在各国刑法学说中的地位作一简要梳理。

（一）德国

耶赛克（Jescheck）教授在其著作《德国刑法教科书》中将"违法阻却事由"分为"正当防卫"、"基于公务员的职权行为"、"存在权利人同意的行为"、"依推定的同意之行为"、"合法化的紧急避险"以及"被允许的危险"，但同时指出"被允许的危险"不是一类独立的"违法阻却事由"，因为这一概念所描述的是包括依推定的同意之行为在内的部分行为得以正当化的理论依据，而非某种具体正当行为的实体要件。至于依推定的同意之行为，耶赛克教授基本是将存在"权利人同意"的行为作为其之指导形象的，因为"在推定同意情况下，与要求现实的同意的有效性一样"，而且"被保护法益的主体的'不理智的意志'，也同样应当受到尊重"，但其同时指出"被允许的危险"是这类行为得以正当化的理论依据，而不是如同在存在"权利人同意"的场合那样，是个人自由的无妨碍行使。[②] 罗克辛教授同样是站在"被允许的风险"这一原理上来理解这类行为的，他认为依推定的同意之行为的实质在于："允许根据一种单纯的假想同意和冒着使真实的意志与法益损害相对抗的危险，去侵犯其他人

[①] [法]卡斯东·斯特法尼：《法国刑法总论精义》，罗结珍译，中国政法大学出版社1998年版，第371、373页。

[②] [德]汉斯·海因里希·耶赛克、托马斯·魏根特：《德国刑法教科书》，徐久生译，中国法制出版社2001年版，第468—469页。

的法益"①。至于对"违法阻却事由"的分类,罗克辛教授与耶赛克教授的方法大致上相同,主要有:"紧急防卫"、"正当化的紧急状态"、"职务权和强制权"以及出于"允许性风险的正当化根据"(包括"依推定的同意之行为"、"合理利益的利用"和"艺术自由")。值得注意的是,对于存在"权利人同意"的行为,罗克辛教授并没有如耶赛克教授那样将其作为"违法阻却事由",而是认为其直接排除了"构成要件符合性"。因为构成要件的形成和出发点是法益,即刑法所保护的利益,具体而言,刑法是通过制定法规范对以特别危险的方式侵害法益的行为以刑罚手段予以禁止来保护法益的,但某个通常意义上的损害法益的行为如果符合了有权对该法益进行处分的权利人处置该法益的现实意愿,则不能认为在这一具体场合下存在对法益的损害,"因为这种处置并不损害他的自由展开"②,而这种自由是来自于宪法权利的保障,一个遵从于宪法所保障的权利所指示的行为,是没有侵犯法益的,从而也是不可能符合任何构成要件。另外,由于德国刑法没有明文规定依推定的同意之行为,因此其是作为"超法规的违法阻却事由"存在的,之所以会存在"超法规的违法阻却事由"这一概念,是由于德国原来的刑法典也没有明文规定"紧急避险",只是刑法学者在学理上予以主张,后来德国最高法院承认了这一事由,但直到1969年才正式在刑法典中予以明文规定,结束了其"超法规"的历史,但这一概念却保存了下来,因为刑法不可能穷尽所有的"违法阻却事由",随着社会的发展、形势的变化,总会出现新的情况,从这一角度来看,依推定的同意之行为是其适例。

(二) 日本

大塚仁教授提供了两种对"违法阻却事由"的分类方法,从形式上看,可以分为"典型的"和"超法规的",前者包括"正当防卫"、"紧急避险"、"法令行为"以及"正当业务行为";而后者则是指从解释学上推导出来的除"典型的违法阻却事由"外的"违法阻却事由","依推定的同意之行为"就位列其中。按照实质的观点,可将"违法阻却事由"

---

① [德] 克劳斯·罗克辛:《德国刑法学总论——犯罪原理的基础构造》第1卷,王世洲译,法律出版社2005年版,第530页。

② [德] 克劳斯·罗克辛:《德国刑法学总论——犯罪原理的基础构造》第1卷,王世洲译,法律出版社2005年版,第357—358页。

分为"紧急行为"和"一般性正当行为",前者包括"正当防卫"、"紧急避险"、"自救行为"以及"义务冲突",后者则包括存在"权利人同意"的行为、"依推定的同意之行为"、"法令行为"、"正当业务行为"等。①

(三) 意大利

意大利的杜里奥·帕多瓦尼教授根据该国刑法将"违法阻却事由"分为存在"权利人同意"的行为、"行使权利"、"履行义务"、"正当防卫"、"合法使用武器"和"紧急避险",对于"依推定的同意之行为",他明确地指出,这种情况与存在"权利人同意"的行为不同,因为后者仅限于同意确实存在的场合,而前者则应当被视为"行使权利"或"履行义务",因为该事由完全可以被纳入民法上的"无因管理"之范畴,因为无因管理人一方面具有避免在管理过程中给权利人本人造成不应有的损失之注意义务;另一方面也有向权利人要求必要费用的权利,并且只要其具有为权利人本人谋利的意思,其管理权还可以对抗除权利人之外的其他人。②

(四) 韩国

韩国学者金日秀、徐辅鹤将"违法阻却事由"分为"正当防卫"、"紧急避难"、"自救行为"、"依推定的同意之行为"和"正当行为",而对于存在"权利人同意"的行为,则将其与"社会相当性"一道作为"构成要件符合性排除事由"。具体而言,依推定的同意之行为在韩国成文法上的依据应当为该国现行刑法之第 20 条"社会常规"中的"正当行为",而在法理上的依据则应为"被允许的危险"③,这一点与前述德国学者的观点较为一致。

---

① 参见 [日] 大塚仁《刑法概说(总论)》,冯军译,中国人民大学出版社 2003 年第 3 版,第 370 页。

② 参见 [意] 杜里奥·帕多瓦尼《意大利刑法原理》,陈忠林译,中国人民大学出版社 2004 年版,第 164 页。

③ 参见 [韩] 金日秀、徐辅鹤《韩国刑法总论》,郑军男译,武汉大学出版社 2008 年第 11 版,第 313 页。

第三节 各类正当化根据的述评

如前所述，大陆法系的刑法理论是站在"违法阻却事由"的立场来看待依推定的同意之行为的，但对于该类行为何以能够得以正当化（或曰"阻却违法性"），学者们站在不同的学说立场，基于对该问题的不同认识，提出了相当数量的见解，迄今为止也未能达成一个较为一致的结论，现将笔者近年收集到的部分观点于本节作一简要梳理。

一　关于正当化根据的聚讼

（一）"事务管理说"

该见解将依推定的同意之行为的正当化根据归结为民法上的无因管理，换言之，将这种"虽然没有被害人承诺但为被害人利益或依据推定的承诺干涉其法益的情况视为推定的承诺的同时，在民法上的事务管理（即'无因管理'——笔者注）规定中寻求了其正当化的依据"①。对此，耶赛克教授认为：在刑法的适用过程中引入一个民法上的理论并加以类推适用的做法是不能被赞同的，具体来说，民法上的无因管理制度只是就无因管理人因自己的过错给权利人造成的损失所应当给予的损害赔偿和由于自己的管理工作所能够向权利人主张的补偿费用进行了规定，而没有明确在何等条件下，行为人能够依据自己的"推定"来处置权利人的法益，而依推定的同意之行为所研究的重点恰好就是对这些条件的确定，换言之，当某个擅自处置他人法益的行为在满足了什么条件后，方能被视为"依推定的同意之行为"，从而获得正当性。② 当然，这种借助民法理论来解释为什么依推定的同意之行为正当化根据的做法在德国不被赞同，不代表在其他国家也不被允许。如前所述，帕多瓦尼教授就认为依推定的同意之行为可以纳入民法上的无因管理，但是，值得注意的是，意大利的刑法

---

① ［韩］金日秀、徐辅鹤：《韩国刑法总论》，郑军男译，武汉大学出版社 2008 年第 11 版，第 313 页。

② 参见 ［德］ 汉斯·海因里希·耶赛克、托马斯·魏根特《德国刑法教科书》，中国法制出版社 2001 年版，第 469 页。

学者之所以能够这样做是因为其刑法典本身就规定了"行使权利"或"履行义务"的行为可以阻却"违法",而无因管理行为正好满足了这一规定,但在德国刑法典中则恰恰缺乏这样的内容,因此不能将帕多瓦尼教授的观点理解为是耶赛克教授所批评的那种仅仅依据民法上的规定来说明刑法上行为之性质的做法,而是应当认为其依据的仍然是刑法本身。

(二)"紧急避险说"

有学者认为,对于某个擅自处置他人法益的行为来说,一方面由于从行为时的具体情形来看,权利人并未亲自表达出放弃某种利益的意愿,因此该行为仍然是一个符合构成要件的行为,如果说欲否认该行为构成刑事上的"不法",则必须在违法性阶段予以考虑,即将依推定的同意之行为视为违法阻却事由;另一方面,这类行为之所以能够被正当化,是因为其虽然是引起了重大的法益侵害但能够被视为构成紧急避险或某种类似于紧急避险的情形[1],换言之,依推定的同意之行为的正当化根据在于其属于"紧急避险"的一种,或高度类似于后者的情形。在日本,前田雅英持此说[2],我国刑法部分学者早期的观点也与之相类似[3]。

(三)"权利人同意延伸说"("法益衡量说")

德国学者施特拉腾韦特认为,由于权利人知道了实情时应该会同意的情况与权利人事实上已经同意的情况没有什么区别,因此,依推定的同意之行为的正当化根据主要在于,由于在特定场合下,需要权利人依据当时的客观情势作出判断选择,但其本人却没有能力进行这种处置,在此前提下,行为人依据对权利人意志的推定代为处置的行为,就不能够被认为是对权利人自我决定权的忽视。[4] 但是,施特拉腾韦特没有将这种"权利人的意志"贯彻到底,他接着指出:在这里,权利人的"利益"不再能够作为推断权利人本人真实意志的决定性根据,换言之,在依推定的同意之

---

[1] 参见郑泽善《刑法总论争议问题研究》,北京大学出版社2013年版,第102页。

[2] 参见[日]大谷实《刑法讲义总论》,黎宏译,中国人民大学出版社2008年第2版,第239页。

[3] 参见高铭暄主编《刑法学原理》第2卷,中国人民大学出版社2005年第3版,第256页。

[4] 参见[德]冈特·施特拉腾韦特、洛塔尔·库伦《刑法总论Ⅰ——犯罪论》,杨萌译,法律出版社2006年版,第155页。

行为的场合下,一种对权利人同意意志的"推定"代替了真正的许可。真正将权利人的真实意志完全作为依推定的同意之行为正当化根据的是一些持结果无价值论的学者,如日本学者曾根威彦认为,虽说刑法对法益的保障范围及其程度,一般来说取决于作为社会之一般观念上的理性人之看法,但是"作为现实存在的人并不一定都是能够进行正确的价值判断的'人格自律'的存在,并不一定能够总是采取合理的思考和行动。因此,刑法,在本人所希望的限度之内,即便在客观上看属于非人格的不合理的利益,也是保护的对象;相反地,即便是大家都认为具有价值的利益,但本人不希望对其进行保护的话,对于该种不合理的意思也必须尊重"①。在日本,大多数主张结果无价值论的学者都主张类似观点,如平野龙一、内藤谦等②,因此,在这种意义上,"权利人同意"延伸说也可以被认为是"法益衡量说",即如果行为人推定中的权利人意志与权利人事后所表现出的真实意志相符的情况下,则能够被认为是实现了价值更高的法益。但是倘若将这种学说贯彻到底,则会使得依推定的同意之行为丧失独立存在的意义。如西田典之教授认为,依推定的同意之行为可分为"事物管理型"和"权利侵害型",即本书所说的"为权利人利益的推定"和"为其他人利益的推定"。对于前者,西田教授认为,虽然出于政策性的考虑,将一种通常不仅会得到同意而且还会受到感谢的行为,却仅仅根据被害人的主观性价值判断而被认定为违法,这不仅有违一般人的正常法律情感而且会萎缩社会中的相互扶助精神,但是作为自己决定权之一的同意权限终究隶属于个人,属于同一主体的两个以上的法益之间的优劣,也只能是由该个人自己来决定。对于行为人依据可以被承认的理由而为的行为,却被权利人予以否定的场合,可以肯定其"违法性"而通过否定"有责性"(如无责任的假想避险)的方式予以出罪。而对于后者来说,由于此处所涉及的法益多是一些微不足道的法益,因此应当运用"可罚的违法性"理论予以解决。③ 从字面意思来看,西田教授只在一种情况下承认依推定的同意之行为能够被正当化,那就是为了权利人本人的利益且

---

① [日]曾根威彦:《刑法学基础》,黎宏译,法律出版社2005年版,第64页。
② 参见贾济东《外国刑法学原理(大陆法系)》,科学出版社2013年版,第273页。
③ 参见[日]西田典之《日本刑法总论》,刘明祥、王昭武译,中国人民大学出版社2007年版,第147—148页。

事后符合权利人的真实意志，但是本书认为，根据其一贯的结果无价值立场，这种情况完全可以归属到存在"权利人同意"的行为当中去，因为根据结果无价值的观点，存在于"权利人同意"的场合中，"既然被害人同意行为人的行为与法益损害结果，就不存在受保护的法益，故不必要求行为人认识到被害人的承诺"[1]。既然行为人在行为时都缺乏对权利人之现实同意的认识（根本没有或没有认识到），而是否侵害了法益又都是以权利人的真实意志为准，那么完全可以将两者同等对待，而不必另创一个"推定的同意"了。采取这种依"事后的立场"认识该类行为的还有山口厚教授，他认为"将违法判断诉诸行为时的事前的可能性判断，想来是不妥当的。……就法益主体的意思的推定而言，不是从'事前的立场'而必须是从'事后的立场'出发，在对于法益主体的意思进行确认的同时，来判断推定的同意的有无（这可以说是从'事后的立场'出发的关于同意的一种假定的判断）。不论是从何种事前的立场来看能够认定存在法益主体的同意，从事后的明确的事情来看并不存在这样的同意的场合，仍属于欠缺被害人的同意从而也就否定了违法性的阻却"[2]。可以看出，这样一来，依推定的同意之行为与存在"权利人同意"的行为在正当化根据上几乎不存在区别了。而并非纯粹结果无价值论者的松宫孝明，则试图以"优越利益"的原理将两种不同类型的依推定的同意之行为统合起来，他认为，在"为权利人利益而推定"的场合下，如为了挽救因交通事故而陷入意识不清状态下的患者生命而采取紧急手术等情形，正当化的根据在于保护了优越利益，而权利人反对意思的不存在仅仅具有确认这种优越利益的利益，当存在该反对意思时，可以视为放弃了这种优越利益。而对于"为其他人的利益而推定"的场合，如基于平日的交情而擅自进入主人不在家的屋内，在此种情形下，"乍一看对主人而言似乎并不存在任何优越的利益，但实际上，主人已因'友情的维系'等长期利益的获得而得到了补偿，这在广义上被视作有'优越利益'的情形之一。'推定

---

[1] 张明楷：《刑法学（上）》，法律出版社2016年第5版，第226页。
[2] ［日］山口厚：《刑法总论》，付立庆译，中国人民大学出版社2011年第2版，第170页。

的同意'所固有的意义即在于此"①。

(四)"社会相当性说"

该说最早由德国刑法学家威尔泽尔提出,威尔泽尔认为:所有处于共同体生活的历史形成之社会道德秩序之内的行为,都是社会相当行为。对于社会相当行为,应当将其排除在"不法"概念之外。而判断某个行为是否"社会相当",应当透过事实与价值两个层面予以观察,从事实的角度来看,具有社会相当性的行为必须具有生活上的通常性与必要性,换言之,这类行为在社会的日常生活中常有发生,且一般人于此场合下,都会采取相同或相类似的手段来处置相关法益;从规范和价值的层面进行考量,这些具有通常性与必要性还必须符合历史范围内所形成的道德秩序。具体而言,以下几类情况应属于具有社会相当性的行为,因而能够被视为正当行为:在诸如公路、铁路及航空运输业务中,依据行业运作所具有的特点以及安全性的需要,会短暂地导致接受服务一方的人身自由短时间地受到限制或者属于个人隐私信息在一定范围内的暴露(如乘坐火车、飞机时对身份信息的获取以及对随身物品的检查等);在诸如采集矿产资源、化工原料生产等具有一定威胁性的企业中,行为人遵守了相关业务规范及操作流程但仍然不幸地造成了对生命、身体健康、公共环境等的损害(即存在后文所说的"被允许的风险"之场合);此外,在正当的竞技体育活动以及合乎规范而采取的医疗行为,虽然造成了一定损害,但都有可能被视为具有社会相当性。对于"社会相当性"究竟是通过否定"构成要件符合性"还是否定"违法性"而排出行为的"不法",威尔泽尔一开始是将其定位为前者即否定"构成要件符合性",但由于种种原因,他一直在这两种立场间摇摆不定,出现这种情况的原因主要在于:第一,在大陆法系阶层犯罪陆体系中,"构成要件符合性"判断和"违法性"判断之间的关系本来就显得错综复杂、莫衷一是;第二,从"社会相当性"所使用的"共同体生活的历史形成之社会道德秩序"这类表述来看,既可以理解为否定"构成要件符合性"也可以理解为否定"违法性",可以看出,在这个理论产生之初就为其不明确性以及日后因此而受到的批判埋下

---

① [日]松宫孝明:《刑法总论讲义》,钱叶六译,王昭武审校,中国人民大学出版社2013年第4版,第97页。

了伏笔。① 我国台湾地区学者甘添贵关于这个问题的见解显得比较独到：他一方面认为依推定的同意之行为得以正当化的根据应当来源于"社会相当性"说，另一方面认为"推定之承诺，虽有承诺之名，实质上并非被害者之承诺。且所谓推定，系裁判官事后所为之盖然性判断，非行为人主观之推定"②。对此本书认为，不能因为法官必须要进行根据客观情况进行某种推定就否认行为人的行为中不存在自己的"推定"，在依推定的同意之行为中，行为人所进行的"推定"仅仅是针对权利人在行为时可能存在的真实意志，而法官所进行的"推定"则是针对行为人的行为是否遵照了对权利人意志的"推定"，亦即法官在审判时一方面既要对权利人在"如果在场"的情况下会对行为人的行为持什么态度进行推定，另一方面也要对行为人在行为时是否进行了这种"推定"作出判断。

（五）"被允许的风险说"

"被允许的风险"是指"为了达到某种有益于社会目的的行为。在其性质上常有一定侵害风险，此种风险如在社会一般生活上被认为相当时，即应认为是被容许的适法行为"③，也有学者将其称为"被允许的危险"④，对于"风险"与"危险"之间的关系，德国学者贝克（Beck）认为："风险可以被界定为系统地处理现代化自身引致的危险和不安全感的方式。风险，与早期的危险相对，是与现代化的威胁力量以及现代化引致的怀疑的全球化相关的一些后果。它们在政治上是反思的。"⑤ 这样的描述实在是太晦涩了，毋宁将其解读为"所谓风险，是指人们在从事某种活动或决策的过程中，预测未来结果的随机不确定性"；而"危险是指利益损失发生及其程度的不确定性"。⑥

以上观点只是站在社会学的立场对"风险"与"危险"的解读，而根据刑法学的研究目的上，本书更倾向于这样的观点："风险是一个中性

---

① 参见陈璇《刑法中社会相当性理论研究》，法律出版社 2010 年版，第 10—22 页。
② 甘添贵：《刑法之重要理念》，瑞兴图书出版社 1996 年版，第 83 页。
③ 张亚军：《刑法中的客观归属论》，中国人民公安大学出版社 2008 年版，第 48—49 页。
④ 张明楷：《论被允许的危险的法理》，《中国社会科学》2012 年第 11 期。
⑤ [德] 乌尔里希·贝克：《风险社会》，何博闻译，译林出版社 2004 年版，第 19 页。
⑥ 王扬、丁芝华：《客观归责理论研究》，中国人民公安大学出版社 2006 年版，第 22—23 页。

语词，兼具积极和消极的二重性，其可能带来危险后果，但同时也具有积极和消极的二重性，其可能带来危险后果，但同时也具有推定人类发展进程的积极意义。……相较而言，危险则往往只具有消极的意蕴，会给人类带来不利的后果。"[①] 因为在刑法中已然存在"危险犯"这一概念的情况下，实际上就意味着"危险"这一用语已经具有了刑法评价的否定性色彩，因而也就不存在允许与否的选择余地，而只有作为"机会与挑战"并存的"风险"一词才可能被允许（或禁止）。当然，"风险"与"危险"的关系本身就涉及非常宏大的刑法学及社会学问题，非笔者力所能及，况且此处的"风险"与"危险"概念本来就是"舶来品"，更多的因素可能仅仅取决于翻译的问题，因此本书在以下意义上进行论述或引用观点时，将两者同等对待：即"以因行为本身符合一定的规范标准为由，在其造成了侵害结果时也不将之视为'不法'"。当然，此处的"不将之视为'不法'"，是因为阻却了"构成要件符合性"还是阻却"违法性"，罗克辛教授认为："在通常的情况下，允许性风险是一种可以排除犯罪类型并因此排除了对客观行为构成进行归责的因素……但是，在例外的情况下，也存在着正当化的根据"，同时，在依推定的同意之行为中，行为人根据一种单纯的假想同意和冒着使真实的意志与法益损害相对抗的危险，去侵犯其他人的法益，因而此处"被允许的风险"应当是阻却行为之"违法性"。[②] 换言之，罗克辛教授认为"被允许的风险"有时阻却"构成要件符合性"，有时阻却"违法性"，但在依推定的同意之行为的场合，其阻却的仅仅是"违法性"。

我国台湾地区学者黄荣坚教授则认为："推测承诺之所以可以阻却不法，理由应该和被害人的承诺一样，都是容许风险概念下的权衡考量，只不过所推测之被害人的意愿（被害人自主的利益）在理念上是极端重要的考量因素。……到最后都是利益冲突或容许风险概念的个别运用情况。因此在判断以推测之被害人承诺阻却不法与否的时候，被害人自主利益必

---

① 郝艳兵：《风险刑法——以危险犯为中心的展开》，中国政法大学出版社 2012 年版，第 76—77 页。

② 参见［德］克劳斯·罗克辛《德国刑法学总论——犯罪原理的基础构造》第 1 卷，王世洲译，法律出版社 2005 年版，第 530 页。

须被高度尊重，但是其他相对利益也必须被兼顾。"① 而关于"被允许的风险"，黄荣坚教授认为，它是指为了追求一个更高的生活利益而接受某些行为的附带风险。因此，如果一个利益侵害的风险是属于理性冒险的范围，则不被认为属于不法。作为风险之容许判断的主轴有二，一曰利益大小，二曰风险高低。两者间是正比例关系，即欲实现的利益越大则允许为了实现该利益承担越高的风险。对于超过容许限度的风险来说，即为"不被允许的风险"，有可能会引致刑事法上的责任，对于一般的日常生活行为来说，这种容许限度的判断标准应为社会生活习惯和学说实务形成的共识，而对于现代科技或工业所形成之风险的容许限度问题，应以该行为所关涉的行政法规为主要判断依据，亦即以行政违法作为限制刑事责任的机制，但行政法规本身在此只起到一个参考的作用，而不能是绝对的标准，因为在制定行政法规时会融入一些技术性的考量，这些考量与刑法上的实质判断并无直接关联。例如在不同路况、不同气候条件下实行相同的限速标准，同样的超速行为在刑法的立场上来看可能会因为具体案件不同而具有不同的风险评价，另外行政机关所作出的行政决定也往往带有浓厚的主观价值色彩且主要体现行政法上的目的和原则，而刑法上的容许风险之判断必须基于刑法自身的目的就个案事实本身情形作价值判断。同时，黄荣坚教授还认为，行为人于行为时对于判断风险之基本事实的认知情形一定是必须被考虑进去的，因为容许风险概念根本没有阻却客观不法的功能，其实际上的作用在于阻却主观不法。② 而在存在"权利人同意"的场合下，行为人的行为即使可能造成权利人的其他利益遭受侵害，其容许风险限度还是被大幅度地提高，因而可以被视为容许风险概念的应用。但在权利人同意行为人杀死自己的场合，这种"同意"是否还能够代表权利

---

① 黄荣坚：《基础刑法学（上）》，中国人民大学出版社 2009 年版，第 220—221 页。
② 参见黄荣坚《基础刑法学（上）》，中国人民大学出版社 2009 年版，第 193—199 页。不过笔者对这种见解存在不同看法：按照黄荣坚教授自己的说法，吃饭也有被噎死的风险，但如果不吃饭就会被饿死，两相权衡，还是选择吃饭，这也可谓是一种"被允许的风险"。对此，笔者尚能接受，但是说"被允许的风险"只能阻却"主观不法"而不能阻却"客观不法"，那除去"填饱肚子"的目的，吃饭岂不等于是"自杀"？当然，黄荣坚教授基本上也是站在自然主义主客观两分的角度看待行为的，这从他在行为理论上采取"有意行为说"就可以看出，因此他认为"被允许的风险"只能阻却"主观不法"而不能阻却"客观不法"（因为从自然意义上看，不考虑主观因素的话，很多行为根本没有区别）也是情理之中的了。

人之最大利益就存在疑问,因而也就无法适应容许风险予以阻却不法。① 对于容许风险的本质,黄荣坚教授认为其来源于比例原则当中的平衡性,即一种权衡考量,这种思考方式是人类生活的原则和处理问题的基本模式,而容许风险概念则是这个原则在刑法领域内的彰显。② 林山田教授没有明确地表示依推定的同意之行为可以被视为"被允许的风险"具体运用场合之一,但是他认为"推测的承诺不只是依法益或利益权衡的客观判断,而且也是一种或然律的判断。……出于推测的承诺而做决定,对于他人的权益总有一定的风险,故必须自己先行慎重其事地检测与思虑,主观上出于保护被害人的利益的意思,才可以对于他人的权益有所干涉。行为人若未经审慎地检测与思虑,致与被害人的真正意思不相符者,则行为仍具违法性。相反地,行为人确已事先审慎检测与思虑,纵与被害人的真意稍有出入,则仍可依推测的承诺,而阻却构成要件该当行为的违法性"③。

(六)"独立的违法性阻却事由说"("结合说")

韩国学者李在祥认为,"该说认为推定的承诺是与被害人的承诺可能性相关联的,或者位于紧急避险和被害人承诺的中间的,具有独立结构的违法性阻却事由。推定的承诺并非在客观的利益衡量上有其根据,而是在被害人假想的意思上有其根据,并根据其意思判断应以客观的理性称为判断辅助手段的原则,应以独立的违法性阻却事由来把握"④。

我国台湾地区学者陈子平认为,对于依推定的同意之行为正当化的根据应从两个方面进行观察:其一,依照法益衡量说、优越利益说之立场,"应以是否符合被害人之意思为主,即将推定之承诺视为有现实承诺之延长线上之问题";其二,依目的说、社会相当性说之立场,"应重视、强调的是对整体事态做客观、合理之判断,以推定被害人之意思,亦即以推定承诺之行为是否具有社会相当性为依据"⑤。德国学者韦塞尔斯认为,

---

① 参见黄荣坚《基础刑法学(上)》,中国人民大学出版社 2009 年版,第 217 页。
② 参见黄荣坚《刑法问题与利益思考》,中国人民大学出版社 2009 年版,第 137 页。
③ 林山田:《刑法通论(上册)》,北京大学出版社 2008 年第 10 版,第 374—375 页。
④ [韩]李在祥:《韩国刑法总论》,[韩]韩相敦译,赵秉志、武小凤审校,中国人民大学出版社 2005 年版,第 242 页。
⑤ 陈子平:《刑法总论》,中国人民大学出版社 2009 年版,第 202 页。

在依推定的同意之行为中存在两种不同的正当化根据：当事人的切身利益和利益缺乏原则。对于前者来说，其"依据的不是客观尺度的法益和利益衡量，而是对在行为时刻法益所有权人的真实意志的可能性判断。当事人的个体利益、需求、愿望和价值观念在这里是决定性的。客观的标准譬如是一个理性的行为者的尺度，在这里只有间接证据上的意义；它们只能用来求知个体的有这个可能性的意志"，而"凡不存在当事人的值得保护的维护利益且按照上述的基本原则尊重他的个人立场可以认为他可能会对此承诺的，行为的利益缺乏原则进入考虑"。[①] 可以看出，前一种根据对应的是"为了权利人利益的推定"，而后一种根据则是面向于"为了其他人利益的推定"。

耶赛克教授则认为，研究依推定的同意之行为正当化的根据应当综合考虑三种不同的思想，具体而言：首先，行为人需要充分了解权利人的独特喜好与行为倾向，并以此为依托站在权利人的角度进行利益衡量；其次，行为人"推定"中权利人应该是一个对当下的客观情势有着充分而全面了解的人，即所谓对"权利人按照自身意思所作出的选择"的推定建立在其知道事实真相的基础之上；最后，"被允许的风险"思想是其中不可或缺的重要理论根据。[②] 其中，第一种思想适合于"为其他人利益的推定"，因为在放弃利益的情况下，应重点考虑法益主体的个人态度；第二种思想适合于"为权利人利益的推定"，因为当事人可推知的意思通常也就是客观合理的决定。又因为在依推定的同意之行为的场合，由于缺乏权利人现实的意志，因此必须认真地探讨据以推定的情势，这便是"被允许的风险"思想所要求的。

二 依推定的同意之行为的主导形象分析

应该说，上节论及的各种学说间，在依推定的同意之行为的正当化根据这个问题上，并不一定存在决然的对立，而是各个学说间多有重

[①] [德] 约翰内斯·韦塞尔斯：《德国刑法总论》，李昌珂译，法律出版社2008年版，第205—206页。

[②] [德] 汉斯·海因里希·耶赛克、托马斯·魏根特：《德国刑法教科书》，中国法制出版社2001年版，第468页。

叠，原因在于这些学说并非是根据统一的分类方法进行的归纳与总结，只是本书出于学说综述的需要，根据各个学者在相关文献中的论述进行的"堆叠"，因此在对这些学说进行讨论时，必须首先厘清其分类的依据与位阶。对于"事务管理说"而言，如果其仅仅是将这类行为单纯地视为一种民事行为而能够在刑法上得以正当化，则显然是站不住脚的。从刑法与民法两大部门法对于社会的调整对象与主要方式来看，"法律是社会关系的调节器，任何部门法皆以一定的社会关系之调整为使命"①，民法的调整对象是平等主体之间人身关系与财产关系，调整方法主要在于通过民事救济的方法使得被破坏的法律关系回复到原先的平衡状态；而刑法的调整对象则为"公民个人的基本人权与国家法律制度所保护的全体公民基本人权之间的关系"②，调整方法在于对主观上极端蔑视以刑法所保护的全体公民的基本人权、客观上实施了破坏以保护全体公民基本人权为内容的国家法律制度之行为的行为人适用刑罚，"其目的在解消犯罪对国民生活基本价值之腐蚀作用，以维持社会秩序……两者各有其领域，不容混淆"③。具体到无因管理行为与依推定的同意之行为，两者在法律性质和规范目标上均相去甚远，前者重在考虑厘清无因管理人与权利人本人之间就因无因管理行为造成的损失及产生的费用所形成的权利义务关系，而后者则是明确行为人的行为满足了何种前提条件后可以避免刑罚的适用，因此这种单纯地运用民法理论来解释行为在刑法上之性质的做法缺乏说服力。当然，如果像意大利刑法典那样，规定了"行使权利"或"履行义务"可以在刑事上被正当化，则另当别论。因此，这种学说应当被视为直接适用刑法的学说，而其他学说则是借助于刑法理论。但刑法中直接作出这种规定的国家毕竟是少数，因此必须详细地分析并非直接根据刑法规定得出的学说。在其他的几种学说中，"紧急避险说"和"权利人同意延伸说"的提法可谓是基于该类行为之形象的对立，而"结合说"则认为两种形象兼而有之，关于这一点，前文已经有所提及，因此严格地说它们之间的对立并非正当化根据的对立，真正能被视为存在这种对立的是"法益衡量说"（可

---

① 彭万林主编：《民法学》，中国政法大学出版社2007年版，第12页。
② 肖洪：《论刑法的调整对象》，中国检察出版社2008年版，第111页。
③ 韩忠谟：《刑法原理》，北京大学出版社2009年版，第12页。

以视为"权利人同意延伸说")、"社会相当性说"和"被允许的风险说",因为这些学说都是基于对"违法性"理解的不同而形成的学说对立,因此在对这些学术进行分析时,必须基于两个层面来进行对比分析。

关于这类行为的理论形象是紧急避险行为还是存在"权利人同意"之行为抑或是两者兼而有之,在"两者兼而有之"的情形下哪种形象居于主导地位的问题,我们起先已有所涉及,这里再作一个集中的论述:"紧急避险说"注意到依推定的同意之行为与紧急避险行为之间在待处理事项的急迫性以及需要以丧失一个利益而挽救另一个利益等方面具有类似之处,而且从紧急避险行为所要求的"不得已性"和尊重权利人自治的原则出发,在进行避险行为之前,如果有可能的话,应当尽可能地事前征得权利人的同意(如果确实取得的话,则行为即转化为存在"权利人同意"的行为,而非紧急避险行为),但行为能否被正当化,则不最终取决于是否获得了"同意",这一点也类似于依推定的同意之行为。问题是两者在认定情况的紧急性及解决问题的方式上存在重大差异:

第一,在紧急避险行为的场合,对于紧急情况的判断"不仅要依据紧急状态行为人的知道和视角,而且更要从一个客观的观察者的角度。对具体情况的估计和对由此构成的危险估计所关键性的,是一个熟悉相关情况的观察者从当时视角的判断,该判断除了依据相关的普遍性经验上的知识之外,还依据紧急状态行为人可能拥有的特别知道"[1]。而对于依推定的同意之行为来说,行为人对紧急情况的判断更多地不是从"从当时视角的判断",而是要着眼于权利人在与其交往的过程中所表现出的偏好和行为倾向,当然这种偏好和行为倾向需要以与行为人处于相同地位的一般人能够理解的方式来表现。当然,在有些场合,应着重考察"当下的视角",如对于因交通事故昏迷而急需治疗的病人,但在诸如因权利人外出而无法拆看信件的情形下,是否存在需要其家人立即代为拆看的急迫性则应更多地考察权利人"以往的表现"。

第二,由于在"紧急避险"的行为中,权利主体对其利益的损失是

---

[1] [德]约翰内斯·韦塞尔斯:《德国刑法总论》,李昌珂译,法律出版社 2008 年版,第 170 页。

非自愿的，而行为人造成这种利益受损又是"不得不"为之，因而在衡量两种利益孰轻孰重时不能根据某一方的价值观念进行判断（当然在民事赔偿上可适当考虑某一利益对于权利人的特殊意义），而应当以社会中一般的理性的客观人的角度来审视所损害的和挽救的法益之价值大小。但在依推定的同意之行为中，是否牺牲某个利益来确保另一个利益本来完全应当是权利人自己的事情，因此在对其真实意志进行推定时，应当以其自身的习惯与喜好为基础，任何理性而客观的标准都只是推定其真实意志的资料而已，这也是依推定的同意之行为与紧急避险行为的根本区别所在，因此将前者视为后者的一种特殊情形是不合适的。"权利人同意延伸说"要求行为人在依推定的同意之行为中最大限度地尊重权利人的自我决定权，尽可能地接近权利人的真实意愿，尤其是在权利人对待处分利益有着与常人不同的、难以从理性的角度理解的独特喜好时，更要尊重这种"莫名其妙"的意志，这一点是值得赞赏的。但是，在并不存在权利人真实意志的情况下，以任何根据进行的推定都可能与权利人事后表现出来的意志相违背（不排除权利人"存心刁难"的情形），如果仅仅将权利人的意思自治作为依推定的同意之行为的正当化根据，就有可能将行为人依据有充分理由所作的"推定"而为的行为认定为违法，这显然是不合适的，同时也会如同上文所分析的那样，会导致依推定的同意之行为丧失独立存在的意义，而成为"权利人同意"理论的"附庸"。但是如果要将之不视为违法，就必须要找到与存在"权利人同意"的行为相区别的说明根据，这是该说所没有做到的。说到底，依推定的同意之行为与存在"权利人同意"的行为毕竟是两种不同的行为，仅仅以后者来说明前者是不妥当的。[①]

如是观之，认为两种形象兼而有之的"结合说"学说是妥当的，而且主张这种学说的学者基本上都是将权利人的意思自治置于优先被考虑的地位，体现了对权利人意志的最大尊重；换言之，依推定的同意之行为的理论形象包括了紧急避险行为和存在"权利人同意"的行为，其中后者居于主导地位。

[①] 参见黎宏《刑法总论问题思考》，中国人民大学出版社 2007 年版，第 411 页。

三 依推定的同意之行为的正当化根据分析

(一) 对"法益衡量说"的评价

"法益衡量说"是"权利人同意延伸说"(大致上的)另一种称谓,只不过前者着眼于依推定的同意之行为的正当化根据,而后者则是涉及其理论形象的问题。但是,本书认为,该说在回答依推定的同意之行为的正当化根据时存在以下不足:

1. 持"法益衡量说"的学者在分析存在"权利人同意"的行为时,往往站在否认法益的保护必要性之立场来研究,认为当权利人自身并不希望刑法出面对其认可他人代为处置个人法益的行为进行保护时,刑法就没有必要介入,亦即"被害人的同意(承诺),是由于法益主体的有效同意而致法益失去其要保护性,由此犯罪的成立被否定的场合,是以'法益性的欠缺'为理由的违法性阻却事由"①。首先,基于法益之值得保护性的欠缺,将存在"权利人同意"的行为视为"构成要件阻却事由"是妥当的,这也是本书的立场;其次,对于存在"权利人同意"的行为,将"法益之值得保护性的欠缺"归因于权利人的同意,这也是正确的,因为体现了对权利人意志的尊重;最后,将存在"权利人同意"的行为中法益不值得(刑法)保护的原因(即存在权利人现实的同意)"延伸"至依推定的同意之行为中的做法则值得商榷。至少本书认为,前者向后者中"延伸"的只能是"对权利人意志的尊重",而不能是"权利人的真实意志"。因为如前所述依推定的同意之行为与存在"权利人同意"的行为是两种不同的行为,虽然都体现了对权利人的尊重,但尊重的方式不同,一种是对权利人现实意志的尊重(因为权利人于行为时在场),另一种则是通过适当的方式"推定"行为时不可能获得的权利人之真实意愿,因而该两种方式脱离"不法"的方式也应该有所不同,不能要求两者都依据权利人的意志来定性,否则有可能会导致"法益的主观化"。

一贯主张"客观、客观、再客观"的结果无价值论的观点居然会导

---

① [日]山口厚:《刑法总论》,付立庆译,中国人民大学出版社 2011 年第 2 版,第 151 页。

致"法益的主观化",这听起来有点匪夷所思,但"法益的主观化"并非仅仅是指"法益"这一概念必须依赖于人的主观需要和价值判断而存在,因为只有纯粹的自然主义思维观念才会认为存在超然的、纯客观的法益,而在人类社会中,莫说是"法益",就连"利益"二字都无时无刻不能脱离作为其主体的"人"。因此,受到刑法学者抨击的"法益的主观化"应该是指以下这类情形:在与法益相关的各方之认识与观念发生分歧的情况下,不依据一套普遍的规范而仅仅依据某一方的认识与观念决定行为的性质。在依推定的同意之行为中,如果行为人已经遵守了依据双方间的"特定关系"与交往过程所建构的"非正式规范",就不能仅仅根据权利人个人的观念来断定行为的性质;换言之,在该场合下解决存在意志分歧的方法应当是各方所共同遵守某种规范,而非来自权利人单方面的意志。如是观之,将存在"权利人同意"之行为中法益不值得(刑法)保护的原因(即权利人的真实意志)"延伸"至依推定的同意之行为中的做法确实可能会导致"法益的主观化"。其实在这两类行为中,真正使得行为人之行为不受刑法干预的原因并不是在于权利人对之表示了认可,而是在处理某项事务时,行为人与权利人之间达成了一致,因为权利人之"所想"正是行为人之"所为",法律尤其是刑法,必须对这种处理事务的意思一致予以尊重。

顺带一提的是,在有些不能依据"权利人同意"而将行为之"不法"性完全消除的场合(如受嘱托杀人),正是由于国家或社会也作为利益方加入到了"分歧"之中,在此情形下,仅仅是行为人与权利人间的"一致"并不能被视为与法益相关的各方的"一致",因为国家或社会(包括作为国家公民或社会成员的个体)对这类行为并不持赞同的态度。而在依推定的同意之行为中,体现这种"一致性"的即是依据行为人与权利人所共同遵循的某种规范所进行的合理"推定"。

也许有人会问:既然法益作为一种利益,不能离开其主体而存在,为什么要在某些场合下考虑其他人的态度?诚然,利益总是一定人的利益,而且相当多的利益也是专属于主体一身的,但是利益总是在一定的社会交往中产生并且因此而受到(法律甚至刑法)保护的,当鲁滨逊一个人在荒岛上生活的时候,虽说他需要食物或者是淡水,但这些只是他生存下去的自然条件而非利益:既没有人会带给他这些东西也没有谁将其夺走,不需要任何形式的规范来对之进行保护。只有当"星期五"出现之后，两人基于一定的权利和义务形成了主仆关系后，这些东西才成为利益。因此，威尔泽尔才认为，法益这一范畴所赖以存在与发展的空间并非是一个完全孤立、与世隔绝的"金钟罩"，能对其产生破坏性影响的只是包括犯罪行为在内的一系列社会越轨行为，而应当认为，从动态的眼光来看，人类社会的活动总是依赖于对"法益"的投入与消耗之中；换言之，人们总是通过对法益的损益来实现社会的发展与进步自身，因此，法益总是不免受到人类一切行为（包括正常行为和越轨行为）的影响。既然如此，那么刑法也不可能盲目地保护一切法益，否则人们之间的正常交流就无法展开，社会的发展与进步也将因此而严重受阻，所以，包括刑法对法益的保护只可能存在于对以特定形式对法益进行侵害的行为进行规制之中。① 既然法益不能离开社会交往，法益保护也不能离开特定形式的法益损害，那么对某个具体法益的重要性及值得保护性，当然也就不可能仅仅依赖于法益主体的意志。而将法益的值得保护性仅仅归因于权利人的意志的观点，基本上还是站在自然主义主客观两分的立场上看待法益的：当他们发现从行为人的客观行为中不能找到任何有关行为在"不法"判断上有何不同时，就很自然地将求助的目光投向了权利人的主观意志，而如果权利人的现实的主观意志也不认可某个行为的话，这一行为也就"顺理成章"地"违法"了。

2. "事后判断"的观点不能成立。关于对行为的"违法性"判断是采取"事前判断"还是"事后判断"的方法，涉及行为无价值论和结果无价值论的对立。严格地说，这里的"事前判断"应为"行为时的判断"，而"事后判断"则应当被理解为"评价时的判断"。

张明楷教授认为，行为无价值论和结果无价值论在以下几个方面存在着对立：其一，违法性的本质是规范违反还是法益侵害？行为无价值论将"违法性"理解为对伦理秩序的违反而结果无价值论则将对法益的侵害（或威胁）视为违法性的根据。其二，结果无价值论认为对某个行为作为犯罪进行处罚的前提之一便是该行为至少应当具有侵害法益的危险性，而行为无价值论则认为某个缺乏法益侵害之危险的行为，也可能仅仅基于违

---

① 参见陈旋《刑法中社会相当性理论研究》，法律出版社2010年版，第9页。

反伦理或义务的理由而招致刑罚。其三，是否承认主观的违法要素及正当化要素？行为无价值论持肯定观点，而结果无价值论持否定观点。其四，在违法性判断中是以行为为中心还是以结果为中心？行为无价值论认为应当以行为为中心，而结果无价值论则认为应当以结果为中心。其五，以什么时间为判断基准，行为无价值论主张"行为时的判断"，即以行为当时社会中的一般理性人所可能认识到的情势以及行为人所能够特别认识的事实作为资料来理解行为的性质，而结果无价值论则主张"评价时的判断"，即以行为时所存在的一切客观情势为依据来理解行为的性质，当然受到自然科学技术水平的制约，人类对周围环境的观察手段与理解能力不可能达到完全客观的水平，同时，人类借以观察与认识世界的方法与能力总是处于不断发展变化之中的，因此，这里的"行为时所存在的一切客观情势"只能被理解为对该行为进行评价时，人类所能认识到的客观情势。

从当今刑法学界的学派之争格局来看，纯粹的行为无价值论几乎没有学者采取，而占主流地位的是主张违法性是由行为无价值与结果无价值共同决定的"二元论"，但是纯粹的结果无价值论与这种"二元论"之间同样存在上述对立。[①] 后来张教授又补充道："近年来在国内外特别有力的观点认为，行为'无价值'，是指行为具有规范违反性，即行为违背行为准则、行为规范。其中的规范，是指与伦理道德无关的，维护社会秩序、保护法益所需要遵守的行为规范"[②]，并且进一步地认为，结果无价值论与行为无价值论（"二元论"）之间的对立，是行为功利主义与规则功利主义在刑法学上的反映，在面对正当防卫等行为的场合时，规则功利主义的地位显得比较尴尬，不能很好地解释正当防卫等具有违法阻却事由的行为为什么符合构成要件但却不违法。[③]

对此，本书认为，如果说行为无价值论（"二元论"）与结果无价值论之间存在对立的话，根本上就在于对行为的违法性判断是采取"行为时的判断"还是"评价时的判断"。首先，关于"法益"与"规范"的

---

① 参见张明楷《外国刑法纲要》，清华大学出版社2007年第2版，第145—147页。
② 张明楷：《行为无价值论与结果无价值论》，北京大学出版社2012年版，第7页。
③ 参见张明楷《行为无价值论与结果无价值论》，北京大学出版社2012年版，第103—104页。

关系，不能成为行为无价值论（"二元论"）与结果无价值论之间的对立标准。因为，自法益概念诞生的第一天起其就与规范有着千丝万缕的联系。"'法益'概念最先是由宾丁在其《规范论》第1版中提出来的"①。宾丁从刑事立法的目的下手，认为规范与刑法自存在以来的任务都是保障自由与健全法律生活的先决条件，这些"先决条件"是对法律生活有益的事物，即被称为"法益"，对它们的侵害行为就成为犯罪，换言之，所有犯罪都侵害"法益"②。诚然，大陆法系刑法理论中的构成要件之出发点与归宿的确是作为公众生活利益的法益，但如前说述，刑法并非盲目地、不加选择地对法益进行"全天候"的保护，而仅仅是针对以特定（或曰"特别危险"）的方式侵害法益的行为，通过制定刑罚规范予以禁止。从这个意义上说，"构成要件源自规范，而规范则源自法益"③，亦即，依刑法的角度观之，"规范"与"法益"两者之间不能决然地二分，更不能完全对立起来。况且，"主张法益侵害说之学者认为，并非造成任何轻微法益侵害之行为皆具有违法性，行为之违法性具备与否应以全体国民认为值得处罚者为限，而若将该全体国民之观点解为'道义秩序'及'社会相当性'二者，则法益侵害说与规范违反说二者在实质上并不具有差异性"④。因此，在现代法治国家中，法益与规范二者是不能相互分离的⑤。就当下的学派之争而言，无论认为违法性的本质在于法益侵害的观点还是主张违法性的本质在于规范违反的学说，都承认刑法的社会机能之一便在于保护法益，并且在对某一行为是否具有实质的违法性进行判断时，都会在对构成要件进行解释时考虑其与法益的关联性。⑥ 结果无价值论者在解释正当防卫之正当化根据时往往会援引"优越利益"（防卫者的法益高于不法攻击者的法益）或"利益阙如"（不法攻击者的法益在一定范围内不存在），其实这都是根据规范（从形式上来说是法规范，从内容

---

① 张明楷：《法益初论》，中国政法大学出版社2000年版，第29页。
② 参见钟宏彬《法益理论的宪法基础》，元照出版有限公司2012年版，第41页。
③ ［德］汉斯·海因里希·耶赛克、托马斯·魏根特：《德国刑法教科书》，中国法制出版社2001年版，第314页。
④ 余振华：《刑法违法性理论》，瑞兴图书股份有限公司2010年版，第12页。
⑤ 当然，规范本身能否被加入到法益的概念之中去，一直存在着争议。
⑥ ［日］关哲夫：《现代社会中法益论的课题》，王充译，载赵秉志《刑法论丛》第12卷，法律出版社2007年版，第336—337页。

上来说是人类共同生活中为保障个人自由发展所形成的规范）来决定的，离开了规范，单纯的法益概念是不可能在不同主体的法益之间分出伯仲的。

其次，无论"规则"功利主义中的"规则"能否解读为"规范违反说"中的"规范"，也无论结果无价值论与行为无价值论（"二元论"）之间的对立，是否就一定是行为功利主义与规则功利主义在刑法学上的反映，甚至"规则功利主义在说明正当防卫的性质上处于尴尬境地"也可以暂时放在一边（也许所谓"规则功利主义"根本就不是用来说明正当防卫的），单是认为行为无价值论（"二元论"）在解释"正当防卫"等问题上存在困难就是值得商榷的。因为正当防卫等行为属于符合"构成要加符合性"判断，但不符合"违法性"判断的行为，亦即其通过了对行为之"不法"性质的"知性思维"判断却没有通过"辩证理性"判断（换言之，"构成要加符合性"判断与"违法性"判断之间应当是"知性思维"与"辩证理性"的关系，对此，后文将有详细说明），而认为"行为无价值论"（"二元论"）无法很好地解释这些行为的正当性，无疑是说"只有结果无价值论才具有辩证理性的功能，而行为无价值论则仅仅是一种知性思维"，但辩证理性却是人类正确认识事物之不可或缺的方法，如果将"行为无价值"（"二元论"）与"结果无价值"之间的对立"巧妙"地变成了"知性思维"与"辩证理性"的对立，那么孰优孰劣当然能够"立分高下"，然而"辩证理性"是人类思维方式的共同财富，而非结果无价值论的"私家定制"，既然法益可以在一定情况下运用辩证理性而"阙如"，为什么规范不能以同样的方式"失效"？在特定情况下，"允许规范"[①] 的介入不正是行为无价值论（"二元论"）对辩证理性的运用吗？

再次，在规范确实是为了保护法益而予以建立的前提下，"违反规范而又没有侵害或威胁法益的"的行为是不存在的，存在的只是"对法益的威胁"之判断是采用自然的观察方法还是采用规范的理解方式。结果无价值论往往采用脱离规范而采用自然的方法观察行为，因此当然会认为

[①] 关于"允许规范"的论述详见［德］汉斯·海因里希·耶赛克、托马斯·魏根特《德国刑法教科书》，徐久生译，中国法制出版社2001年版，第387—388页。

存在"违反规范而又没有侵害或威胁法益的"的行为,但是将这种自然主义的思考方式运用到法律这一社会学科中是不合适的。

最后,如果采取自然的观察方法来判断行为的性质,那么必然是运用"评价时的判断"方法侧重于对结果而非行为本身进行分析,而行为无价值论("二元论")却恰好相反。这种"行为时的判断"与"评价时的判断"的对立几乎体现在刑法的方方面面:偶然防卫、未遂犯与不能犯、过失犯的注意义务以及不纯正不作为犯的实质作为义务等等。刨去那些口号式的宣传性语词,行为无价值论("二元论")与结果无价值论在刑事司法中的对立也就在于判断时点的问题,而上述偶然防卫等行为的可罚性问题应当首先在刑事政策领域的研究被研究,而不应该是行为无价值论("二元论")与结果无价值论之争所能"染指"的,换言之,体系性的论争不能为某种行为的可罚性及其程度最终定性。

其实,正是判断时点的选择才直接影响了判断资料与判断基准的确立,采用"行为时的判断"的方法往往采取一般人可能认识到的以及行为人特别认识到的情况作为判断资料,并在判断基准上考虑一般人的危惧感及行为人在特别领域内的专业知识,因为从行为时的观点来看,人的理性发挥总要受到自身知识水平的限制;而采用"评价时的判断"的方法往往评价该行为时所判明的所有情况作为判断资料,并在判断基准上考虑绝对理性人的标准,因为此时,面对明确无误的情况,一般人就是理性人。当然也不能简单地认为由于刑事诉讼法建立了鉴定制度,而鉴定制度则意味着应当考虑事后判明的情况。[①] 因为刑事诉讼法的鉴定制度是为了保证进入刑事审判中的证据都是真实可信的,它本身不能决定为了说明行为的性质需要将什么样的因素作为判断资料,详言之,鉴定制度的设立不是要将行为人的认识错误排除出不法判断,而是要证明行为人确实存在某种认识上的错误,并且导致这种错误的客观因素确确实实存在。总而言之,不能因为行为人的某个主观认识是错误的,就以证据法上的原因否定其所对应的客观要素在实体法上的意义,而且这些错误在"有责性"判断中,总也还是要起作用的,如果认为证据法上所否认的因素不能用之于

[①] 相关论述参见张明楷《刑法学(上)》,法律出版社 2016 年第 5 版,第 109—114 页。

"不法"判断却能在"有责"认定中发挥作用的话,那岂不是说鉴定制度在"有责"认定中不起作用?如果将这些与客观实际不符的主观认识根据证据规则全部逐出实体法领域的话,刑法中的"认识错误理论"又从何谈起呢?

同时,既然这种"行为时的判断"还是"评价时的判断"行为性质的争议是从"违法性"领域内产生的,那么势必也要回到"违法性"领域之中去寻找答案。关于"违法性"之本质,根据将法理解为"评价规范"与"决定规范"之不同,存在"客观的违法性论"与"主观的违法性论"的对立。其中,评价规范的含义,是指刑法规范的功能在于确立一个基准以判断刑法对某个事情的评价是积极的还是消极的,因而其必然主张基于评价该行为时所能够得知的一切客观情状来从事对行为性质的判断[1];而决定规范则是指刑法规范命令人们必须遵从刑法而作出作为或不作为的意思决定,所以又称为意思决定规范[2]。

"客观的违法性论"将法理解为客观的评价规范,认为客观地违反了法就是"违法"。据此,行为的"违法性"与行为人的主观的故意、过失、责任能力等无关,当客观上发生与法秩序相矛盾的事态时,就具有"违法性"。[3] 如德国学者雷佛勒(Löffler)就认为"违法"即是指与法秩序发生冲突之所有情状,其不仅指命令或禁止之违反,即使有责任能力人之不可归责的侵害亦具有违法性,此外,诸如幼儿、精神病人、动物或自然现象等所惹起的侵害都具有"违法性"。[4] 迈兹格(Mezger)则进一步指出:"法既有作为评价规范的一面,也有作为决定规范(意思决定规范)的一面,但是,没有作为评价规范的法,则根本无从考虑作为决定规范的法,评价规范是意思决定规范的理论前提,在把握评价规范之前而径行把握意思决定规范的做法纯属在根本上违背观察问题之基本方法的行为,因为欲使某人作出为一定的作为或者不作为的决定之前,必须首先让其明白什么样的事情才是法律所期待的,换

---

[1] 参见余振华《刑法违法性理论》,瑞兴图书股份有限公司2010年版,第30页。
[2] 参见陈朴生《刑法专题研究》,三民书局股份有限公司1988年第2版,第26页。
[3] 参见贾济东《外国刑法学原理(大陆法系)》,科学出版社2013年版,第217—218页。
[4] 参见余振华《刑法违法性理论》,瑞兴图书股份有限公司2010年版,第20页。

言之，必须先对某种事情给予特定的评价，意思决定规范方能透过这种评价发挥作用。因此，刑法规范首先应当表现为评价规范，以对一定的社会客观情状作出评价，然后才能在行为人领会这种评价的基础上实现意思决定规范的一面。在这个意义上，作为评价规范的法所提供的仅仅是判断某个客观情势对社会有益或者有害的基准，并且这种基准并不考虑受规范者的状况。"① 可以看出，如果认为在"违法性"判断阶段仅仅存在评价规范的话，则会采用"评价时的判断"的方法，因为被评价的不是动态的行为，而是静止的状态。

而所谓"主观的违法性论"则将法理解为国家实现其目的的规范性统治手段，亦即事先将对国民的意思决定可能产生支配作用的命令事先向国民进行传达，要求其作出一定的作为或不作为，并希望借此约束或指导规范领受人的意思，继而透过其意思决定达成或维持国家所期待的状态。换言之，法的本质是精神力，具有对行为人的意思设定某种动机的作用，因此，当作为规范领受人的行为人依其意思否定或藐视法规范而不去达成法规范所期待的状态即不按照法规范的要求去安排自己的行为时，其行为才能被认为是违法的，而对于那些无关于行为人的意思作用而发生的结果，即使符合构成要件之客观面的规定，也不能被视为违法。② 但是应当认为，"规范命令是向所有人发布的，并没有区分规范接受人的年龄、精神健康和认识能力等问题，儿童、少年和精神病患者均应当受法规范的调整。经验表明，他们一般情况下也确实是受法规范约束的。只有这样，他们才能够在根据他们的年龄或精神—心理状态划定的自然的范围内，参与社会的共同生活。"③ 从这个意义上来说，上述"客观的违法性论"是有道理的，但是，法律毕竟不是自然地存在于这个世界上的，而是在人类社会中才存在的，因此只能对领受规范的人发生作用，在这里，属于个别人的规范领受能力是不重要的，这属于责任判断的内容，但是至少应该存在规范面向之"人"，而不能是动物、自然现象等。这便是目前为大多数学

---

① 参见［日］大塚仁《刑法概说（总论）》，冯军译，中国人民大学出版社 2003 年第 3 版，第 351 页。

② 参见余振华《刑法违法性理论》，瑞兴图书股份有限公司 2010 年版，第 22—23 页。

③ ［德］汉斯·海因里希·耶赛克、托马斯·魏根特《德国刑法教科书》，中国法制出版社 2001 年版，第 293 页。

者所主张的"新客观违法性论",它将原先的"客观违法性论"中的"物的违法性论"转变成了"人的违法性论"。

显然,在否认"物的违法"这一问题上,"新客观违法性论"更加接近于"主观的违法性论",但是不可就此认为"新客观违法性论"与"主观的违法性论"只有一墙之隔,因而不如原先的"客观违法性论"合理:真理往往存在于中间地带,超过一步都是谬误。当然,"新客观违法性论"的合理性不是简单地体现在它居于原先的"客观违法性论"与"主观的违法性论"中间,而是它纠正了将评价机能从意思决定规范中独立出来的做法。严格地说,一种对状态的评价是不能被称之为"规范"的,所谓"规范"的对象只能是行为而不能是状态,这种评价机能是与意思决定规范紧密结合在一起的,并且构成行为规范之存在理由。当我们说"无票乘车"的行为违反了某种规范时,肯定不是说它违反了"无票乘车是不正确的行为"这种对状态的评价,而是它违反了"不得无票乘车"这一意思决定规范,当然在这一意思决定规范中,"无票乘车是不正确的行为"这种评价是其存在的理由。无论是在"不法"评价还是"有责"评价中都存在并且只存在以对某种状态的评价为存在理由的意思决定规范,而不能仅仅是某种评价本身。而如果认为在违法性判断中必须考虑意思决定规范的话,那么对行为的性质进行"行为时的判断"就是情理之中的事了。当然,在违法性判断中,这种意思决定规范所面对的是一般人,只有在有责性判断中,才考虑面对规范命令的具体个人能力问题。"新客观违法性论"中的"客观"应该更多地从"普遍有效"的角度去理解,并且其中的"意思决定规范"当然属于法规范的命令而不仅仅是伦理规范,何况渗入到法规范中的伦理规范总还是全社会的伦理规范,而不是某个人的伦理规范,因此,不能因为社会公众因为惧怕依靠法律推行伦理规范就仅仅依据自然主义的观察来认定行为的性质。

质言之,在以"法益侵害"为标准进行行为的违法性判断时,伦理规范是否能够成为"法益"概念的一部分,不是"法益侵害说"本身能够回答的,更不是从"评价时"对行为结果进行自然意义上的观察之结果无价值论所能决定的。将权利人事后真实表现出来的那个意志作为行为人的行为是否侵害了其法益的做法,从本质上说,依然是一种实证主义的分析方法，"实证主义是作为规制的知识的哲学意识。无论是在自然界还是在社会中，它是秩序战胜混乱的哲学。……通过实证主义的秩序，自然界能够被塑造为可预见的和确定的，以便对其施加控制，而社会能够被控制，以便将其塑造为可预见的和确定的"①。当然，如果说刑法的任务就是对一个处于与世隔绝状态的法益进行"全天候"的无差异保护，那么这种实证主义的分析方法也显得无可非议，但是，包括刑法在内的各类法规范终归属于社会规范的范畴，因而就不能仅仅从自然的角度来观察和认识世界，而必须在对这些自然意义上的行为事实作出价值评价的基础上，来规制或指导一般国民在特定前提条件下的行为，以实现国家理想中的稳定的社会状态。②而且，从自然科学与社会科学两类知识的基本属性来看，两者间也存在着巨大差别，此一学科内的事项判断标准不能完全照搬彼一学科内的规范法则。

3. 持"法益衡量说"的学者批判运用"被允许的风险"之原理解决依推定的同意之行为正当化根据的理由不能令人信服。有学者认为：第一，"被允许的风险"之法理只是一种价值判断，面对同样的风险，有人会重视其危险性，有人会重视其有用性，因此，动辄以此为由为行为人开脱罪责的观点与做法，都是相当危险的；第二，在判断风险是否被允许的标准上，该理论经常含混不清，一些强调"因地制宜"、"因时制宜"而显得不具体的规则、一些有着"数不清的例外"的规则都混入了危险判断中，论者尤其强调在刑法领域进行价值判断时，不能采用行政法上的标准，因为某个行为在刑法上的性质认定，当然最终应该取决于刑法上的相关标准；第三，频繁地运用"被允许的风险"之原理对某种造成实际损害的行为予以正当化，很容易导致对法益保护的"偷工减料"；第四，依据"被允许的风险"之原理对于行为的性质进行认定的方法采取的是"行为时的判断"标准，这会使得对行为性质的认定丧失客观性；第五，对权利人可能意志的"推定"对于其真实意志的判断中只能起补充作用，因而依据这种"推定"的行为只有在权利人真实意志缺位的情况下才具有正当性，而当在评价时发现其并非体现了权利人的真实意志时，就不能

---

① [英]博温托·迪·苏萨·桑托斯：《迈向新法律常识：法律、全球化和解放》，刘坤轮、叶传星译，郭辉校、朱景文审校，中国人民大学出版社 2009 年版，第 50 页。
② 参见李洁《不能犯的可罚性危险判断》，《河南省政法管理干部学院》2007 年第 4 期。

认为这种"推定"是合理的①，因为"既然推定的承诺以被害人的自我决定权为核心，那么，在事先不能知道被害人是否承诺的场合，也只能从事后的立场确认被害人的真实意志。如果事后判明行为人的介入行为违反法益主体的真实意志，就不能否认这种行为的违法性"②。

  对此，首先应当明确的是"规则"与"规范"这对概念是否可以互换。本书的回答是：不可以。"规则"只在一个抽象的逻辑世界里具有完整的意义，它仅仅是排除了"例外"情况的思维指南，是我们进行解释或裁判的起点，因此，"有规则就有例外"，理由正是在于规则在建立时就没有也不可能去考虑例外。而相对于预先建立的规制来说，每一个具体的案件都存在例外的情况，在此，抽象的规则就无法独自面对具体的例外，而需要考虑所涉及部门法的目的和精神，构建一个能够适用于该具体情况的"规范"，这种意义上的"规范"即是我们进行三段论推理的"大前提"，其以规则为主体，并接受部门法的目的和精神的引导，同时还要结合具体案件所介入的例外情况，而进行这一构建的经过，实际上就是我们通常所说的，将法律规范向案件事实靠拢的过程。换言之，规则、部门法的目的和精神加上案件的例外情况才构成一个相对完整的规范。即法官凭以最终定案的规范大多并非法定规则本身，而是依据法定规则考虑个案的情况而形成的规范，这种规范可以被称为"个案规范"，相对于体现在法律文本中的抽象规则而言，它更加侧重于明确待决案件事实的法律评价，因而其能够被理解为"技术意义的法条"③。当然，规则在绝大多数情况下，都不需要经过太烦琐的工作就能够转化成为具体的规范，否则它就不成其为"规则"了。而对于在"被允许的风险"之原理下决定某个行为在刑法上的意义时，就不得不考虑该行为所涉及的其他法律、规范性文件或者生活中的常规，从而确立一个大致的规则，再根据刑法的目的与精神以及案件的例外情况作具体考量，这也就是前述黄荣坚教授分析行政法规在这种情况下之地位的原因，即行政法规需要被考虑，但不能起最终决定作

---

① 参见张明楷《论被允许的危险的法理》，《中国社会科学》2012年第11期。
② 张明楷：《刑法学（上）》，法律出版社2016年第5版，第227页。
③ 参见［德］卡尔·拉伦茨《法学方法论》，陈爱娥译，商务印书馆2004年版，第22页。

用。而以一般性规则、刑法的目的和精神加上案件的例外情况所构成的具体规范，势必是一个考虑了"数不清的例外"，同时也强调"因地制宜"、"因时制宜"的规范。由于"被允许的风险"仅仅是一种结构上的原理，而作为据以对具体案件进行的裁判又必须是"因地制宜"、"因时制宜"的，因此该原理在语言表述上，就不可能清晰到不需要任何解释的地步，如果说这种"含混不清"能够成为其"罪状"的话，那么"刑法上的相关标准"则或多或少地都存在这一问题，具体而言，依照"刑法上的相关标准"是不能够完全抛开行为所涉及的其他部门法的相关规定或者社会习俗的，也会不可避免地因为具体案件的不同而产生"无数的例外"，因而会因为确保具体案件之裁判结果合理性的需要而表现出的"因地制宜"、"因时制宜"的特征，如果仅仅为了语言表述的清晰性而牺牲具体案件裁判结果的合理性，那么不啻于是刑法学的一个巨大灾难。其实，在任何一个作为案件之"大前提"的规范确立过程中，我们不但要考虑行为所涉及的特定领域，更要考虑其所处的具体情境。

其次，对权利人意志的"行为时的判断"确实存在相当的难度，但这不是一个可以回避的问题。根据持"法益衡量说"的学者之观点，如果存在行为人确实不可能避免的推定错误，则应当在肯定其"违法性"的前提下，考虑否定其"有责性"而不作为犯罪处理。但是，"什么样的错误是行为人确实不可避免的"这个问题同样涉及"行为时的判断"，在"不法"判断中的那个"困难的、不客观的、甚至是不可能的行为时的判断"又出现了，对于这个问题的回答，不可能是"因为是这个人，所以不可避免"，而仍应当考虑与行为人在此情形下相当的"一般人"标准。那么这一次，结果无价值论者又该如何面对呢？真可谓"躲得过初一、躲不过十五"。

再次，使用"被允许的风险"将某一确实符合行为规范但造成了权利人受损的行为不认定为符合构成要件的行为也不会轻易地导致对法益保护的"偷工减料"，因为保护公民的法益，并非仅仅依靠刑法手段（这一点是由刑法之"最后手段性"特征决定的）。以行为人依据过往的经历擅自于权利人外出且无法被联系时从其抽屉中取钱为例，此时权利人最需要的是得到返还该笔财产，而非将行为人送进大牢，而将这种行为不认定为是"符合构成要件"的行为也并不妨碍权利人获得财产的返还①；即便该权利人是个亿万富豪，对这笔钱不屑一顾，就是希望将行为人送进大牢，根据结果无价值论者的观点，他也未必能得偿所愿，因为大多数结果无价值论者对这种行为只是认定为"不法"行为但不具备"有责性"，从而不构成犯罪。当然，无论如何，这样的结果总是我们不愿意看见的，但是如前所述，刑法是一种意思决定规范，它不能仅仅说："这个结果是我不想看到的"，而只能说"因为这个结果是我不想看到的，所以今后谁都不必须作出不为此类行为的决定。"但当刑法发出这样的命令时，它就必须要考虑一般人在这种情况下是不是有可能回避这个行为，否则就是一种徒劳。将上述行为认定为"不法"行为但又因为缺乏"有责性"而予以出罪的做法，既不能显著地提高权利人获得财产返还的便利程度，也不能确保其报复心理得以实现，更不能避免行为人或其他人在类似情形下不进行这样的推定，因而实在看不出有什么必要性。并且，所谓"对权利人可能意志的'推定'对于其真实意志的判断中只能起补充作用"的说法，应当是指"只有在不可能得到权利人的真实意志时才能考虑对这种意志进行'推定'"；换言之，这种说法仅仅阐明了依推定的同意之行为得以成立的前提条件之一，而不能将其理所当然地理解为"当在评价时发现其并非体现了权利人的真实意志时，就不能认为这种'推定'是合理的"。理由在于此处的"不可能得到权利人的真实意志"肯定是指"行为时"的，而决非"评价时"的，因此如果在行为时就可以了解权利人的真实意志则根本不存在对这种意志进行"推定"的前提，这一点前文已有论及，而在评价时才出现的权利人的真实意志则并不足以推翻之前的推定。

最后，论者认为"'被允许的风险'之法理只是一种价值判断，面对同样的风险，有人会重视其危险性，有人会重视其有用性"这一点，恰好证明了在进行违法性判断时采取"行为时的判断"之标准的合理性，例如，当人们重视某个行为的危险性时，会将预防的手段提前，现

---

① 如后所述，从缓和的一元违法性论立场出发，不符合（刑法上）构成要件（从而不认为是犯罪）的行为未必就是符合整体法秩序要求的行为，在符合法定条件时，人们完全可以对其采取正当防卫、紧急避险等措施，当然也同样可能要求其承担（除刑事责任外的）其他法律责任。

实中大量的"抽象的危险犯"就是这样产生的,而对于"抽象危险"的判断,往往都是采取"行为时的判断"的判断标准;而当人们重视其有用性时,则会产生"被允许的风险"之适用余地。在依推定的同意之行为中,行为人相对于一般人的较强的推定能力,也不总是能使其借助"被允许的风险"原理而避免招致刑罚,有时也会给其带来比一般人更加严苛的义务。比如当一块巨石从某甲的上方跌落时,只有通过推他一把让石头砸中他的任何一只手的方式才能救他一命,而某甲是靠左手工作生活的人。此时,一陌生路人某乙恰好路过,情急之下为了救甲一命,他推了甲一把,使得甲的左手终生残疾但性命得保,他之所以选择保住甲的右手是因为他从一般人的观点出发(他对甲的认识决定了他只能这样考虑)认为右手对于一个人来说比左手更重要,因此成立紧急救助行为。但如果同样的情况发生在非常熟悉某甲的某丙身上,则不能这样处理,在时间允许他进行理性的考虑之前提下,他必须选择牺牲某甲的右手而保住其左手,当然这一切都取决于"行为时"对客观情势的理解与判断。

综上,本书认为"法益衡量说"不能成为依推定的同意之行为的成立原理。

(二) 对"社会相当性说"的评价

从学术史的角度来看,"社会相当性说"的出现是由"形式的违法性论"向"实质的违法性论"转变的必然产物,如前所述,以自然科学主义和法实证主义为根基的"形式的违法性论"认为存在一个"万能的立法者",因此对于构成要件内容的解释只能严格根据立法者所使用的语言来进行,而不能介入法官的价值判断,但显然这是不可能的。"社会相当性"思想的核心就在于依据社会现实和一般的价值观念将在条文用语上与构成要件行为的用语相符但却不具有对社会产生实质危害作用的行为从犯罪的框架中排除出去,从而实质地把握构成要件,克服"形式的违法性论"所带来的缺陷。对于反对"形式的违法性论"这一点来说,无论是行为无价值论者还是结果无价值论者都是赞同的。并且,前田雅英等学者所主张的"可罚的违法性"也与"社会相当性说"有些类似。当然,"可罚的违法性"主要是基于"刑法不理零星琐事"的原理,而且两者在判断标准和判断方法上也有所不同,但是对于"零星琐事"的理解是不可能脱离社会上的一般观念的，这一点可以从作为该理论出处的"一厘事件"① 就可以看出。但是由于"社会相当性"本身所具有的模糊性，该学说受到了批判：

首先，在法治国思想的指导下和罪刑法定原则的制约下，刑法学上的任何理论都被要求客观化和明确化；换言之，任何一种缺乏客观性的概念都会引起人们本能的警觉甚至抵触，并认为这会动摇刑法之稳定性的根基并且成为恣意性判决的根源。一言以蔽之，"社会相当性"有损于罪刑法定原则的价值实现。

其次，由于"社会相当性"概念本身就既有可能被理解为阻却构成要件符合性，又有可能被理解为阻却违法性②，并且就连包括该理论的首倡者威尔泽尔教授本人在内的众多论者也在其体系地位上摇摆不定，时而认为其阻却构成要件符合性，时而又认为其阻却违法性，甚至认为其具有跨越两大阶层的机能，因此这一理论被批评者们认为无论在内容上还是体系性地位上都具有不明确性。

最后，对于作为"社会相当性"来理解的问题，完全可以借助其他更为精确的理论来说明。例如罗克辛教授就认为"社会相当性"所包含的问题无非可以分为两大类：一是具有法律上并不重要或者法律所允许之风险的行为，对于这类行为可以在"被允许的风险"理论下得到说明；二是法益侵害程度极为轻微，从而在社会上普遍得到容认的行为，对于这类行为应当以构成要件的法益保护目的为指导进行目的性限缩解释。

对此，本书认为：第一，"社会相当性"是一种将行为从犯罪的框架

---

① 所谓"一厘事件"是指：在日本大审院时代，栃木县有一烟农因违反烟草专卖制度，私自贩卖烟草重约七分，价值一厘，最后被判无罪。理由在于："自国民共同生活之关系上观察事物时，则常有未能仅依据物理学之观念以观察者。如是言之，则人类之琐细违法行为，在无特别可以认定'恶性'之限度之内，因其影响及于人生恶害极微，故一般皆不计于违法行为之内，而全然付诸不问，此无他，盖对于此种违法行为，并无追究责任之必要，且由于追究责任所受之损害，远较不追究责任而发生之恶害为大故也。"而我国台湾地区法学家杨仁寿先生则认为该判例恰好体现了社会学的解释方法对于刑法裁判的意义。参见洪福增《刑法理论之基础》，台湾刑事法杂志社1977年版，第280页；杨仁寿《法学方法论》，中国政法大学出版社1999年版，第173—176页。

② 参见 Claus Roxin, *Bemerkungen zur sozialen Adäquanz im Strafrecht*, in: Festschrift für Ulrich Klug zum 70. Geburtstag II: Verlag Gmbh, 1983, p. 305.

中剥离的指导思想，而非某一类具体行为得以脱离"不法"的理由，因此它可以成为排除"不法"的统一解释原理，不仅能"为具体犯罪构成要件要素的实质化解释提供依据，而且也能够为各种正当化事由的解释提供指导"①。

第二，判断标准的不明确性并非"社会相当性"理论所独有，其替代方案在这一点上对其并没有实质上的超越之出处。以罗克辛教授将具有"社会相当性"的行为消解在"被允许的风险"和目的性限缩解释中为例：他在"被允许的风险"之判断过程中所采用的一系列概念：诸如"交往规范"、"信赖原则"、"行为人所属领域内之善良、理性人的行为标准"以及收益与风险之间的权衡等，无一不需要"社会相当性"理论为其提供实质性的理由，因此，"这两个概念分别位于两个不同的思想层面。社会相当性概念指出了某一行为为何能够得到允许的实质性理由，并为此参考了社会生活中历史形成的秩序，然而被容许的风险这一概念则仅仅说明了危险的行为——无论出于什么理由——是可以被实施的；因此被容许的风险是一个形式的概念，其内容还必须凭借对风险予以容许的根据才能得到充实……而社会相当性概念则表明了在创设被容许之风险行为的成立条件时，所依据的各种实质性理由的总和"②。同时，对于"目的性限缩"来说，这种解释方法本来就不能依照法律本身所规定的用语，并且应当考虑一定时期内一定社会的普遍价值观念，因此比起"社会相当性"而言，"目的性限缩"实在称不上是什么更加清晰明确的表达。在进行"目的性限缩"时，如果离开了"社会相当性"所提供的实质内容，其势必只能成为"无源之水、无本之木"。因为"目的性限缩"本就是在遵循构成要件的字面意思已经无法排除在实质上欠缺法益侵害的行为之构成要件符合性而探求规范之"内在实质"的做法，这种探求活动离开了社会现实状况与需求根本无法进行。因此，在对构成要件作实质性判断或解释时，任何确定性的要求都是相对的，只要能够依据刑法的目的及一般人的观念来对其进行实质的理解，就不应该认为其违背了罪刑法定主义的要求，况且如果只是"社会相当性"理论否定而非肯定行为之"不法"

---

① 陈璇：《刑法中社会相当性理论研究》，法律出版社2010年版，第164页。
② 陈璇：《刑法中社会相当性理论研究》，法律出版社2010年版，第139页。

特征，也不会危及其保障人权之价值目标。

第三，对于依推定的同意之行为的正当化根据而言，"社会相当性说"显得太宽泛了。当然，为了使得理论具有高度的包容性与相当的弹性，构建一个包罗万象的上位概念也未尝不可，但是具体到某一类行为（如依推定的同意之行为）时，还是应当解释一下特定情形下"相当"之合理内涵。

（三）对"被允许的风险说"的评价

虽然"被允许的风险"没有从实质上揭示某种行为为什么能够获得接受的内在根据，但是却在形式上强调了法律对该行为的容认。因此，从形式意义的规范结构上看，"被允许的风险"的规范结构，非常适用于依推定的同意之行为：都需要根据生活惯例或行业标准结合刑法目的及具体事项制定一个与行为时相称的审慎义务，行为人在尽到了这种审慎义务时，无论其行为是否造成了其他人的利益损害，都不视作不法行为。但是，从"被允许的风险"产生的动因来看，其主要是为了应对这样一种情况：随着科学技术的进步，未知的风险也随之提高，如在医疗行业、建筑行业、汽车驾驶等领域内的行为人对于其所从事的行为之危险性当然有所认识，但如果仍然按照传统的过失理论，在结果发生时，其不得不承担过失犯罪的责任，这显然不利于社会的整体发展，因为这些行为本身就是能够给社会带来方便的行为，虽然其总是伴随着一定的危险性。为了合理地对待这一情况，就必须在行为人已经适当地遵守了（刑法意义上的）行为的基准，就将其不认定为符合构成要件的行为。[1] 从中可以看出，"被允许的风险"主要针对的是过失犯罪的情形，而且其行为基准的构建基础是某一带有危险之行为所带来的利益与该行为本身可能造成的危害之协调，而在依推定的同意之行为中，需要被重视的是基于行为人与权利人的相互关系及在相互交往过程中的所形成的认识最大限度地尊重权利人的意志，而非行为人与权利人之间的利益协调问题。

综上，在说明依推定的同意之行为为什么能够否定构成"不法"时，以"被允许的风险说"提供的形式意义上的规范结构之框架，并结合

---

[1] 参见陈兴良《论过失的实行行为》，载刘明祥《过失犯研究——以交通过失和医疗过失为中心》，北京大学出版社2010年版，第97页。

"社会相当性"所提供的实质性内容，显得较为妥当。但是，无论是"被允许的风险"还是"社会相当性"理论都能够对阻却"违法性"和阻却"构成要件符合性"提供依据；换言之，依据这两种理论否定"不法"的行为，既有可能是因为阻却了"违法性"，也有可能是因为阻却了"构成要件符合性"。同时，区别于大陆法系刑法理论的传统观点，本书认为，依推定的同意之行为在刑法上理论定位不应当属于"违法阻却事由"，换言之，其阻却的并非行为的"违法性"，而是直接阻却了其"构成要件符合性"，接下来，我们将对这个问题进行进一步的分析。

第四章 依推定的权利人同意之行为的出罪理由分析之一
——依阶层犯罪论体系为视角

第一节 依推定的权利人同意之行为不属于"违法阻却事由"

如前所述,在阶层犯罪论体系下,一个行为能够得以出罪的事由大体上分为三类,即"构成要件阻却事由"、"违法阻却事由"和"责任阻却事由",其中"构成要件阻却事由"的范围非常有限,在罗克辛那里,只有存在"权利人同意"的行为一种①;虽然有学者也将"社会相当性"也视为一种"构成要件阻却事由",但严格地说,这只是一种构成要件阻却的"原理"而非"事由"。然而本书却认为,如果要在否定行为构成"不法"的原因中进行阻却违法性与阻却构成要件符合性的区分,依推定的同意之行为应当被归为后者,而非——如同大陆法系传统理论所主张的——前者。

一 "同意"的地位之争

从学说史的角度来看,某个否定行为构成"不法"的事由到底是属于"违法阻却事由"抑或是"构成要件阻却事由"的争议是从存在"权利人同意"的行为中的"同意"之地位所引发的。那么我们依然从这一概念入手进行分析,以便在依推定的同意之行为中予以借鉴。

---

① 如果按照第一章中有关将"同意"分为"合意"与"承诺"的观点,其中的"合意"也是"构成要件阻却事由"。

（一）关于"同意"地位的"二元说"

如前文指出的那样，在德国刑法学者格尔茨提出区分阻却"构成要件符合性"的"合意"（Einverstaendnis）与阻却"违法性"的"承诺"（Einwilligung）之前，人们并没有对"同意"及其在犯罪论体系中的地位予以足够的重视，而在之后的相当一段时间内，这种将"合意"与"承诺"相区别的"二元论"一直居于主流学说的地位，除了之前所说的与权利人的意志的关系、是否涉及公序良俗以及对行为性质的理解力等方面，两者尚存在以下区别：首先，"合意"仅仅取决于权利人的内在意志，而"承诺"则需要通过一定的方式（言辞或行为等）表示出来，即至少是从外部世界可以被认识的。在"合意"的场合，如权利人在内心认同某人拿走自己的物品以便能够将该人认定为盗窃犯时，这种内心的认可就使得行为缺少"改变占有"的条件，从而仅仅成立盗窃罪的不能犯未遂；而当权利人对他人毁坏自己物品的行为之认可，没有以"至少是从外部世界可以被认识的"某种方式表现出来，那么这里就存在毁坏财物罪的既遂。

其次，在权利人实际上已经对行为人干涉自己法益的行为表示认同，但行为人却对此一无所知的情况下，"合意"与"承诺"也有所不同。在"合意"的场合，如某男不知道某女内心中已经愿意与其发生性关系，依然按照自己的意愿实施强暴，这时强暴行为的对象便是不合格的，因此仅仅存在一种未遂；而当行为人在故意踢碎一个权利人早就看不顺眼的古董时，如果他没有认识到权利人的态度，就不仅存在着指向结果发生的故意，而且也存在符合构成要件的结果，从这一立场出发，只能得出犯罪既遂的结论。

最后（但不仅限于此），相反在权利人并未认同行为人对自己法益的干涉而行为人误以为存在这种认可时（即通常所说的认识错误的场合），对"合意"的误认由于属于一种构成要件的错误，因而毫无疑问地起到排除故意的功能；而对"同意"的误认则属于对"容许构成要件"（或曰"正当化根据的事实性条件"）的误认，这种错误究竟是属于构成要件的错误、禁止性错误还是一类独立的错误，从而其结果是否定故意还是仅仅是降低或排除责任则存在争议。

至于采取这种"二元论"的理由，综合来看，主要存在以下几个方面：

第一，构成要件的相对价值无涉性。从构成要件符合性判断和违法性判断之间的区别来看，前者是以宣示单方面的法益侵害行为乃"一般性"的违法之抽象性判断，而后者则是指当具体的法益间互相对抗时，从维护法秩序而言，对某个"原则上"侵害法益的行为认定为其符合法秩序上的总体价值，从而予以正当化。换言之，构成要件所预设的是原则性的情形，显示的是一般性的被禁止行为；而"违法阻却事由"则是在特定情况下，依照法秩序的观念对相冲突的法益作出价值判断，并在此基础上将实现处于优势之法益的行为认定为正当。而对于存在"权利人同意"的行为之正当化根据，相当数量的学者是运用"利益衡量说"来进行说明的，即权利人对属于其自身的某项合法权益的放弃在特定场合下是行使其人格自由权的表现或必要条件，即在此情形下，相对于其他权利来说，权利人行使其人格自由权的行为本身是一种最高的利益，因此依照这种行使人格自由权的意志而进行的行为是正当的，在此，需要进行衡量的利益有二：体现为超越其他价值之最高利益的"自由的价值"与因实现这种"自由"而放弃的利益，后者永远服从于前者。[①] 根据上述构成要件宣示一般性的违法而"违法阻却事由"协调法益冲突的原则，将对身体或财产法益的干涉置于"违法性"阶段讨论也是理所当然的事情。

第二，法益概念的抽象性。构成要件的制定是为了保护法益，具体来说，是通过原则性和抽象性的方法对法益进行保护，而将对具体的法益冲突进行协调的问题留给"违法性"判断。在这些受到原则性和抽象性保护的法益中，不仅仅包括权利人的处分自由，而且包括权利人的身体完整性、财产所有权等，这些权利不仅受到刑法的保护，甚至受到宪法的保护，因而"如果权利人允许第三人对这些权利之一进行干预，尽管存在同意，这（指'这些权利'——笔者注）在刑法中是很重要的，并不是一开始就无所谓"[②]。

[①] 参见肖中华、张少林《论刑法中的被害人行为的效力根据》，载赵秉志《刑法论丛》第21卷，法律出版社2010年版，第101页。

[②] ［德］汉斯·海因里希·耶赛克、托马斯·魏根特：《德国刑法教科书》，徐久生译，中国法制出版社2001年版，第454页。

第三,"合意"与"承诺"的区分,有着实定法[①]上的依据。有些构成要件明示了没有征得权利人的"同意"或者违背了权利人的"意志";有些构成要件则直接性地对权利人的自由决定单独作为保护对象或与其他法益融合在一起;有些构成要件通过解释也能够推定出行为"反意愿"的特征。但是,对于身体伤害以及财产损害等类型的犯罪行为来说,由于权利人的主观意愿(即同意行为人处置其权益)并不能改变其身体或财物遭受损害(或灭失)的客观状态,因此不能在构成要件该当性阶段考虑法益主体的意愿,或者说,此处的"构成要件"并不具备保护意志自由的基能,对这种"意志自由"的保护需要等到"违法性"判断时再予以进一步的探讨[②],如果不将同意身体伤害和财产损害的"承诺"看作是"违法阻却事由"而是排除构成要件的话,那么一方面不符合刑法的规定,另一方面也有将这些具有重要意义的法益降格为"权利人的纯粹处分权"之嫌。

第四,将所有的"同意"都置于构成要件阶段讨论,从法秩序统一原理的角度来说,并不利于对行为人的保护。这里首先要简要介绍一下"法秩序的统一性"。所谓法秩序的统一性,是指组成整体法秩序的、存在于各个法领域(包括宪法、刑法、行政法及民商法)的法规范相互之间没有矛盾,或者说,不能对这些法规范作出相互矛盾的解释[③],不同的只能是违法行为的法律效果,在同一国家同一时期内的整体法秩序中以下局面是不可想象的:某个行为在刑法上是被允许的,但却成为民法上损害赔偿成立的依据,或者某个行为在民法上是合法的,但行为人却因此而招致刑罚的处罚。但是,对于是否需要坚持这种"法秩序的统一性"以及具体的运用方式,则存在包括"严格的一元违法性论"、"缓和的一元违法性论"和"相对违法性论"之间的争议。具体而言,三者在以下两个问题的回答上存在区别:首先,符合构成要件的行为如果在民法或行政法

---

① 由于该理论最早是由德国学者提出的,因此这里的"实定法"指的是德国刑法的规定,但通过仔细阅读和对比可以发现,在我国现行刑法中,也有类似情况。

② 参见车浩《论被害人同意的体系性地位——一个中国语境下的"德国问题"》,《中国法学》2008 年第 4 期。

③ 参见[日]松宫孝明《刑法总论讲义》,钱叶六译,王昭武审校,中国人民大学出版社 2013 年第 4 版,第 81 页。

上是得到允许的，那么该行为是否在刑法上也是当然正当的？其次，符合构成要件的行为，在民法、行政法上被禁止，是否也能当然地认为其在刑法上也是被禁止的？"一元违法性论"对上述两个问题都持肯定回答，"缓和的一元违法性论"对第一个问题持肯定回答，对第二个问题持否定回答，"多元违法性论"对两个问题都持否定回答。①

  抛开三者的争议和优劣不说，一个学者对该问题持何种态度，在很大程度上是由该国的立法实践决定的。如在德国，"严格的一元违法性论"居于通说地位，以"紧急避险"为例，因为该国刑法第34条规定了"合法化的紧急避险"，与此同时，在其民法典的第904条也规定了"攻击性紧急避险"（相对于"对物防卫"而言的），因此即便理论上不存在关于法秩序有没有统一性的争议，从实证的角度来研究紧急避险也不能违反刑法和民法上的明文规定；反之在没有民法中明文规定"紧急避险"制度，只是笼统地按照当事方的过错承担民事责任的国家（如我国）就不存在这种来自实定法上的要求，从刑法自身的特点来看，由于"刑法只能提供有限度的保护，而且这种保护是一种补充性的法益保护，只有在用尽相关法律手段仍然无法实现法益保护目的时，才能容许刑法的介入"②。因此，绝大多数学者站在"缓和的一元违法性论"，认为"对于某种危害社会的行为，绝对不能认定为犯罪的标准是：其他法律能够有效调整"③。换言之，只有其他法律认为"违法"而刑法不认为"违法"的行为，而没有他法律不认为"违法"而刑法认为"违法"的行为。

  当然，由于刑法与民法在调整对象、调整手段、价值目标等多方面存在较大差异，因此不能简单地认为民事违法累积到一定的量就会自动转为刑事违法。从对具体问题的处理结果来看，主张"严格的一元违法性论"的德国学者和坚持"缓和的一元违法性论"的我国学者之间，并不存

---

  ① 参见张明楷《外国刑法纲要》，清华大学出版社2007年第2版，第149页。
  ② 李少平：《论刑法的社会保护功能——兼论刑法与相关部门法的衔接协调》，载陈泽宪、李少平、黄京平《当代中国的社会转型与刑法调整（上卷）》，中国人民公安大学出版社2013年版，第22页。
  ③ 茹士春：《论刑法不得已性——刑法与其他部门法协调适用的准则》，载陈泽宪、李少平、黄京平《当代中国的社会转型与刑法调整（上卷）》，中国人民公安大学出版社2013年版，第71页。

本质的对立。在此仍以紧急避险为例，德国学者的态度是："一种通过《德国民法典》第 904 条管辖的行为，在民法上和刑法上都同样是合法的，尽管这在民法上会引起一种损害赔偿义务"①。在这里，尽管有损害赔偿义务，但仍然属于民法上的合法行为，原因就在于这是《德国民法典》第 904 条的明文规定。但我国的学者是站在"构成民事违法"的角度来认识"赔偿损失"的，这一点无论在刑法学者还是民法学者那里都一样，如："任何违法行为，都要承担相应的法律后果。民事违法行为要承担民事责任，如赔礼道歉、赔偿损失、返还财产、支付违约金等等"②，"根据我国《侵权责任法》第 15 条的规定，侵权民事责任的具体形式主要有……赔偿损失"③。可以看出，对"紧急避险"问题的处理方式，双方没有分歧，有分歧的只是基于本国实定法的规定如何看待"民事违法"的问题。因此在德国刑法理论中，为了避免某个符合构成要件的行为如果在民法或行政法上是得到允许的，而在刑法上居然是"违法"的这种尴尬情形，必然要在"违法性"判断的阶段根据法秩序的绝对统一性将其合法化。反之，对于某个行为（如存在"承诺"的行为）获得了合法性，则其在民法领域也必然是合法的，而如果在构成要件阶段就将其排除，则无法证明其与整体法秩序的一致性，显然前者的做法更有利于对行为人的保护，这也许正是"承诺"要求伦理上的正当性之原因所在。

（二）对"二元说"的反对意见

然而，目前处于优势地位的学说，是将"合意"与"承诺"合并为"同意"，并在"构成要件符合性"阶段进行讨论的"一元论"，对于"合意"这一部分，学者们基本上都认为其是"构成要件阻却事由"，成问题的是"承诺"到底阻却了什么？针对主张"二元论"观点的学者提出将"合意"与"承诺"两分，并将"承诺"作为"违法阻却事由"的上述理由，持"一元论"的学者提出了反对意见：

第一，在所谓"承诺"的场合并不存在需要协调的法益冲突。如前所述，构成要件显示的是一般性的被禁止行为；而"违法阻却事由"则

---

① [德] 克劳斯·罗克辛：《德国刑法学总论——犯罪原理的基础构造》第 1 卷，王世洲译，法律出版社 2005 年版，第 398 页。

② 冯军、肖中华主编：《刑法总论》，中国人民大学出版社 2008 年版，第 120 页。

③ 马俊驹、余延满：《民法原论》，法律出版社 2010 年第 4 版，第 1024—1025 页。

是协调相冲突的法益，但是在存在"承诺"的场合下，某个行为所损害及挽救的法益间并非——如同"正当防卫"或"紧急避险"中那样——是行为人与权利人之间相互冲突的法益，而是根本就不存在对权利人自由意志或法益的侵害，如果说在这种场合下互相冲突的法益是"自由的价值"和"放弃的利益"的利益的话，那么只能说这种冲突并不属于刑法意义上的法益冲突，与其将经"承诺"的行为正当化的根据视为这两种利益的比较，不如将之理解为权利人处分个人实体权益的一种方式，即权利人对因行为人之行为所损毁的权益，在其发生前或发生时，在法律规定所允许的范围，享有处分权（包括决定行使或放弃）①。因而在涉及对生命等重大法益进行"承诺"存在争议的场合，其关键问题也不在于这种法益是否高于权利人的行动自由，而是权利人能否将这样的实体权益处分或者将处分权交予他人。在很多场合，行为人为了获得一种利益，必须放弃另一种利益，但这种"鱼与熊掌"的关系不是根据一般所说的法益比较的方法来协调的，而完全（总是并且只能）取决于权利人自己的判断：放弃一种利益是获取另一种利益的"机会成本"②，如果说这样的选择与放弃都需要"违法阻却事由"来协调的话，那么构成要件甚至是人们的日常生活中（除了"法益冲突"外）也就剩下不了什么了。

第二，法益不是抽象的，而是与法益主体及其处分自由不可分离的。将所有的"同意"视为"构成要件阻却事由"的最重要理由在于，作为犯罪本质的法益理论必须体现出一种自由主义和个人主义的精神，即认为由刑法所保护的个人法益，是法益主体人格展开的工具，是法益主体的意志支配下的存在物。主张"一元论"的学者认为，个人法益与其主体之间绝非是相互孤立和绝缘的，而是存在着密切的内在联系。因为法益是作为个人价值实现的可能性而受到保护的，换言之，刑法对个人法益所保护

---

① 参见肖中华、张少林《论刑法中的被害人行为的效力根据》，载赵秉志《刑法论丛》第21卷，法律出版社2010年版，第103页。

② 所谓"机会成本"是经济学上的一个概念，指的是权利人的"次佳选择"，比如说权利人手中的一笔钱可以买一支笔、一杯水或者是一面镜子中的任何一样，他的意愿是笔>水>镜子，因此他选择购买了笔，这时处于"次佳选择"地位的水就成了购买笔的"机会成本"，而如果他的意愿是笔>镜子>水，那么购买笔的"机会成本"就成了镜子，可见在这种"冲突"的情况下，选择是什么、"机会成本"是什么，在根本上取决于权利人自己。

在于保护法益主体的支配自由，而非某种体现为构成要件要素的抽象的客观存在物。因此，存在"权利人同意"的行为并不具有任何法益侵害性，因为它有利于法益主体的人格自由展开，也因此没有符合任何犯罪的构成要件。进一步来说，在某些犯罪的构成要件中，虽然并没有对该行为必须违背法益主体的意志作出明文规定，但是蔑视权利人对其法益的支配权则始终是所有法益侵害所必备的前提条件。对个人法益所造成侵害，正是由于蔑视权利人的支配意志及支配权，进而对（包含某种支配物的）构成要件产生影响。因此，如果行为人的行为是依照一个有效的同意而进行的，那么就不存在对权利人之支配权的蔑视，也就没有造成任何法益损害，因为该行为正是权利人之人格的自由展开所必需的。[①] 对此，德国学者鲁道菲（Rudolphi）教授表示道："法益和针对法益的处分权不仅构成一个整体，而且相互关联的处分对象和处分权本身就是构成要件中保护的法益。"[②] 在这种场合下，也不必担心将法益降格为法益主体纯粹的处分权，从而出现所谓"法益的主观化"，原因在于：首先，法益即法所保护的利益（刑法上的法益即刑法所保护的利益），而利益即表示一定的价值判断，"价值"这一概念的实质，体现的是客体的存在对主体的有用性，亦即主体的需要决定了客体的属性与变化是否具有（正）价值，具体而言，当客体的某种属性与变化体现了与主体的需要相同或相近的性质与状态，此时客体即对主体存在（正）价值，反之，则存在负价值或曰无价值[③]，因此，作为价值判断结果的利益离开了人这一判断主体是不可想象的。其次，利益作为价值判断的结果，其所具有的主观属性应当取决于一般人的认识与评价，而非着眼于个别人的理解与观念。即在某个行为所处的特定社会历史条件下，判断其是否损害了某种利益的基准取决于一般人对这一问题所持的立场与观点，在这个意义上，法益概念的客观特征应当更多地从"普遍有效"上进行理解。再次，不被赞同的"法益的主观化"

[①] 参见车浩《论被害人同意的体系性地位——一个中国语境下的"德国问题"》，《中国法学》2008年第4期。

[②] 蔡桂生：《论被害人同意在犯罪论体系中的定位》，《南京师大学报》（社会科学版）2013年第6期。

[③] 参见肖前主编《马克思主义哲学原理（下册）》，中国人民大学出版社1994年版，第658页。

应该是指将一般人都不认为值得保护的法益当作法律（甚至是刑法）保护的对象，如将在大街上盯着陌生人观看的行为视为侵犯了人格法益；或者将一般人都认为值得保护的法益不视为刑法保护的对象，如认为在大街上随意抽打路人的耳光，并不是什么大不了的事。而权利人对自身法益的处置，不应当属于这种"法益的主观化"。最后，存在"权利人同意"的行为中的"权利人"并没有被设置成"只能是这个人而不能是那个人"这样的标准，因而对其利益的判断标准仍然是"普遍有效"的、是客观的，因此谈不上存在"法益的主观化"的问题。

第三，所谓实定法上的规定不过是对语言的通常理解的问题。持"二元论"的学者是以刑法中构成要件对客观行为的描述所使用的语言与权利人意志的关系之间的关系为基础的。即到底是"合意"还是"承诺"要看规定行为符合构成要件所使用的动词是否以及在多大程度上与（违背）权利人的意志有关。但是正如论者所言一个动词在与权利人的意志之间的关系上不但存在"有无"的问题，而且还具有程度的关系即"量"的因素，在某些场合我们可以轻而易举地得出这种关系，该行为因为缺乏权利人的"承诺"而违背了其"意志"，从而导致对权利人的自由决定的破坏，如"强迫"这个词就属于这种情况；有些场合则需要对某个词进行解释才能够推定出其"反意愿"的特征，比如说"盗窃"。但问题是根据这样的解释方法最终能否将"承诺"适用的构成要件中的"伤害"（身体的完整性）以及"损毁"（权利人的财物）这样的一类词汇全部涵摄进去到与（违背）权利人的意志有关的范畴中去呢？从解释学的角度来说，对此类词汇的解释当然应该"按照一个语言共同体的语言习惯以及立法者的语言规则，对法律语词可赋予哪些意义"进行考察，但是这些"意义"只是规定了解释所不能逾越的界限，像"损毁"这样的动词就不能解释为与"言论自由"存在联系。但是"当立法者对特定行为方式作出了有约束力的规定，他是要以此实现特定的目的"[①]，而法律在此处的目的即是保障权利人对其自身合法权益的处分自由，因此一般场合对"损毁"的解释只能划定解释最外围的界限，而在其与权利人意志有没有关系的问题上，当然应该从刑法之目的进行考量，将经过权利人"承诺"

---

① ［德］齐佩利乌斯：《法学方法论》，金振豹译，法律出版社2009年版，第60、70页。

的使得财物灭失的行为不视为构成要件中的"损毁",从而阻却"构成要件符合性"。因此,这种"动词与权利人意志间有没有联系"的问题实际上完全取决于立法者根据构成要件所适用的场合根据语言习惯所选择的立法用语,在其作出这种选择之际,不会去考量哪个动词是与权利人的意志有关的以及这种相关程度。既然这种"合意"与"承诺"的区分不能在立法上找到根据,那么"二元论"者所主张的"合意"与"承诺"之间存在的权利人对行为性质的理解力以及意志表示的真实性等方面的区别就不是当然地被证成的。其实,在"合意"内部,随着构成要件的不同,权利人的错误对于"合意"的效力影响也不一样,如在转移财物的场合,权利人的理解力和意思表示的真实性几乎不发生作用,因为即便此时存在一个合格的"合意",行为人照样可以因为诈骗行为而受到处罚,但在发生性关系以及进入住宅的情况下,这样的"合意"是否有效就是值得商榷的问题。因此,"无论是合意还是承诺都不能对其有效性条件作出一般性、普遍性的表述方式"①,而是应当根据各种犯罪的"构成要件"的特殊性采取"具体问题具体分析"的态度。

第四,有利于对行为人的保护并不取决于将其认定为其他部门法上的合法。一般认为,刑法的机能,是指制定及适用刑法在其效力所及的时空范围内所具有的作用或产生的效果,这些作用或效果体现为行为规制、法益保护和自由保障,其中"自由保障机能",是指作为刑法基本原则的罪刑法定主义要求刑法制定明确的法律条文规定什么样的行为能够被认为是犯罪,应当科处何种刑罚,从而限制国家恣意地发动刑法权,以达到保障公民个人自由的目的,所以刑法既是"善良人的大宪章"也是"犯罪人的大宪章"。但问题是刑法是如何做到对行为人的保护的?本书认为,其实大陆法系阶层犯罪论体系本身就已经体现了这种保护。其中,构成要件符合性的判断是为了避免司法人员不顾成文刑法的限制,对某个刑法没有明确规定为犯罪的行为,仅仅根据个人或社会公众的感性处罚要求将其类推为犯罪而给予刑罚处罚;违法性判断的存在是为了避免当某个行为并未在客观上对他人的利益造成任何损害或者产生任何威胁,仅仅因为行为人

---

① 车浩:《论被害人同意的体系性地位——一个中国语境下的"德国问题"》,《中国法学》2008年第4期。

主观上的卑劣心性就招致刑罚处罚;有责性的判断则是为了避免当某个行为确实对他人的利益造成了重大损失或产生严重威胁的时候,在未就行为人的值得非难性(及程度)进行全面评价就科处刑罚。① 当然,从对刑罚发动进行限制的角度来看,刑法谦抑主义也对行为人的保护发挥着作用。虽然在"严格的一元违法论"的前提下,将行为认定为在整个法秩序下的合法也可谓是一种对行为人的保护,而且相对于"仅仅在刑法上合法"来说,其对行为人的保护更为彻底,因为它直接断绝了行为在其他部门法上受到否定评价的可能性。但是首先,就犯罪论体系而言,三个判断阶段犹如防止刑法不当介入行为人生活领域的三道防线,从功能上来看各有侧重、缺一不可,从实际效果上来看,早一阶层否定犯罪的成立,行为人就多一分安全,如是一来,如果能够在"构成要件符合性"判断中就能排除的问题,没有理由非要留待"违法性"判断来解决。其次,犯罪论体系的任务在于使得行为人不受刑法干预权的不当侵害或过度追究,而不是将一个行为认定为在所有的部门法领域内都合法。因此,那种希望通过"刑法合法、诸法合法"的"毕其功于一役"的做法赋予了刑法过多的负担,是对刑法功能的不切实际的奢望。再次,这种"奢望"充其量也就只能在"严格的一元违法论"的前提下才能实现,而在"缓和的一元违法论"或"相对违法性论"的前提下,这种"刑法合法、诸法合法"的保护根本不可能实现,因此极大地降低了该理论的学术输出价值。最后,各个部门法都有自身的规范目的、研究对象以及适用程序。以在"权利人同意"理论中所能涉及的部门法——刑法和民法为例:虽然刑法与民法在目的、功能上具有某些趋同性,即二者都具有惩罚、预防不法行为以及维护社会安定的功能②,但是毕竟刑法的规制对象是危害社会的行为,而对于民法来说,其规制对象则体现为社会个体之间的行为,因此"从国外来看,无论是大陆法系还是英美法系,刑法与民法的这个概念都泾渭分明"③。因而没有必要过多地纠结于"依据刑法排除构成要件的行为在

---

① 参见付立庆《犯罪构成理论——比较研究与路径选择》,法律出版社 2010 年版,第 242 页。

② 详见于改之《刑民分界论》,中国人民公安大学出版社 2007 年版,第 329 页。

③ 夏勇:《刑法与民法——截然不同的法律类型》,载陈泽宪、李少平、黄京平《当代中国的社会转型与刑法调整(上卷)》,中国人民公安大学出版社 2013 年版,第 179 页。

民法上是否合法"这个问题,对此完全可以依照民法自身的规定来认定其到底是合法还是违法,无论对"法秩序的统一性"采取何种态度都可以如此。

以上是对将包括"合意"与"承诺"在内的"同意"属于"阻却构成要件事由"的原因解释,虽然对于存在"权利人同意"的行为来说,其阻却的到底是"构成要件符合性"还是"违法性"存在争议,但对于依推定的同意之行为来说,大陆法系的刑法学者普遍认为其阻却的是"违法性",在这个问题上几乎不存在不同意见[1]。然而通过上述对"同意"性质的分析,笔者却认为,依推定的同意之行为也应该属于"阻却构成要件事由",而非"违法阻却事由",亦即其应该在构成要件符合性的判断阶段就发挥将行为的予以出罪功能,而不是等到违法性的判断阶段,这需要从构成要件符合性判断与违法性判断之间的关系谈起。

二 构成要件符合性判断与违法性判断的关系

(一) 构成要件理论发展的历史回顾

1. 早期构成要件理论

"构成要件"(德语为"Tatbestand")这一概念最初并非产生于实体刑法的规定,而是来源于程序法,起源于13世纪意大利宗教裁判所的纠问程序中的一般纠问"Constare de delicto",意指查明行为人是否实施了具有犯罪性的行为即犯罪的确证,只有通过"Constare de delicto"以确认犯罪行为存在之后,才能进行以对行为人采取刑讯措施为内容的特别纠问的程序。16世纪后期,意大利刑法学家法利那休斯(Farinacius)又将行为人所犯之罪的外部痕迹称为"corpus delicti",其作用是用以证明犯罪存在的客观的因素,并组成证据体系,直至只欠缺行为人的口供为止。德国刑法学家卢登(Luden)认为,此时"corpus delicti"已由"应被证明的对象"转化为了"证明犯罪行为积极成立的结果"。15世纪以后"corpus delicti"的概念进入德国并体现在德国通用法时代的《卡罗琳娜刑法典》中,后经启蒙运动的影响,纠问程序(尤其是特别纠问)的原则不断解

---

[1] 参见 Baumann/Weber/Mitsch, *Strafrecht AT*, 2003, 17, 1V, p. 403.

体，18世纪下半叶初期，德国刑法学家伯墨尔（Boehmer）将"corpus delicti"由有形的视觉客体向着抽象的犯罪实情转变，而使其逐渐具有实体特征的色彩。这种转变在克莱茵（Klein）将"corpus delicti"译为德语的"Tatbestand"（即"构成要件"）之后表现得尤为明显，具体而言，在克莱茵的"构成要件"理论中，所包含的内容已经不仅仅是"所犯之罪的外部痕迹"这种"有形的视觉客体"，而且在诸如故意杀人与过失杀人、故意伤害与过失伤害等犯罪种类区别的场合，故意与过失等主观要素也成了"构成要件"的一部分；换言之，此时的"构成要件"体现的是某一特定犯罪类型概念，而非抽象的一般犯罪概念。[①] 及至19世纪初，在费尔巴哈（Feuerbach）编写的教科书中，"构成要件"由程序法上的概念向实体法的转化彻底完成，在费尔巴哈看来，犯罪的"构成要件"即是特定行为类型的整体特征，或曰：法律所规定的具体违法行为类型的概念中所包含的事实性特征，因此，客观行为的可罚性取决于是否存在某个犯罪的"构成要件"，当某种行为事实符合规定了以适用某种刑罚为特定法律后果的构成要件所要求的条件时，将导致该刑罚的适用。[②] 另一位德国刑法学家斯鸠贝尔（Stubel）则站在特殊预防的立场上（而不是程序法或实体法）对"Tatbestand"的概念进行了新的界定，他认为犯罪的本质不在于犯罪行为所具有的事实性特征（如犯罪结果等），而在于行为人的意思是如何透过这些事实性特征予以外化的，以及人们应当如果去认识这些意思，因此，作为适用刑罚之前提条件的"构成要件"必须研究一切能够体现行为人之危险心情的因素，这些危险心情体现了行为人主观上的恶性，并且是判断行为人是否具备犯罪意思的方法与手段[③]，因为在斯鸠贝尔看来，刑罚的根据存在于行为人的犯罪意思之中，而非外在的犯罪结果，这显然与前述费尔巴哈的观点相对立，这种对立从表面上来看，仅仅涉及犯罪结果在构成要件中的地位问题，而实际上却是消极的一般预防与

[①] 参见蔡桂生《德国刑法学中构成要件论的演变》，载陈兴良《刑事法评论》，北京大学出版社2012年版，第2—4页。

[②] 参见［德］安塞尔姆·里特尔·冯·费尔巴哈《德国刑法教科书》，徐久生译，中国方正出版社2010年第14版，第83—84页。

[③] 参见王充《构成要件的历史考察——从诉讼概念到实体概念的嬗变》，《当代法学》2004年第18卷第5期。

特殊预防间的分歧,同时也为日后在德国刑法学中的学派之争埋下了伏笔。但是应当明确的是,在费尔巴哈和斯鸠贝尔的时代,人们是站在犯罪成立的整体条件上来研究"构成要件"的,因此也就不需要也不可能对构成要件符合性判断与违法性判断之间的关系展开研究,因为现代刑法学意义上的"构成要件"、"违法性"、"有责性"都包括在这个"构成要件"之中①,而促成这种整体思维体系崩溃的,正是接下来要讨论的贝林(Beling)的构成要件理论,也就是从这时候起,才有了研究两者之间关系的可能性与必要性。

2. 贝林的构成要件理论

作为当今构成要件论的奠基人当推德国刑法学者贝林,在其于1906年出版的《犯罪论》一书中,贝林认为犯罪并非如以往所说的是那种"通过刑法威吓的违法有责行为",而应当是"该当构成要件、违法且有责的,满足所有应受刑罚处罚条件的行为"②,也就是说,在贝林提出他的理论之前,诸如行为主体、实行行为、因果关系等要素笼统地被囊括在"通过刑法威吓"之下而显得"居无定所",而贝林所主张的"构成要件"则为这些处于游离状态的要素提供了一个固定的"住所",并以此为基础创立了被今天的人们称为"古典犯罪论体系"的学说。对于"构成要件"和"违法性"的关系,贝林认为,两者的关系有如"两个相互交叉的圆",因为"构成要件中不含有任何价值判断。虽然可能实现了构成要件,通常也就是违法的,但没有人因为这个类型性就直接作出终局的判断说,行为人犯下了不法。违法性乃是个独立的问题。符不符合构成要件的判断是站在严格中立的立场上的"③。但是,在诸如"盗窃"这样的场合,离开了行为人在主观上的"占有"目的和作为行为对象的"财物"在法律上的"他人"性这种价值判断,根本无法解释行为人取走某物的行为是否属于"盗窃"。在意识到上述问题后,贝林在其于1930年出版的《构成要件理论》一书中提出了"犯罪类型"这一概念以挽救其构成要件理论并保证后者的客观性和记述性。上述"占有"目的和"财物"

---

① 接近于我国传统的"四要件"犯罪构成理论。

② 王充:《论德国古典犯罪论体系——以贝林(Beling)的构成要件理论为对象》,《当代法学》2005年第19卷第6期。

③ 蔡桂生:《构成要件论》,中国人民大学出版社2015年版,第99页。

的"他人"性都属于"犯罪类型",因而"犯罪类型"是一个由不同要素组成的整体,贯穿着"违法且有责的"行为之不同阶段,完全存在于该行为内部的各个领域,而"构成要件"则是逻辑上先于"犯罪类型"的指导形象:一方面,同一个"构成要件"可以是一个以上"犯罪类型"的指导形象,最典型的情况是"故意杀人"及"过失杀人"等存在故意与过失之对应关系的犯罪;另一方面人们不可能在仅仅对某种行为方式的外在客观特征进行考察后,就能立即得出结论:该种方式是否符合法律所规定的构成要件及符合何种构成要件。[1] 但是如此一来,则引发了比以往更大的混乱。

首先,对于一个包罗万象的"犯罪类型"来说,其与犯罪论体系之间的关系是什么?如果按照贝林所言,"犯罪类型"贯穿着"违法且有责的"行为之不同的阶段,那么所谓"犯罪类型"就是指作为犯罪成立之整体条件而存在的犯罪论体系自身,这完全是一种概念的重复,而且如前所述,大陆法系犯罪论体系的三个阶层正是面对刑法适用中的不同危险而分别提出的,而"犯罪类型"则又将犯罪论带回到了费尔巴哈与斯鸠贝尔时代对构成要件理解的"大杂烩"式的混沌状态。

其次,既然人们不可能仅仅依据某种行为方式的外在客观特征就构成要件符合性的判断得出某种结论,那么言下之意就是说将某一行为方式认定为符合某个"构成要件",不能直接根据客观的、记述的特征来予以判断,而必须结合主观的、规范的特征,可是既然如此,将这样一个纯粹客观、记述的"指导形象"放在犯罪论体系最初的阶段上又有何理论上和现实上的意义呢?

再次,贝林一方面认为该当构成要件的行为只要不存在"阻却违法事由"时,原则上就具有违法性,即该当构成要件具有"指示违法"的功能[2],但另一方面又极力维护构成要件的客观性和记述性,那么根据记述的方法通过肯定的方式得出的结论为什么能够在进行价值评价时仅仅运用否定的方法就可以将其推翻?也难怪许玉秀教授会对此感到奇怪:"在

---

[1] 参见[德]恩施特·贝林《构成要件理论》,王安异译,中国人民公安大学出版社2006年版,第2—8页。

[2] 参见[德]恩施特·贝林《构成要件理论》,王安异译,中国人民公安大学出版社2006年版,第11页。

一个反映自然科学实证主义的犯罪论体系中，竟然出现一个具有评价色彩的违法性阶层"[1]。

最后，也许可以这样认为："贝林的理解在纯粹理论上也可以成立，因为即便构成要件是法益侵害的体现，法律适用者在适用时，这个法益侵害的价值评判也是由立法者先行确定的"[2]；换言之，贝林将在构成要件阶段对行为进行积极正向的价值评价视为是属于立法者的工作，而不是作为司法者的法官在具体的犯罪认定的活动中的职责，因为贝林的犯罪论体系是"从法学实证主义的法学思考方式出发的"[3]，这种思维方式所具有的客观性和形式性特征，能够在相当程度上保证在确定适用刑罚之前提条件的过程中所需要的法安定性。

的确，在贝林所处的那个年代，随着牛顿经典力学体系的建立、达尔文进化论的提出与完善以及达拉第发现了电磁感应现象而促使人类社会进入电气时代，自然科学获得了比以往任何历史时期都要恢宏的成就与进步，这一局面直接导致了当时的主流观念认为应当把包括自然科学与社会科学在内的一切知识都予以自然科学化或数理逻辑化，换言之，当某一学科所涉及的知识是否属于科学取决于其能否运用一种高度理想化、逻辑化、公理化的语言进行分析和描述，唯此，才能步入科学的殿堂。这种强调自然科学与社会科学在本体论上的相似性以及在方法论上的共通性的观点，导致了社会科学的科学化（或叫实证化）的倾向，其最根本的特点在于强调包括法学及刑法学在内的社会科学都采用自然科学所倚仗的实证主义思维方式进行研究[4]，即注重对犯罪现象进行事实性的观察而忽视对其内在价值进行分析。"随着科学主义的抬头，法律实证主义的发展是一件必然的事情"[5]，而法律实证主义的思维方式就在于仅将由立法机关所确立的实在法视为"法律"，因而法理学的任务也仅仅在于对一国范围内实存在法律制度进行阐述和分析，至于蕴含在案件事实中的价值判断，则

---

[1] 许玉秀：《当代刑法思潮》，中国民主法制出版社 2005 年版，第 123 页。

[2] 蔡桂生：《构成要件论》，中国人民大学出版社 2015 年版，第 101 页。

[3] ［德］汉斯·海因里希·耶赛克、托马斯·魏根特：《德国刑法教科书》，徐久生译，中国法制出版社 2001 年版，第 251 页。

[4] 参见欧阳康主编《社会认识方法论》，武汉大学出版社 1998 年版，第 23—24 页。

[5] 付子堂主编：《法理学高阶》，高等教育出版社 2008 年版，第 106 页。

完全不是法律科学的研究范畴。①

受到这种"法律实证主义"的影响，贝林虽然认为违反了法规范之禁止或命令的行为肯定具有价值判断的因素，但却将这种判断剔除出了构成要件符合性的判断，因为刑法上的构成要件本身并没有包含这些价值性因素，这些因素作为国家的规范意思存在于刑法外部。② 然而这种做法蕴含着"立法者万能"的思想（这也是法律实证主义的"通病"），即立法者已经根据刑法外部的禁止或命令规范对"构成要件"作出了关于价值判断的安排，即"构成要件"中的事实判断与相应的价值判断之间存在着预设的并且固定的对应关系，因此在构成要件符合性的阶段只要进行事实判断即可，对此，许廼曼教授评价道："其相信立法者已经做出所有的决定"③。遗憾的是立法者并没有如同（包括贝林在内的）法律实证主义者所期待的那样作出了所有的决定，当人们面对立法者未曾作出决定的场合（如"规范的构成要件"以及"开放的构成要件"），就不得不在禁止或命令开始的地方寻找答案，但这个地方却被贝林放在了构成要件之外，于是人们为了获取一个合乎情理的答案，不得不将求助的目光投向紧随其后的违法性判断阶层。因此，我国有学者认为贝林的古典犯罪论体系具有"良好的初衷，尴尬的结果"④。虽然以自然主义思维模式及法律实证主义方法为根基的古典犯罪论体系受到了批判，但作为当今构成要件理论之奠基人的贝林依然值得人们纪念，毕竟他将对刑法学的研究带入了一个全新的时代。

3. 麦耶的构成要件理论

由于贝林的构成要件理论在面对主观的和规范的要素时显得捉襟见肘，因此，麦耶（Mayer）在保持构成要件之客观、记述性的前提下，进一步发展了构成要件理论。从学术史的角度来看，麦耶的构成要件理论之

---

① 参见 Reginald Parker, "Legal Positivism", *Notre Dame Lawyer*, Vol. 31, December 1956, p. 183.

② 参见郑军男《德日构成要件理论的嬗变——贝林及其以后的理论发展》，《当代法学》2009年第6期。

③ 许玉秀、陈志辉主编：《不移不惑献身法与正义——许廼曼教授刑事法论文选辑》，新学林出版股份有限公司2006年版，第41页。

④ 付立庆：《犯罪构成理论——比较研究与路径选择》，法律出版社2010年版，第183页。

地位较为特殊。其观点与贝林的学说并称为"贝林—麦耶"构成要件理论,因为从维护"构成要件"之客观性、记述性的立场上看,麦耶的理论显然继承了贝林的衣钵①,但在"构成要件"与"违法性"的关系上,麦耶却不认为两者的关系是——如同贝林所言——"两个互相交叉的圆",而是"烟与火的关系"。"烟"不是"火",但"无火不生烟",因此,构成要件符合性便成为了违法性的认识根据②。虽然贝林也认为符合构成要件可以"指示违法",但却只是将其作为一种现象来理解的,即"这两个相互交叉的圆总是有很大一部分是重合的",而没有对其原因做出解释。基于这种对"构成要件"和"违法性"理解的不同,贝林的学说被称为"行为类型说",而麦耶的理论则被称为"认识根据说",这一学说被有些学者认为是更加靠近后述迈兹格的理论,故将两者合称为"新古典构成要件理论"③。但笔者认为该两者间还是存在本质区别的,因此将其作为一个独立的理论发展阶段予以单独考察,充其量勉强将之理解为"早期的新古典构成要件理论",因为麦耶一方面极力维护贝林之构成要件理论的基础框架,另一方面却又改变了对构成要件纯粹客观记述的理解,具体而言,麦耶在以下几个方面对贝林的理论进行了改造:

第一,区分了"法定的构成要件"和"事实的构成要件"。麦耶认为,刑法中对规定某一行为可罚性之前提条件的规定,即为"法定的构成要件",而"事实的构成要件"则是指一定时空中发生的具体构成要件④。对于"法定的构成要件"来说,其一方面要求明确,另一方面又力求简练。具体而言,"法定的构成要件"不可离事实的构成要件过远,否则会因为过于抽象而成为一个空洞无物的概念,导致适用上的困难;但又不可离之过近,因为根据"内涵越多则外延越少"的概念学原理,这样一来容易形成处罚的漏洞。

第二,发现了"规范的构成要件要素"。其实早在贝林那里就发现了"规范的构成要件要素"的存在,但贝林对其的态度是无论某种构成要件

---

① 参见陈兴良《本体刑法学》,商务印书馆2001年版,第187页。
② 参见陈子平《刑法总论》,中国人民大学出版社2009年版,第92页。
③ 参见李海东《刑法原理入门(犯罪论基础)》,法律出版社1998年版,第20页。
④ 参见蔡桂生《德国刑法学中构成要件论的演变》,载陈兴良《刑事法评论》,北京大学出版社2012年版,第22页。

要素是否能够被理解为具有规范性的特征,只要其是被用来描述犯罪行为的类型性特征,那么就应当认为这些要素仍然具有记述性功能,而不属于违法性判断中所研究的问题;换言之,符合包含了这些规范性要素的构成要件之行为,是否具有违法性,与这些要素本身无关[①],即便是"规范的构成要件要素",其对行为认定的作用也不在"违法性"判断阶段显现出来。应该承认,如果不是出于维护"构成要件"的纯粹记述性,贝林的观点就与今天人们的认识相差无几了。但麦耶却彻底地将"规范的构成要件要素"视为构成要件中的"另类",虽然他给了它们一张在"构成要件"中的"暂住证":将"规范的构成要件要素"称为"不真正的构成要件要素",同时又给它们最终落了"户":"真正的违法性要素"。理由在于:站在"构成要件"的立场上而言,这些"规范的构成要件要素"和其他构成要件要素联系密切、不易分割;但与此同时,"规范的构成要件要素"是在价值世界而非自然领域中才具有决定性的意义。换言之,"规范的构成要件要素"既指示违法性,也为其提供事实上的依据。从"真正的"违法性要素和"不真正的"构成要件要素这样的称谓中可以看出,麦耶对于"构成要件"要素与"违法性"要素的区分,并不取决于其在哪个阶段进行判断,而是取决于是否存在规范性因素。

第三,发现了"主观的违法性要素"。在贝林的犯罪论体系中,客观要素与主观要素是截然两分的,所有主观性的要素作为一种心理事实都在"有责性"的判断中进行探讨,应该说,这也是其理论受自然科学实证主义方法论影响的一个佐证,因为贝林是先将行为看作一个自然的实在体,再对其进行机械式的主客观分离的理解与分析,因此在贝林犯罪论体系的责任论中,价值判断(即"可谴责性")也是与一定的心理事实(故意或过失)"绑定"在一起的,这就是为什么其在责任认定上采"心理责任论"的原因。后来为了处理诸如盗窃罪中的"占有"目的时,贝林宁可打破阶层理论区分"违法"和"有责"的总体原则,导入了一个大杂烩式的"犯罪类型"的概念,也不愿承认主观的违法要素,相比之下,麦耶认为在构成要件中确实存在着主观要素,这些主观性要素既包括"不

[①] 参见[德]恩施特·贝林《构成要件理论》,王安异译,中国人民公安大学出版社2006年版,第15页。

法占有之目的"这样的违法要素,也包括"正当防卫的意图"这样的合法化要素。这些要素不仅在"有责性"的判断而且也在"违法性"的判断中对行为性质发生影响。至于"主观的违法要素"与"责任要素"的区别,麦耶认为,对于前者来说,行为是其手段,而在后者而言,行为是其效果。但是,在这种情况下,只是观察的方法不同而已,为了在理论上严格区分构成要件符合性、违法性和有责性三个阶段,麦耶还是主张将主观的要素置于责任领域进行研究。①

第四,关于"构成要件"与"违法性"的关系,麦耶同样坚持严格区分两者,因为前者是关于特定时空条件下所发生的事情或行为的概念,而后者则是对行为性质的价值判断,因而两者是在根本性质上不同的刑罚前提。与此同时,前者却是后者的最重要的认识根据,是"烟与火的关系",但这种关系也只是征表,而不是表里关系,因为在具备"违法阻却事由"的场合将使得这种"征表"失去意义。

第五,对于"构成要件"为什么能够征表"违法性"的问题,麦耶是通过其独具特色的文化规范与刑法规范的关系来进行说明的。与贝林将违法性视为对全体法秩序的违反不同,麦耶认为"什么样的举动是违法的"应当由国家所承认的文化规范来决定,"文化规范"中的"文化"意指通过培育共同利益而被创造出来的价值强调状态,而"文化规范"本身即是这种文化向社会中的个人提出的禁止或命令要求。在法治国家中,法秩序将文化规范上升为法律规范,因此法律规范也是文化规范的一种,具体到刑法中,经法律确认的文化规范就体现为构成要件的规定。换言之,所谓的"法定构成要件"即是某一文化规范为刑法所承认并进而规定在刑法之中以及该文化规范获得承认之程度的认识根据。正是在这个意义上,"构成要件"就是"违法性"的征表②。

对于麦耶关于构成要件与违法性之间关系的"认识根据说",本书认为:首先,这种"烟与火的关系"无非就是一种原则与例外的关系,但这只是一种单纯的说明形式,与贝林的"两个互相交叉的圆"相比,只

---

① 参见付立庆《主观违法要素理论——以目的犯为中心的展开》,中国人民大学出版社2008年版,第27页。

② 参见王充《论麦耶(Mayer)的构成要件理论》,《河南省政法管理干部学院学报》2005年第5期。

是"多了点原则,少了点例外",并没有很好地解释为什么这种例外性情况会与原则性情况纠缠在一起,又如何能够仅仅依靠消极判断的方法排除例外情况。其次,在麦耶的理论中,同样没有对行为在刑法上之价值判断的积极确认。当然,也可以认为麦耶与贝林一样,都将这种积极确认视为立法者在制定"构成要件"时的工作,而与司法活动无关,但这种"万能的立法者"和永恒不变的"事实—价值"对应关系并不存在。最后,如果说"经法律确认的文化规范就体现为构成要件的规定",那么"构成要件"就应当是这些文化规范本身的一部分,从而就不是"违法性"的征表而是其内容,符合"构成要件"就不是为行为具备"违法性"的"认识根据",而应是"存在根据",麦耶之后的迈兹格正是在这一立场上展开其构成要件理论的。

4. 迈兹格的构成要件理论

相较于麦耶的构成要件理论,迈兹格的构成要件理论最大的特色在于其认为"构成要件"是"违法性"的"存在根据"而非"认识根据",符合"构成要件"则拟制"不法"①。因为,立法者创设了某一"构成要件",即代表了一种可罚的"违法类型",因此"构成要件"与"违法性"之间的关系既非贝林所主张的"完全无关"("两个相互交叉的圆")、也非麦耶所坚持的"认识根据"("烟与火的关系"),而应当是:"构成要件"即是"类型化的不法","构成要件"与"违法性"同属"不法"的内容,"构成要件"是"违法性"的存在根据。具体来说,在立法的过程中,立法者已经通过法定的"构成要件"直接对"违法性"进行了说明,或曰:揭示了"特别类型化不法"的特征。换言之,当某个行为该当了构成要件以后,就已经具备了违法性的内在要素,而非单纯的指示违法性,从而在缺乏"违法阻却事由"时,该行为才能被认为是违法行为。② 如果说迈兹格的导师贝林所接受的法哲学思想是法实证主义思想,那么新康德主义法学则对迈兹格的学说产生了非常大的作用。康德曾经把"头上的星空"和"心中的道德定律"作为其一生中最重要的两

---

① 参见蔡桂生《梅茨格尔犯罪阶层体系的新康德主义根基》,《清华法学》2009年第3卷第6期。

② 参见柯耀程《变动中的刑法思想》,中国政法大学出版社2003年版,第16页。

样东西①，此处的"星空"指代的是"现实的世界"，而"心中的道德定律"则是"非现实的价值世界"，这也是康德哲学的根本出发点，新康德主义法学坚持并发展康德提出的这种二元方法论，严格地区分"应然"和"实然"、"存在"和"价值"，并认为不能从"实然"中导出"应然"②，"即使是纯粹的认识过程也包括了一种价值性的、规范性的因素"③。按照这种观点，作为法律规定的刑罚前提之"构成要件"就不能是纯粹记述的，对其认识过程也不可能是完全客观的，必然体现着作为社会主体之"人"所处的价值状态与价值追求；换言之，在"构成要件"判断伊始，就渗透着一种价值判断。因为区别于现实存在的犯罪事实，具备高度理论化及体系化特征的犯罪论体系自然具有价值判断的特征，因此其中所包含的种种要素也就不是位于一个纯粹物质的、心理的、价值无涉的世界，相反，其所处的世界是一个充满着意义，且存在价值差异的世界。如此一来，作为犯罪论体系阶层之一的构成要件中的各种要素就不可能是完全中性客观、缺乏价值内涵的，具体而言，构成要件通过这些要素将行为事实转化成了犯罪论体系中所内涵的价值评判标准上的各种概念，在这个意义上，"构成要件阶层便是刑法对客观犯罪现实的概念形成程序"④。对于具体的犯罪成立来说，"违法性"的确是成立犯罪的内在根据，但是如果只要是"违法"的行为就构成犯罪的话，那么任何法体系（包括民法、行政法等）都会不经筛选地介入到犯罪之中来，这样的话，将给社会全体成员的自由、财产、名誉甚至是生命都形成一种不能被容忍的过度干涉，因此刑法自身必须有相当程度的明确性，这便是立法者在刑法中通过"构成要件"对各个刑罚规定进行详细描述的原因。

可以看出，在迈兹格的构成要件理论中，"构成要件"与"违法性"的关系已经发生了变化，"构成要件已经不再是事实的价值无涉的记述，

---

① 这两样东西镌刻在康德的墓志铭中，原话大意为："有两种东西，我对它们的思考越是深沉和持久，它们在我心灵中唤起的惊奇和敬畏就会日新月异，不断增长，这就是我头上的星空和心中的道德定律。"

② 参见刘建伟《新康德主义法学》，法律出版社2007年版，第10页。

③ ［英］克里斯·桑希尔：《德国政治哲学：法的形而上学》，陈进江译，人民出版社2009年版，第398页。

④ 许玉秀：《当代刑法思潮》，中国民主法制出版社2005年版，第132页。

而是为概括犯罪类型中特定的不法内容的要素所必要的立法者的辅助手段,因此从贝林所主张的单纯的指导形象转变为是指该当犯罪类型的违法性要素之总体的'不法构成要件'"①。其结果便导致了"构成要件"已经失去了以往那种与"违法性"并列的地位,而仅仅是对"违法类型"的描述。在迈兹格看来,"违法性"的地位与其在贝林或者麦耶那里都存在不同:他认为由于在存在"违法阻却事由"的场合下,行为即便具有"构成要件符合性"也不具有"违法性",因此,行为的"违法性"虽然是犯罪的要素,但却并非"构成要件要素",所以,所谓的"违法性"指称的应当是一般法学意义上的"犯罪构成要件要素",而非构成要件理论中的"构成要件要素",详言之,由于犯罪论体系本身就是一个价值世界的产物,所以构成要件只能作为一种文化价值形象而存在,并且也只有这样才能被人们所理解,而作为对一般法学意义上的"犯罪构成要件要素"进行评价的违法性判断即是构成要件判断的逻辑前提,当某个构行为确实具有实质的违法性(即确实含有"犯罪构成要件要素")之后,继而才有可能与必要去研究该行为是否该当某个构成要件。② 换言之,按照迈兹格的构成要件理论,"构成要件"和"违法性"之间的"原则—例外"关系变得没有任何客观上的实际意义,因为"违法性"既非"积极的构成要件要素",也非"消极的构成要件要素",行为根本就不符合构成要件的规定和因为出现了"违法阻却事由"而导致行为中原有的"犯罪构成要件要素"丧失了先前的实质性否定评价,事实上是一回事。③

至此,"构成要件"已经完全丧失了在犯罪论体系中的独立地位,而逐渐成为作为其上位概念之"违法性"的一部分内容。同样的观点体现在日本学者西原春夫那里,他认为由于构成要件符合性与违法性是作为价值世界中的犯罪论体系之两个阶层而存在的,因此都不可避免地带有评价性的色彩,这样一来,在对构成要件进行把握和理解时,如果采取纯粹中

---

① [韩]金日秀:《关于犯罪论体系的方法论考察》,载赵秉志《刑法论丛》第30卷,法律出版社2012年版,第38页。

② 参见王充《论大陆法系犯罪论体系的实质化倾向——以梅兹格(Mezger)的犯罪论体系为视角》,《浙江社会科学》2006年第2期。

③ 参见蔡桂生《德国刑法学中构成要件论的演变》,载陈兴良《刑事法评论》,北京大学出版社2012年版,第29页。

立与客观的方法，就会导致原本应当在构成要件符合性的判断阶段解决的价值评价问题（这种评价是不可避免的）后置到违法性阶段，但这就使得原本计划由构成要件承担的人权保障目的的落空，"因此，构成要件无外乎就是犯罪类型。由于对于每个犯罪而言，犯罪类型仅包括特殊的要素，因此它不包括具有一般性质的要素，例如合法化事由等"。故而，应当采用行为—违法性—有责性的犯罪论体系。① 可以看出，西原春夫教授同样是将构成要件消解在违法性之中的。

对于迈兹格认为行为不符合构成要件的规定与具备"违法阻却事由"是一回事的观点，依德国法学界通行的"严格的一元违法论"观之的确存在问题。其中最典型的即是我们耳熟能详的那个例子：盗取一分钱是不符合"构成要件"的行为，而正当防卫杀人则是因为出现了例外情况而具备"违法阻却事由"，两者在性质上是根本不同的。前者是为整体法秩序所否定的，只是刑法不去过问，而后者则为整体法秩序所肯定，在任何法领域都属合法。但是这一批驳对于迈兹格的理论来说，似乎不能起到决定性的作用，因为迈兹格在论述"构成要件"是"违法性"的存在根据时，其"存在根据"指的仅是"特殊的违法性"之存在根据，即在刑法分则领域内的存在根据，因此认为不符合"构成要件"的行为和具有"违法阻却事由"的行为不存在区别，实际上指的就是两者在是否科处刑罚的问题上没有区别，但这是完全站得住脚的。

其次，真正的问题恐怕不是出在存在"违法阻却事由"的场合，而是在于迈兹格在批判贝林之价值无涉的构成要件理论的同时，也破坏了"构成要件"本身所具有的"推定违法"的机能。在迈兹格看来，不是"符合构成要件是违法性判断的前提"，而是"具有违法性是启动构成要件判断的前提"，只存在"违法意义上的构成要件"，而不存在"符合构成要件的违法"。对于构成要件符合性的判断与违法性的判断到底何者为另一方之前提的问题，普珀（Puppe）教授认为，当然应当将"构成要件符合性"的判断置于"违法性"的判断之前的地位，因为"违法性"判断旨在考察容许什么而非禁止什么内容的违法性审查，因而从逻辑上来

---

① 参见［日］西原春夫《犯罪实行行为论》，戴波、江溯译，北京大学出版社2006年版，第34—53页。

说，这一判断必须先行确认牵涉了某一禁止规范。原因在于，这种判断顺序具有法律适用上的经济性，具体而言，由于构成要件的规定具有抽象性、间接性与明确性的特征，是对某个可能被科处刑罚之行为的"截断性"描述，而"违法阻却事由"则涉及某个行为与整体法秩序的相容性，因而显得繁杂而琐碎，在很多情况下，这种判断往往要超出刑法的范围而延伸到其他部门法领域，这样一来，将会导致原本层层递进、简洁明快的阶层犯罪论体系显得复杂而冗余。①

最后，在构成要件理论中采用"违法类型说"，将构成要件符合性与"违法阻却事由"放在违法性的范畴下进行研究，则两者的区分必然不复存在，这很容易导致将两者同等对待的所谓"消极的构成要件理论"，虽然主张"违法类型说"的学者如迈兹格、西原春夫等因为刑法学界对"消极的构成要件理论"的广泛诟病而始终对其保持敬而远之的态度，但不可否认的是，主张"消极构成要件理论"的学者们正是从"违法类型说"中获得了"灵感"。

5."消极的构成要件理论"

上述"消极的构成要件理论"最早由刑法学者鲍姆加藤（Baumgarten）提出，他认为构成要件与违法阻却事由的区分仅仅是基于技术上的理由，二者在本质上并无不同，因而不妨将其在概念上予以统合，从而，违法阻却事由也是构成要件要素，在迈兹格那里，构成要件符合性是违法性的一部分；而在消极的构成要件理论中，与此相反，违法性成了构成要件的一部分。可以看出，在"消极的构成要件理论"中，"违法性"遭遇了与"违法类型说"中的"构成要件"同样的命运。②换言之，"消极的构成要件理论"将三阶层犯罪论体系中的"构成要件符合性"判断与"违法性"判断这两个阶层合并为一个总体的"构成要件符合性"判断阶层，具体来说，这个阶层由"积极的构成要件"（即三阶层犯罪论体系中的"构成要件"）与"消极的构成要件"（即三阶层犯罪论体系中的"违法阻却事由"）两部分组成，其理由主要在于"三阶层

---

① 参见蔡桂生《德国刑法学中构成要件论的演变》，载陈兴良《刑事法评论》，北京大学出版社2012年版，第31页。

② 参见李立众《犯罪成立理论研究——一个域外方向的尝试》，法律出版社2006年版，第100页。

理论所说的犯罪构成要件该当性和违法性的作用都是在确定犯罪的不法内涵，二者在性质上并无差异"①，只不过二者在对不法内涵的描述形式存在区别，前者采取积极的方法，从正面去描述；而后者采取消极的方法，从反面去描述。与此同时，采取"消极的构成要件理论"的另外一个重要理由在于，当行为人存在对"违法阻却事由"之客观情势的错误认识时，由于"违法阻却事由"本身就是构成要件的一部分，则可以得出这类错误当然属于"构成要件的错误"，从而阻却故意犯罪的成立，运用这样的逻辑推理所得出的结论，既具有体系性的说服力，又符合国民的朴素法感情。②而如果采取三阶层犯罪论体系的话，则会对该问题的处理方法存在较大争议。

这种"消极的构成要件理论"虽然得到了一些学者的支持（如德国的 Salmon、日本的中义胜以及我国台湾地区学者黄荣坚等），但大多数学者普遍认为，"构成要件"与"违法性"仍然存在区分的必要性，理由在于：第一，构成要件的作用体现为运用法律规定将某种行为事实抽象化、定型化、明细化；而违法性判断则不具有抽象化、定型化、明细化，它是对例外情况下的行为进行合法化处理。第二，不符合"构成要件"的行为不构成犯罪是因为不具有刑法上的重要性，但未必为整体法秩序所肯定，因而对其没有彻底否定正当防卫的余地；而"违法性"被阻却的行为则在任何法领域都属合法，对之不能进行正当防卫，只能视情况采取紧急避险。第三，在构成要件符合性的判断中，被考虑的主要因素是刑法自身的"合目的性"，即"法益保护"（当然，也有学者认为这一"目的"应当体现为"规范维持"，但这不影响构成要件符合性判断与违法性判断之间关系的探讨），而在违法性判断中，"主要处理的则是刑法的'合目的性'与其他法领域的'合目的性'，甚至是与其他更为广阔的社会领域之间的价值冲突问题"③。第四，从判断方法上看，构成要件符合性的判断采取的是积极的、正向的、抽象的、定型性的方法；而违法性的判断则属于消极的、反向的、具体的、非定型的判断。第五，构成要件纯粹是一

---

① 黄荣坚：《基础刑法学（上）》，中国人民大学出版社 2009 年第 3 版，第 120 页。
② 参见袁国何《论容许构成要件错误的责任效果》，载陈兴良《刑事法评论》第 32 卷，北京大学出版社 2013 年版，第 413 页。
③ 杜宇：《合分之道：构成要件与违法性的阶层关系》，《中外法学》2011 年第 4 期。

个刑法上的研究范畴,而"合法化事由的本来的内容要广得多;合法化事由是独立的法规范,它们主要不是使被禁止的内容合法化,而是应当服务于自身的和更宽广的目的"①。基于以上这些原因,"消极的构成要件理论"目前基本上已经处于退却、消亡的境地。

6. 其他学说

在关于"构成要件"与"违法性"间关系的学说中,除了上述"行为类型说"、"认识根据说"以及"违法类型说"以外,尚存在以下几种具有代表性的观点:

第一,"开放的构成要件"理论。该理论最早由德国学者威尔泽尔所提出,是指立法者没有对"构成要件要素"进行完备的说明与详尽的描述,而是需要裁判者从一般的"违法性要素"或各要素之间的相互联系中进行补充判断,以确定行为是否具有"违法性"。②威尔泽尔认为,从原则上来说,"构成要件符合性"征表"违法性"的说法仅仅对于故意的作为犯有效,而对于过失犯的注意义务以及不纯正不作为犯中的保证人地位及其义务来说,则必须有赖于法官在"违法性"判断阶段的价值补充,属于这种情况的还有一些规范评价的要素,如"适当性"、"卑鄙性"等。

对于"开放的构成要件"理论,将过失犯的注意义务以及不纯正不作为犯中的保证人地位及其义务这些应当在构成要件阶段就予以讨论的内容,依赖于法官在"违法性"判断阶段的价值补充的做法,实际上就是将原本应当在构成要件中的价值评价后置到违法性阶段,如前所述,这样并不有利于直接体现罪刑法定原则的构成要件所应当承担的人权保障机能的实现。而对于这样的做法,究其原因,在于威尔泽尔和前述麦耶一样,是以是否"规范"来划分构成要件与违法性并且对构成要件进行理解与把握时,采取完全中立化、客观化的立场,但是这并不妥当。因为如同新康德主义学者认为的那样,既然法律是人根据某种目的制定的,那么在解释任何要素时都不可能完全脱离规范的因素,所不同的只是与规范相关的程度问题,或者说人们对之理解的分歧程度(在所谓"事实"要素的场

---

① [德]汉斯·海因里希·耶赛克、托马斯·魏根特:《德国刑法教科书》,徐久生译,中国法制出版社2001年版,第388页。

② 参见刘艳红《刑法类型化概念与法治国原则之哲理——兼论开放的构成要件之存在根据》,《比较法研究》2003年第3期。

合，往往人们对之理解的分歧较小或者根本没有，而在所谓"规范"要素的场合，则分歧较大，因而需要法官进行抉择）。所以，目前人们大多倾向于仍在"构成要件"层面解决这些"规范"问题，所谓的"开放"是针对法官的开放，而非针对"违法性"的开放，但这样一来，"开放的构成要件"便不再体现"构成要件"与"违法性"之间的"缠绕关系"了。

第二，禁止规范与允许规范。耶赛克教授认为"构成要件"与"违法阻却事由"（由于违法性阶段的判断主要是认定是否"存在违法阻却事由"）通常可用"规则—例外"的关系加以说明。因为法秩序并不仅仅包括"构成要件"中所包含的禁止规范，而且还存在否定禁止规范在特定情况下之效力的允许规范，当存在"违法阻却事由"时，"构成要件"中所包含的禁止规范作为法义务不适用于具体的案件。"构成要件"本身并不包含"违法阻却事由"的要素，因为它只是对犯罪行为的典型的要素的综合。一方面，犯罪"构成要件"包含着被"违法阻却事由"作为"例外"打破的"规则"；另一方面，被阻却违法性的行为，依然符合"构成要件"，只是"该当构成要件的行为"特别是其结果已经被法律所承认。[①] 但是，这样的理解仍然存在问题：既然"构成要件"是"规则"，"违法阻却事由"是打破它的"例外"（允许规范的出现使得禁止规范失效），为什么被阻却违法性的行为会依然"符合构成要件"？如果被阻却违法性的行为依然符合"构成要件"，那么"规则"中就会出现这种情况：时而存在终局判断，时而只是暂时的判断，那么"规则"中本身就包含了"例外"，这与"构成要件本身并不包含违法阻却事由的要素"是不相容的。

第三，罗克辛教授一方面认为"构成要件"这一概念概括了各种说明具体犯罪应受到刑事惩罚性内容的情节，同时在刑事政策上影响了一般公众的法律意识并且发挥了可能的威慑作用。而"违法性"的判断则并非建立在对典型的行为事实进行描述的基础之上，而是通过社会制度原则的建立来安排自己的规则。另一方面，他也指出：构成要件符合性与违法

[①] 参见 [德] 汉斯·海因里希·耶赛克、托马斯·魏根特《德国刑法教科书》，徐久生译，中国法制出版社 2001 年版，第 387—388 页。

性由于存在研究内容、判断方法、存在范围等多方面的差异，因而应当处于犯罪论体系的不同阶层，而不可混为一谈，但是，就"刑事不法"这一概念来看，两者仍然具有进行统合的可能性，即以"不法"与责任为范畴对犯罪论体系进行第一次阶层性划分，而在"不法"这一概念之下，再进行构成要件与违法性的第二次阶层性划分。① 从总体上来看，在罗克辛的犯罪论体系中，在分析"刑事不法"这一概念时，"构成要件"这一范畴旨在彰显刑事法律中特有的"不法"，而违法性阶层存在的目的则是对刑法与其他法秩序之间的冲突进行协调②。

第四，日本刑法学家小野清一郎将"有责性"的要素也一并归纳到"构成要件"这一概念的统摄之下，他认为："所谓构成要件，是指将违法并有道义责任的行为予以类型化的观念（定型），是作为刑罚法规中科刑根据的概念性规定"③，从而形成了其独具特色的"违法有责类型说"，但这一学说一方面没有解决"违法类型说"中"构成要件"与"违法性"之间一贯存在的纠结关系，另一方面又把这种关系导入了"构成要件"与"有责性"之间。

（二）"构成要件符合性"判断与"违法性"判断之间的关系

在以上各种关于构成要件与违法性的关系之中，本书倾向于罗克辛教授的观点，理由在于：

第一，在讨论两者关系前需要明确的是，所谓"构成要件与违法性的关系"是一种简略的称呼，因为对于"构成要件"来说，有时指称刑法中的规定（"法定的构成要件"）或者符合构成要件的事实（"事实的构成要件"），而"违法性"则表示行为与整体法秩序的关系。这种意义上的"构成要件与违法性的关系"显然不是我们所需要探讨的，因为对两者关系的研究是为了明确是否要将两者放在犯罪论的不同阶层，以及如何进行这种界分，而犯罪论就是判断犯罪是否成立及其形态的理论。因

---

① 参见［德］克劳斯·罗克辛《德国刑法学总论——犯罪原理的基础构造》第1卷，王世洲译，法律出版社2005年版，第188页。
② 参见许玉秀《当代刑法思潮》，中国民主法制出版社2005年版，第145页。
③ ［日］小野清一郎：《犯罪构成要件理论》，王泰译，中国人民公安大学出版社2004年版，第17页。

此,"构成要件与违法性的关系"也应当是两者在判断犯罪成立的方法中所形成的关系,那么准确地说,这种关系应当被称为"'构成要件符合性'判断与'违法性'判断之间的关系"。本书探讨这个问题的原因也就是在于在明确两个不同阶段的不同判断方法的基础上,决定依推定的同意之行为到底应该在哪个阶层判断,因为这直接决定了应当采取什么样的判断方法。

第二,如前述麦耶认为的那样,"构成要件"应当被分为"法定的构成要件"和"事实的构成要件",前者即法律规范,后者属于生活事实。那么构成要件符合性的判断在本质上即涉及对"构成要件"的解释,因为"法律解释最主要的任务是在事实与规范之间建立起关系,对事实的法律意义进行探讨","事实的法律意义主要指的是用法律规范赋予事实以法律上的意义。事实的法律意义不会自动产生,是法律的解释者赋予的。没有解释的过程,事实就不会有法律意义"。[1] 同时,"一个行动、一种人类的表现只有当它可以纳入人类的目标、人类的情感、人类的经历的框架之中……这时它才是有意义的"[2],因此,一国的立法者在制定刑法时不是盲目地为立法而立法,换言之,无论是作为整体而存在的刑事立法,还是包含了具体犯罪的构成要件及相应法定刑的刑法分则条文都具有各自的目的,"刑法学的最高使命,便是探究刑法目的"[3]。因此,在对构成要件进行解释,即对某个行为是否符合特定的构成要件进行判断时,就不能脱离立法者制定该构成要件的目的而盲目地进行。

第三,作为人类调整自身行为的刑法来说,无论是其总体上希望实现的目的还是分解并细化在各个刑法分则条文中的目的都应当体现出实质性的价值判断,因为"法律只有在涉及价值的立场框架中才可能被理解。法律是一种文化现象,也就是说,是一种价值的事物。法律的概念也只有在有意识地区实现法律理念的现实情况下才能够被确定"[4]。因此,对

---

[1] 陈金钊:《法律解释学——权利(权力)的张扬与方法的制约》,中国人民大学出版社 2011 年版,第 104 页。

[2] [德] H. 科殷:《法哲学》,林荣远译,华夏出版社 2002 年版,第 84 页。

[3] 张明楷:《刑法分则的解释原理(上)》,中国人民大学出版社 2011 年第 2 版,第 83 页。

[4] [德] G. 拉德布鲁赫:《法哲学》,王朴译,法律出版社 2005 年版,第 4 页。

"构成要件"的理解决不能仅仅是纯粹客观中立的,而应当自始至终都渗透出实质性的价值因素。正是基于此,某些与价值判断有关的要素,如"规范的构成要件要素"等均应在"构成要件符合性"中予以判断,而不是"幽灵"般地潜入"违法性"之中。如此一来,构成要件符合性的判断与违法性的判断,就不是通常所理解的"事实判断与价值判断"、"形式判断与实质判断"、"感性判断与理性判断"的关系,因为在构成要件符合性的判断中,无论对刑法整体及其具体分则条文的目的作什么样的理解都不能离开实质的、价值的与理性的判断。据此,本书并不赞同如下观点:在构成要件符合性判断阶段中采取形式解释的方法,而在违法性判断中再进行实质解释。①

第四,从认识论的角度来说,"从感性认识发展而来的理性认识或理性思维,按照其活动特点和把握客体的程度,又可分为知性和辩证理性",单单依靠感性思维,人类还不足以产生对某种事物的知识,而必须诉诸"知性思维"(简称"知性"),感性认识将各个具体认识对象的表象提供给我们,但这些表象是零碎的、缺乏相互间的联系与规律,"知性"便利用概念(包括经验性概念和纯粹概念)将这些认识"碎片"进行一般化、规律化、体系化的整理,但是由"知性"所得出的认识仍然是抽象的和不完整的;因此必须借助于所谓的"辩证理性"(简称"理性")来形成具体的和较为完整的认识,而"理性"所采用的方法即是在综合知性所形成的抽象规定的基础上,达到全面反映客体的普遍性。② 从知性与辩证理性的关系来看,我们可以发现,这基本上符合构成要件符合性判断与违法性判断之间的关系,因为前者就是抽象的和不完整的(只与刑法领域相关),而后者则是具体的与较为完整的(与整体法秩序相关)。对于知性在理解构成要件中的作用,日本学者宗冈嗣郎认为,在立法者创立新的犯罪类型时,对于有关犯罪类型的新概念来说,也是知

---

① 相关论述参见马寅翔《构成要件的个别化机能研究》,载陈兴良《刑事法评论》第 27 卷,北京大学出版社 2010 年版,第 242 页。

② 参见肖前主编《马克思主义哲学原理》(下册),中国人民大学出版社 1994 年版,第 557—559 页。

性的抽象化产物。① 因此，本书认为，构成要件符合性判断与违法性判断之间的关系就是认识论上的知性思维与辩证理性的关系，这也正是"认识根据说"得以成立的原因。但是，这种关系显然是两者在认识论上的区分，即是认识事物的两种不同方法，而并非存在论上的不同，因为作为其认识对象的行为，在具体案件中是同一个。对于"正当防卫"这类行为来说，它们仅仅是通过了构成要件符合性的判断但不具备违法性的行为，而不是"符合构成要件但不具备违法性"的行为，因为构成要件符合性的判断只是一个认识方法而非作为认识对象而存在的本体概念。从本体概念的意义上来说，符合构成要件的行为就是具有违法性的行为（而不包括通过了构成要件符合性的判断但不具备违法性的行为），从这个意义上来说，"存在根据说"是正确的。正是这种本体论上的同一性和方法论上的差异性，才导致了主张"认识根据说"和"存在根据说"的长时间争论。因此，本书主张从本体论来说，"符合构成要件的行为"即"不法行为"，从认识论上看，构成要件符合性判断与违法性判断之间的关系是知性思维与辩证理性的关系。"在人的统一思维过程中，既需要形式逻辑所具有的知性思维又需要辩证逻辑所具有的理性思维。其中，知性思维是理性思维必经环节，理性思维必须以知性思维为基础和前提"②，这也就是构成要件符合性的判断位于违法性的判断之前的认识论上的主要原因，而非仅仅如前述普珀教授所说的"经济性"。

三 依推定的同意之行为不属于"违法阻却事由"的理由

基于以上对构成要件符合性判断与违法性判断的分析，我们可以认为，前者是判断行为有无违反行为规范，进而侵害值得动用刑法所保护的法益，如果答案是否定的，则阻却构成要件；而后者旨在调节刑法与其他法秩序的关系，着重解决法益冲突的问题。据此，依推定的同意之行为不应当属于"阻却违法性事由"，理由如下：

第一，在不可能了解权利人真实意志的前提下，不能因为行为人冒着

---

① 详见［日］宗冈嗣郎《犯罪论与法哲学》，陈劲阳、吴丽君译，华中科技大学出版社 2012 年版，第 12 页。

② 石经海：《量刑个别化的基本原理》，法律出版社 2010 年版，第 178 页。

与权利人事后表示出的意志相违背的风险而行为就认为存在"法益冲突"。因为权利人事后的意志并非全然可以表示其在行为时的意志，而且这种意志在依推定的同意之行为中往往是根本不存在的，因此无所谓是否与之相违背，而且这种事后的意志往也不能决定行为人的行为是否违法，这一点对于存在"权利人同意"的行为中也是如此，如果行为人是在事后才取得"同意"的，绝大多数学者都认为这种情况仅仅构成"被害人谅解"而非"权利人同意"，是不能否定已经形成的"法益侵害"之结果的。既然单凭权利人事后的意志不能形成对行为人有利的决定，那么单凭这种意志形成一个对行为人不利的决定就显得不合逻辑。

第二，如果认为依推定的同意之行为在构成要件符合性的判断中是具有法益侵害性的，只是由于保护了一个更大的法益才得以正当化的话，那么在权利人事后否定的场合，这种行为将永远不能被认为是正当的（从而是"违法"的），充其量在"有责性"的判断时否定其责任，因为如果认为在这种场合下的法益是由权利人事后的意志决定的，又有什么因素可以高过这个意志本身呢？但这显然不是设立这一事由的本意。再者，即便此时有无法益侵害是完全由权利人决定的，也应该认为这种判断属于构成要件符合性的判断，因为这里没有辩证思维、没有综合分析，有的只是一个普遍的原则：权利人说的总是对的。

第三，在"为权利人利益而进行的推定"之场合，相冲突的利益都是权利人自己的利益，即便是权利人本人在场，也必须作出保存一个、放弃一个的抉择，而行为人在场合下对这种抉择的"推定"也是根据其自身对权利人一贯之行为倾向的了解作出的。因为利益总是不能离开一定的主体的，即不存在没有主体的利益，而对于一个利益主体来说，除了"有用性"以外，利益还必须具有"可得性"，否则人能够想到的一切都将成为他的利益。所以，在这种"二选一"的情况下，利益只有一个，即便行为人代表权利人作出的抉择是错误的，存在也只是单纯的"法益损害"，而非"法益冲突"，虽然所有的选项都有可能称为权利人的利益，但真正的利益只有一个。而在"为其他人利益而进行的推定"之场合，决定性的要素也并非权利人损失的利益和受益者获得利益之比较，关键问题同样在于行为人是否是根据自身对权利人一贯之行为倾向的了解来安排自己的行为的，只不过了解的内容不是权利人在面对"鱼和熊掌"时会如何选择的问题，而是权利人为了某个特定的受益者损失某项利益对他来说是否是"微不足道"的。

第四，从实际效果来看，将依推定的同意之行为视为"阻却构成要件事由"而非"违法阻却事由"可以避免对其无法进行正当防卫的情况。如甲、乙、丙三人同住一屋，关系均非常密切，基于这个原因，甲长期从经济宽裕的乙处私自拿钱，乙也对这种行为表示认同。一日，乙对丙说，他其实不喜欢甲这样做，但碍于情面不好开口，麻烦丙找个机会把这个意思转告给甲。一日，乙因工作出国几个月，且因工作原因，无法联系。期间，一日甲又在乙的房间私自拿钱，恰逢丙回家，遇见这一幕。丙见状便将乙的想法告诉甲，让其停止这种行为，甲不信，两人遂起争执。在此，甲的行为成立依推定的同意之行为应该没有太大问题，那么丙对甲能否进行正当防卫？如果将甲的行为理解为能够阻却违法性的话，那么丙的行为就无法成立"正当防卫"，这显然不太合乎情理，而将甲的行为视为仅仅阻却构成要件符合性而非阻却违法性，既可以使甲尽早远离刑罚，又可以将丙的行为认定为"正当防卫"[①]。

当然，在此还有两个问题需要说明：首先，说在依推定的同意之行为中不存在"法益侵害"，仅仅是从刑法意义上作出的判断，因为就刑法上的构成要件进行法益的分析不可能也不必要去研究该"法益"在其他部门法中的意义（原因在上文中讨论"法秩序的统一性"时已经给出），换言之，本书只需要论证的是这类行为不符合刑法上的构成要件，以排除刑法干预权的介入。其次，虽然本书主张依推定的同意之行为属于"构成要件阻却事由"而非"违法阻却事由"，但于此处，仅仅是否定了其属于"违法阻却事由"，至于其能否阻却构成要件符合性，需要结合构成要件的核心概念——"法益"进行讨论。

[①] 其实，包括依推定的行为在内的各种符合"被允许的风险"这一规范结构的行为，都能被视为阻却构成要件符合性而非阻却违法性。例如，由于驾驶汽车能带来各种各样的好处，故而只要遵守相应的安全规则，人们就一般地允许驾驶汽车，因而阻却构成要件符合性，只要遵守一定的行为规范，即使造成损失，也不被认定为构成犯罪。但在具体的利益衡量情况之下，汽车驾驶根本无权获得一种优位的待遇，即无法成为违法阻却事由。

第二节　依推定的权利人同意之行为属于"构成要件阻却事由"

如前所述,"构成要件源自规范,而规范则源自法益"。法益在刑法研究中的核心地位来自两方面的原因:一方面是因为作为构成要件之保护对象的"法益"是一个在解释刑法条文规定含义时所倚重的概念;从另一方面来说,法益概念及其相关理论还承载着支撑犯罪论体系与批判该体系的重要功能。[①] 因此,对于任何一个"构成要件阻却事由"而言,都必须从否定存在实质的法益侵害之角度来阐明其得以出罪的理由,依推定的同意之行为也不能例外。

一　法益概念的演进史

(一) 启蒙思想下的犯罪概念

中世纪的欧洲,教会所代表的神权往往与封建政权紧密结合在一起,并处于社会中的统治地位,在这样的条件下,统治阶级为了维护神学的权威性,以便更好地奴役与愚弄普通民众,认为所谓的犯罪就是亵渎上帝等神灵,从而用残酷的刑罚作为手段对一切违反教规教义的行为进行处罚,并且这种处罚往往带有极大的恣意性,教会的信条、《圣经》的记载等都可以成为科处刑罚的根据[②],17、18世纪欧洲国家的刑事司法便深陷于这种宗教的神权观念之中。为了使人们对国家与社会有着更好的理解,自然法学者们先后提出了与社会契约有关的学说,其早期的代表人物主要有格劳秀斯(Grotius)和普芬道夫(Pufendorf),他们提出规范人类行为的准则不再是神的意志,而是人类自身为追求共同福祉而出于理性的意志自由之约定。在此基础上,孟德斯鸠(Montesquieu)、贝卡里亚(Beccaria)等学者批判了当时的刑事法,并提出罪刑法定、罪刑相当等原则,在这些论述

[①] 参见[英]安德鲁·冯·赫尔希《法益概念与"损害原则"》,樊文译,载陈兴良《刑事法评论》第24卷,北京大学出版社2009年版,第188页。

[②] 参见李永升《犯罪论前沿问题研究》,中山大学出版社2009年版,第1—2页。

中，无不渗透着社会契约的元素，如贝卡里亚就认为，人类诞生伊始，无所谓国家也不存在法律，而是过着离群索居的生活，在经历了无止境的战争折磨后，无论是胜利者抑或是失败者都不能享有一份长久的和平与自由，为此，人们将自己的一部分自由贡献出来，并将其集中成为国家的公权力，以便能够在平和的状态下最大限度地享有剩下的自由，于是国家的公权力就负有保存及管理这些集合起来的自由的义务，当有人试图非法夺回已经贡献出的那部分自由甚至霸占他人的自由时，国家便需要产生出一种能够阻止这类行为的"易感触的力量"，这些力量即是规定在法律（刑法）中的刑罚。至于人们交由国家保存和管理的那部分自由在个人所拥有的全部自由中的比重，贝卡里亚认为，这并非是越多越好，而是应当尽可能地少一些，理由在于：其一，这部分自由本就是每个个人从自己原有的自由中贡献出来的，那么个人希望这份自由越少越好乃是人之常情；其二，从社会控制与管理的角度来看，这部分自由构成了国家刑罚权的基础，而刑罚的适用与社会控制与管理的成败之间绝非存在简单的正比例关系，具体而言，只要能够使每个公民得到公权力应有的保护就足够了，如果集合起来的自由以及建立在此基础之上的刑罚超过了这一需要则会导致所谓的"擅权"，这将成为产生不公正的隐患，从这个意义上说，刑罚越公正，国家为公民提供的安全保障就应当越全面，同时，公民个人所保有的那部分剩余自由也应当更加丰厚。① 换言之，人类社会的目的就在于保障其成员之安全生存的基本条件，为了达到这一目的，一方面要求每个成员都不损害这些基本条件；另一方面也设立一个制度来监督成员间的行为，以尊重个人的生活领域使之免受他人的侵害或威胁，这个制度就是国家。因此，国家只有在其人民安全生存之基本条件受到侵害或者威胁时，才被允许动用刑罚，亦即"公共福祉是刑罚的最大目标"。而为了达成这一目标，就需要每个人都有权要求他人尊重其权利，并且相应地，要尊重其他人的权利，而国家也有维护自身稳定运行的权利，唯此，才能实现其保障人民安全生存之基本条件的目的。这种将国家目的与刑法相结合的做法，一方面使得国家权力受到限制，因为国家刑罚权的发动受到了制约；

---

① 参见［意］贝卡里亚《论犯罪与刑罚》，黄风译，中国法制出版社 2005 年版，第 11—12 页。

另一方面也证立了国家权力的正当性,使得每一次的刑罚发动都有充分的理由:促进公共福祉。

(二)"权利侵害说"与"财侵害说"

把犯罪的实质从触犯神的权威转向构建人类社会的真实条件这一世俗化的概念,不能不说是一种进步,但是作为这种真实条件之载体——人或国家的权利——太宽泛了,这导致了国家深度干预人民生活的局面并未得到大的改观,尤其是在规定了大量"轻罪"的警察法中,从经济秩序、义务教育到服装仪容、贫困救济等,都属于"公共福祉"的范畴。面对这种情况,费尔巴哈提出,在确定国家存在之目的时,不能从经验的方法中寻找诸如"追求共同幸福"之类的答案,而必须从康德哲学的角度出发,以先验理性的观点看待国家的目的,对此,他说道:"个人意志和力量的结合与保障所有人的交换自由构成了市民社会。一个接受集体意志并通过宪法组织的市民社会便是国家。国家的目的就是建立法状态,也即建立符合法规则的人的共同存在","刑法的发展史本身并没有成为一个服务于生活的科学或者服务于立法的可靠的基础","任何形式的违法都是与国家目的相违背的"。[①] 因此,在费尔巴哈看来,犯罪理论的基础仍然在于社会契约论,但是其内涵已经发生了很大的变化,"促进公共福祉"不再是国家的目的,维护国家及其公民的权利本身即是目的。换言之,在贝卡里亚等人看来,侵害国家及个人权利的行为是刑事犯,没有侵犯上述权利而只是有碍于"公共福祉"的行为是警察犯;而在费尔巴哈那里,前者是直接侵害权利的行为,而后者是间接侵害权利的行为,"构建人类社会的真实条件"已经被逐出了国家目的之领域。尽管根据费尔巴哈的学说,大量行为被排除在警察法之外,但是,其在风化犯方面却显得十分保守:他受到保守思想的影响,不愿意一举废止风化犯罪,就将其解读为对他人有影响的人与人之间的互动,然后冠以(间接的)权利侵害之名,将其保留下来。然而,一个违反公序良俗的行为,只要尚未达到对外在和平的干扰,对其进行刑罚干预就显得不无疑问。自费尔巴哈以降的德国学者一方面主张由于自由主义国家观是反对神权统治的产物,而当其反对的

[①] [德]安塞尔姆·里特尔·冯·费尔巴哈:《德国刑法教科书》,徐久生译,中国方正出版社 2010 年版,第 26—27 页。

对象业已消失的情况下，便不再需要借助这一观念来反对现行法律；另一方面，由于不同的哲学体系也都强调运用自己的"绝对真理"来解读法律，这就极大地影响了法律的安定性，因此他们认为法学研究不应当忽略民族精神与民族特性，因为人民不懂深奥的法典，而只懂传统的规范。根据萨维尼（Savigny）的观点："法律没有普遍的适用性，它反而只是各个民族自身特殊的产物与表现。因为这个民族及其法律的真正精神与性质是在历史的长河中无意识地形成的，所以，想要认识和把握它，也只有通过历史的方式去追溯、辨析和挖掘。"① 这样的观点极易被解读成：只要是现行法中的规定，或多或少都有些正当性，否则它也就不会成为"民族自身特殊的产物与表现"，因而容易将犯罪的概念形式化。

对于上述观点，另一位德国刑法学者毕尔巴模（Birnbaum）认为仍然应当从实质上研究犯罪的概念，但这个实质的概念不能是先前费尔巴哈所说的"权利侵害"。因为一方面，"费尔巴哈的犯罪概念虽然符合传统的谋杀或者盗窃等犯罪形式，但决不适用于'违背伦理道德和宗教原则行为'的犯罪"②。因为风化犯罪或宗教犯罪侵犯的既非个人利益又非国家利益，从而"权利侵害说"显然无法说明所有类型的犯罪。另一方面，权利本身并不会被侵害，当人们说自己所有的某物被夺走时，指的并不是所有权本身被夺走了，而是说作为其权利的内容被侵犯，这一权利内容即被称为"财"（Gut）③，"'侵害'这一概念，依自然意义不是与权利，而是与'财'有关"④。这即是毕尔巴模的"财侵害说"，根据这一学说，不但可以解释私事犯（侵害个人的财）与国事犯（侵害国家的财），而且也可以合理地解释风化犯与宗教犯，因为对于民族整体来说，某些风俗或者宗教有着积极的正面意义，因而这种意义可以被称为"民族公共财"，这种财作为"个人财"与"国家财"之外的第三种"财"，也应当在国

---

① 付子堂：《法理学高阶》，高等教育出版社2008年版，第90页。
② [美] 马库斯·德克·达博：《积极的一般预防与法益理论——一个美国人眼里的德国刑法学的两个重要成就》，杨萌译，徐久生校，载陈兴良《刑事法评论》第21卷，北京大学出版社2007年版，第456页。
③ 也有学者将"Gut"一词翻译为"益"，参见杨萌《德国刑法学中法益理论的历史发展及现状述评》，《学术界》2012年第6期。
④ 钟宏彬：《法益理论的宪法基础》，元照出版有限公司2012年版，第32页。

家生活中受到普遍保护。可以看出,毕尔巴模的学说兼具个人主义与反个人主义的特征:一方面,他坚持以"前实证法"的观念来理解犯罪;另一方面,他又在个人财与国家财之外,创设了来自于民族独特发展历史进程中的"民族公共财",但这并没有彻底解决风化犯与宗教犯的问题,相反,在费尔巴哈的理论中尚且还显得有点"犹抱琵琶半遮面"的风化犯与宗教犯,在毕尔巴模的犯罪概念中由于披上了"民族公共财"的华丽外衣而被"扶正"了。当然,并不是说有伤风化的行为在任何时候都不能作为犯罪来处理,只是如果仅仅基于"民族精神"等集体价值观的原因,最终便可能导致国家权力的恣意。

(三) 黑格尔学派与耶林对法益概念的推动

"财侵害说产生后首先遭遇了黑格尔学派,在黑格尔学派刑法学中,'法的财'的概念丧失了重要性","黑格尔指出,个人的意志是一种特殊意志,与作为自在的、普遍意志的法并不总是一致的,假如个人的特殊意志与法的精神背道而驰,就是不法","犯罪的本来的客体即犯罪所侵害的是普遍意志、是作为法的法、是具体意义上的自由的定在"。[①] 黑格尔学派的代表人物之一克斯特林(Köstlin)区分了"犯罪自身的客体"和"犯罪表示的直接对象",这被视为是在现代意义上区别保护客体(法益)与行为客体的开端。而该学派的另一位代表人物许策(Schütze)则进一步将"客体"区分为"法律上的客体"(即"法秩序"的整体),"实际上的客体"(即"作为法秩序的具体构成要素的各个法的关系,或者由刑法所保护的法关系而个别化的法秩序")以及"单纯作为外部的客体"(相当于现代刑法概念中的"行为客体"),这与现代刑法的相关论述已经非常接近了。[②]

利益法学派的代表人物耶林(Jhering)则认为所有生命体的存在与发展都是有目的的,这一点无论在作为个体存在的个人,还是由个人所组成的社会那里都是一样的,因为社会作为人类存在的基本形态,能够被赋予一定的人格,从作为个体的个人之角度来看,其目的在于实现自身的幸

[①] 张明楷:《法益初论》,中国政法大学出版社2000年版,第22—24页。

[②] 参见[日]伊东研祐《法益概念史研究》,秦一禾译,中国人民大学出版社2014年版,第47—48页。

福生活，而依社会的立场而言，其目的则应当是保护社会基本生活的整体条件，而法律（刑法）所规定的刑罚措施正是实现这一目的的两大手段（另一手段是存在于经济交易中的报酬）之一。在此基础上，耶林又将（广义上的）社会细分为国家、个人及由不特定的多数人所组成的狭义社会，因此，法律的目的便应当在此几者之间形成一种平衡。同时，法律用来保护这些价值的手段和方法不可能是一致的和一成不变的，而必须同当时的需要和一个民族所达到的文明程度相适应。[1] 刑法与其他法律一样，都是保障上述"社会基本生活的整体条件"，并且是最后可用的手段，亦即是从立法者的观点来看，抵御危害社会生活条件之行为的最后手段。耶林的这种利益法学对后述李斯特的思想产生了极大的影响。

（四）宾丁的"状态说"与李斯特的"利益说"

宾丁从他的规范理论出发，认为犯罪行为所违反的并非是刑罚规范本身，而是隐藏于其后的行为规范，这些行为规范在逻辑上是先于刑法条文而存在的，其存在之目的则在于保障自由与健全法律生活的先决条件，对它们的侵害就使得一个行为成为犯罪。这些条件在毕尔巴模那里被称为"财"（Gut），而在宾丁这里则被称为"法益"（Rechtsgut，可以被理解为"法的财"）。一般认为，宾丁是最早提出"法益"这一概念的学者。具体而言，宾丁指出，规范的任务与国家的目的一样，都是保障自由与健全法律生活的先决条件，这些条件在事实层面上就体现为一定的人、物及状态，这些东西极有可能受到社会越轨行为的攻击，因此需要法律规范的直接保护，从而也就成了"规范的客体"，同时这些东西对于"自由与健全法律生活"来说还应当具有"有益的性质"，宾丁将这种性质称为"法益"。规范之所以禁止某种行为的出现，是因为行为前的状态是与个人自由以及法共同体的健全法律生活是一致的，而被禁止的行为则可能破坏这种状态，因此这种"与个人自由以及法共同体的健全法律生活相一致的状态"即是上述"有益的性质"，亦即"法益"，换言之，"法益"在本质上体现为一种状态，其本身不是权利，而只是权利的事实条件，立法者制

---

[1] 参见［美］E. 博登海默《法理学、法律哲学与法律方法》，中国政法大学出版社2004年版，第114—115页。

定规范的目的便在于对这些事实条件予以保护。① 同时，宾丁强调，将什么样的状态或事实条件确认为法益以及刑法中具体的构成要件保护的是何种法益，应当是立法者根据自身的价值判断予以决定的，立法者基于自身的伦理限制而进行的价值判断是将某种状态或事实条件上升为"法益"的唯一标准。② 因此，宾丁的法益概念具有以下特点：第一，立法者不受约束，因为特定的状态对于法共同体来说是否具有价值，这完全是立法者的事，这与在其所处的年代大行其道的"法实证主义"思想所蕴含的"立法者万能"的假设是一致的。第二，由于立法者的眼光总是着眼于法律生活的共同秩序，因此其所做出的价值判断虽然也会保护个人的法益，并且在某些场合下，也总是会考虑个人的意志来决定是否需要保护其某个法益（如存在"权利人同意"的行为），但这些法益归根结底还是整体的法益。易言之，在宾丁的法益概念里，没有个体的法益，只有整体的法益。第三，宾丁的法益概念表现出了浓厚的形式自由主义色彩。一方面，由于明确了法益只能是"对于法共同体具有价值的健全生活条件"，因而刑法不能处罚思想以及单纯违反义务的行为，而必须存在外在世界的客观变动，这一点维护了刑法的客观立场，因此具有自由主义的一面；另一方面，由于对哪些"外在世界的客观变动"属于法益侵害完全取决于立法者的判断，因此，此时的法益概念沦为了一个价值内涵一片空白的形式概念，根本无从控制立法者，或曰没有提供任何价值体系来指导立法。③ 第四，宾丁的法益概念具有强大的诠释功能，但有混淆法益与规范效力之嫌。宾丁从其规范理论出发，把体现为人或事物的物质以及包括诸如意志自由等在内的非物质对象的状态作为法益，这些对象所处的状态在现实生活中可能被社会越轨行为所损毁或降低价值，即造成损害④，从而法益侵害就体现为一种"状态的改变"，即将"规范被遵守的状态"改变为"规范不被遵守的状态"，正是在这个意义上，其法益理论被称为"状态说"，

---

① 参见张明楷《法益初论》，中国政法大学出版社 2000 年版，第 31 页。
② 参见苏青《法益理论的发展源流及其启示》，《法律科学》2011 年第 3 期。
③ 其实，站在宾丁的角度来看，"不能指导立法者"这种"缺陷"谈不上是"缺陷"，反而是其理论"优势"，因为"法实证主义"思想下的立法者根本不需要"指导"。
④ 参见杨萌《德国刑法学中法益概念的内涵及其评价》，《暨南学报》（哲学社会科学版）2012 年第 34 卷第 6 期。

这相较于"权利侵害说"或"财侵害说"而言，都具有强大的诠释功能。但是，如此做法无疑混淆了法益与规范效力，因为这样一来，刑法似乎只是在保护"规范被遵守的状态不受改变"，而非法益。同时，这种具有高度弹性的形式自由主义下的法益概念，极易将专制法律思想整合进去，这也许是宾丁所始料未及的。

李斯特（Lizst）不满意于宾丁仅仅从实证法的角度来探讨法益概念，而试图沿着从前述耶林的道路，在法律之外的领域寻找答案。他指出：所有的法律都应当为了人类而存在，无论是个人利益还是整体利益都应当通过立法者所制定的法律条文而受到保护，甚至获得发展，这种由法律所保护的利益被称为"法益"，对法益的保护即是法律的本质与目的，但是对"什么是法益"以及"为什么这一构成要件保护的是此法益而非彼法益"这类问题的回答，本身并不能通过抽象的法律逻辑的推导而得出，毋宁说应当从另一个学科（如政治学、社会学、刑事政策学等）向规范法学领域进行推导，并且也只有通过其他学科的知识方能证明某个利益作为法益的正当性。① 同时，法益概念的发现可以有效地限制国家发动刑罚的恣意，原因有三：其一，法益概念的明确可以使得刑罚的发动具有客观的依据，因为只有对于（就特定时代的民众而言）基本生活条件进行侵害的行为，才能受到刑罚的处罚；其二，法益也是量定刑罚的重要尺度标准，因为刑罚是通过干涉不法侵害人的利益来保护法益，这一目的思想必然要求作为手段的刑罚强度必须以其所希望保护的法益状况为基准，在这个意义上，只有必要的刑罚才是正当的；其三，所有法律的目的都是保护法益，但刑法与其他部门法在这一问题上进行区分的主要依据并非所保护的法益种类不同，而是保护手段不同，具体而言，刑法由于作为其法律后果的刑罚具有巨大的力量，因为，如前所述，它是"通过干涉不法侵害人的利益来保护法益"的，因此国家应当尽可能地避免刑罚的发动。对于李斯特的法益概念而言：第一，其并非是源自法学领域自身，而是从其他领域向法学领域的概念扩张。因为所有的法律都为了人类的利益而存在，当这些利益透过法律条文的制定而受到保护时，即被称为"法益"。② 由

---

① ［德］李斯特：《德国刑法教科书》，［德］施密特修订，徐久生译，何秉松校订，法律出版社 2006 年版，第 6—7 页。

② 钟宏彬：《法益理论的宪法基础》，元照出版有限公司 2012 年版，第 51 页。

于李斯特的法益概念中透露着浓厚的来自耶林的利益法学思想，因此，也被称为"利益说"。第二，李斯特的"利益说"相较于宾丁的"状态说"，不仅可以保证刑罚发动条件的客观性，而且可以起到实质限缩刑罚发动的效果，因为只有将一个来自法学领域之外的其他领域的概念（利益）作为法律之目的时，才有可能对国家权力作出限制。第三，严格区分法益和行为客体。"李斯特的理论学体系，是根据犯罪独特的二元论观念建立的。犯罪行为对他来讲首先是实在的、有意识的，并且是希望作为外界变更的行为。"[1] 他将这种行为的对象称为"行为客体"，这种和法益是严格区分开来的，因为法益是受法律保护的人的利益，而人的利益又不可能脱离作为主体之人的评价而独立存在，因此，"法益不是将犯罪看作是外界的经过，作为法侵害考察时初次进入视野。在这个法侵害的领域中，因果性的范畴的适用是不允许的"[2]。第四，出现了法益概念精神化的倾向。既然法益只是概念或者价值观念，属于本体界或理念的世界，那么就不会被存在于现实世界的行为所侵害，因此，所谓"法益侵害"只是形象的说法，只存在于精神世界之中。然而这样的理解无疑是走了自毕尔巴模以降对犯罪本质理解的回头路，因为无论是"财"（Gut）还是"法益"（"法的财"，Rechtsgut）的提出，都是针对费尔巴哈之"权利侵害说"将犯罪本质完全诉诸哲学的观念而脱离了社会实际的做法，而将法益概念精神化的做法，等于是将毕尔巴模和宾丁等人从纯粹哲学世界中"拯救"出来的犯罪本质又重新推了回去。

（五）霍尼希的"目的论"和沃尔夫的"文化财"

在李斯特之后，为德国刑法学发展提供哲学理论支撑的是新康德主义思想，其代表人物之一文德尔班（Windelband）提出：探求作为自然事实存在的关于宇宙的真理性知识与探讨属于非现实的价值世界的人生价值观念是哲学的两项基本任务。对于后者来说，其涉及的主要是在认识活动中作为主体存在的人对于认识对象的把握与评价，而非作为自然现实而存在的对象事物本身。在此处，人自身的感情与意志成了其对于客观事物所持

---

[1] ［日］伊东研祐：《法益概念史研究》，秦一禾译，中国人民大学出版社2014年版，第75页。

[2] ［日］伊东研祐：《法益概念史研究》，秦一禾译，中国人民大学出版社2014年版，第75页。

态度的关键。然而,这样的做法会使得人类的认识活动极其容易陷入"相对主义"的深渊,为了避免这种结局,文德尔班求助于康德的实践理性的学说,提出了一种"普遍价值"理论。他认为虽然作为个体而存在的每个社会成员自身的是非好恶并不完全相同,有时甚至处于相互冲突的态势,但从根本而言,在每个人的内心深处都存在一种先天的"普遍意识",从而导致人们就自身所存在的世界形成了某些先验的"普遍价值观念",康德将其称之为"绝对命令"或"良心"。正是因为这些"先验的普遍价值观念"作为人类认识与评价自身所处的世界的共同准则,其交互行为才能得到最低限度的协调。[①]

新康德主义思想对于霍尼希（Honig）的法益概念有很大影响：对于霍尼希来说,立法者就是从事人文科学研究的主体,研究对象是法律生活这种文化现实。所有的法律都为了保护这些东西而限制人民的行为,立法者从复杂多样的人类社会生活中,节选出要以法律加以规制的行为时,必须要以人类社会生活中"先验的普遍价值观念"作为标准,这里的"先验的普遍价值观念"应当是指深深地植根于人民意识中的民族文化,在这个意义上,体现在这种民族文化中的共同价值便是刑法条文的保护客体,亦即"法益"。而当人们以"法益保护理论"来观察刑法时,其意义不过就是将立法者于个别条文中所认定的目的,以最精简的语言表达出来,因此"法益"（或曰"保护客体"）只是专业法学的概念建构产物,它自身并不存在,只是作为人们的共同价值在刑法条文目的中的体现时,它才获得生命[②],由此,霍尼希的法益概念也被称为"目的论的法益概念"。换言之,他认为法益概念应该被视作刑法规定中所包含的立法目的这种观念性存在,显然,霍尼希与李斯特一样,对法益概念采用社会科学的观察方法,并认为因果法则只能适用于行为客体,而非"法益"。[③] 可以看出,霍尼希的做法是一种将法益概念纯粹形式化的方法,他放弃了对刑法的保护客体做出有约束力的实质性定义,而转向从立法目的出发予以建构,虽然这样能够根据立法者的见解解释各种犯罪,但却根本没有能力

---

① 参见夏基松《现代西方哲学》,上海人民出版社2009年第2版,第86—88页。
② 参见钟宏彬《法益理论的宪法基础》,元照出版有限公司2012年版,第75页。
③ 参见杨萌《德国刑法学中法益概念的内涵及其评价》,《暨南学报》（哲学社会科学版）2012年第6期。

说明犯罪本身应当具有的内涵，因此受到了猛烈的批判。

为了避免将精神化的法益直接等同于法律规范的目的而受到的批判，沃尔夫（Wolf）等人站在"文化财"的基础上，对法益概念作出了新的解读。当然，提出"文化财"这一概念的并非沃尔夫，而是里希特（Rickert）。他将价值分成三种样态。第一种是"个别的·主观的价值"，它只有在评价它的各个个体（个人）来讲时才是妥当的。第二种是"一般的·主观的价值"，它通过全体的主体来评价，在这个范围内，对全部的主体来讲，作为价值可以说是通用的。第三种是"客观的价值"，这里的"客观"意味着其对于全部的感觉主体的价值的非依存性。其中，只有第二种价值领域才能附着价值的实在的财的领域，这种"附着价值的实在的财"被称为"文化财"（Kulturgut）[①]，这种"文化财"是价值与现实世界的连接点，是"带有价值的现实"。据此，沃尔夫认为，当这种"文化财"被法规范所保护时便成了"法益"，对其的侵害就是"法益侵害"，这种侵害虽然发生在现实世界，但却不在因果法则支配与意义无关的自然界，而是在充满各种意义关联的文化现实里。既然法益侵害是文化现实中的事件，就不是自然界中有体的客体所受自然意义的损害，而是"纯粹法律上的结果"、是"特定法律状态的变动"。[②] 相较于霍尼希的"目的论的法益概念"，沃尔夫的学说显得与立法者之间保持了相当距离，因为作为其法益概念之基底的"文化财"是先于法律评价而存在于文化社会之中的共同价值，这种共同价值的存在，并不受立法者之立法活动的选择作用影响，而仅仅是在需要受到法律的保护时，才依赖于立法者的价值判断，而且立法者在进行这种价值判断时，势必要受到共同价值本身的制约，而不能像在"目的论的法益概念"那般"天马行空"，因此，这样的法益概念便不是纯粹形式化的。

但是，这样的做法仍然存在以下疑问：第一，在立法者所处的社会中是否真的存在这样一种"共同价值"，继而立法者所宣称的"共同价值"是怎样得出的？第二，以文化价值来奠定法益的基础，会导致刑法的道德化或伦理化。虽然现代刑法也被认为是多多少少与道德有些联系，但单凭

[①] 参见［日］伊东研祐《法益概念史研究》，秦一禾译，中国人民大学出版社2014年版，第142—144页。

[②] 参见钟宏彬《法益理论的宪法基础》，元照出版有限公司2012年版，第80页。

"文化价值"等字样,实在是难以在两者之间划出一道较为明晰的界限。第三,以新康德主义为哲学根基的法益概念,无论是霍尼希的"目的论"抑或是沃尔夫的"文化财"在以后的日子里面对实证立法是多么地缺乏批判功能已为历史所证明。[1]

(六) 沙夫施泰因和达姆的论战

随着纳粹党在德国国家生活中逐渐掌握政治权力,法益概念也开始受到不断的怀疑与诘难,甚至是严厉的批评与攻击。在此之前,虽然对"法益"这一概念的解释始终显得有些含混不清,但也正是由于这种"含混不清"才在相当程度上保证了法益理论(至少是在解释论意义上)的稳固地位。然而,随着纳粹党的登台,一切都变了[2],原因在于纳粹党所奉行的国家主义刑法学说认为:"维护民族价值是刑法的最重要的任务,而且维护民族价值与保护全体民族成员不是等同含义,因为民族是超越于个人之上的一种独特生命体。刑法必须维护民族从祖先那里作为遗产而继承下来的风俗,以免将来丧失其人种的基体;民族不是组织起来追求利益的利益社会,而是基于相互信赖而结成的共同社会。因此,犯罪不是李斯特所说的利益侵害,而是破坏了个人对民族所负责任的信赖;刑法的目的是维护国家主义体制,消灭反国家主义体制的人。"[3] 受到这种反动学说的影响,基尔学派的代表人物之一沙夫施泰因(Schaffstein)首先对毕尔巴模的"财侵害说"展开了批判,他认为"财侵害说"是把个人权利领域的自由主义观察法运用到国家和社会之上,把它们想象为虚拟的主体,便能享有法益,这与费尔巴哈以自由主义为基础的"权利侵害说"并无二致,因而违反了国家主义刑法理论对行为进行全民族的"整体观察"的要求,与将刑法作为"提升民族道德秩序"的手段也不符合。因此,沙夫施泰因主张不应再将犯罪定义为法益侵害,而应以纳粹主义的共同体思想来重构刑法,即将犯罪定义为"义务违反",从而使得行为人"违背对民族所负义务的心态思想"居于刑法体系的中心。后来,他对自己的

---

[1] 当然,这里面更多的是出于政治方面的原因,不可能要求主张新康德主义的法学家们以一己之力去对抗纳粹暴政,但是纳粹政权将自己的思想代入到新康德主义中去,进而获得了形式上的正统地位却是不容否认的。

[2] 参见杨萌《德国刑法学中法益理论的历史发展及现状述评》,《学术界》2012年第6期。

[3] 张明楷:《法益初论》,中国政法大学出版社2000年版,第77页。

观点进行部分修正：应该反对的不是法益概念自身，而是将这一概念绝对化，因为法益不是唯一决定不法内涵的元素，从而应当挖掘出其他共同决定不法内涵的元素，比如说：违背义务。另一位纳粹主义刑法学者达姆（Dahm）则认为：刑法的目的并不局限于保护具有实质内容的法益，而且也保护没有实质内容的法益，比如说在一些风化犯罪的场合即是如此。因此，从纳粹主义的共同体思想出发，不能得出仅仅存在具有实质内容的法益。[1] 从根本上来说，虽然达姆的观点与沙夫施泰因的学说有所区别，但是，其所依据的都是纳粹主义的共同体思想，这样一来，国家在社会政治生活中的定位与以往的学说相比，发生了翻天覆地的变化，因为国家不再是由公民个体所组成的简单的算术式集合，而是一个具有自身独立目的与人格的生命体，虽然在耶林那里，社会也有与存在于其中的个体所不同的目的（前者的目的在于保障"社会基本生活的整体条件"，而后者则专注于"实现自身的幸福生活"），但前者不能脱离后者而完全独立地存在，但此时的国家已经有了自己完全独立的需求与利益，并且能够在广度与长度上超越作为个体存在的公民个人，从而扩展延伸到过去甚至是将来。这样一来，刑法的任务就主要体现为对国家自身的保护，而与以往的"保护社会"没有太大关系[2]，从而个人自由便折服于以共同体为名的强权之下而致萎缩，接下来也就出现了我们所看到的众所周知的那个后果。

（七）赫尔姆斯·麦耶的"价值观念之客观化"和威尔泽尔的"真实法益"

19世纪30年代起盛行的新黑格尔主义对于第二次世界大战前后法益理论的发展都起到了相当的影响。新黑格尔主义者"把黑格尔的客观精神解释或为'人'或'自我'的主观精神，并把它与当时流行的生命哲学和海德格尔的存在主义结合起来"[3]，其中生命哲学的支持者认为："人的生活的特征，在于精神生活。……正是这种精神生活，构成了人的真正本质，使人超于自然之上。人与自然的区别，并不在于人不是由自然构成

---

[1] 参见钟宏彬《法益理论的宪法基础》，元照出版有限公司2012年版，第97—103页。
[2] 参见［德］G. 拉德布鲁赫《法哲学》，王朴译，法律出版社2005年版，第166页。
[3] 夏基松：《现代西方哲学》，上海人民出版社2009年第2版，第115页。

的，而在于人是以一种自然所给予的特定有限的存在形式，去接触一种普遍的超自然的生活。"① 而海德格尔（Heidegger）则认为："日常所说的现象并不显现自身，而只是呈报出某种不显现的东西，他将其称为'现相'。但现相并不首先显现，它总是包含在首先和通常显现着的东西中，并造就着它的意义和根据。存在者的存在就是这种隐藏不露的现相，它被遮蔽，甚至被遗忘，其意义无人问津。现象学的任务就是去除遮蔽，让人从显现的东西本身那里，如它从其本身所显现的那样来看它。"② 换言之，犯罪行为就如同"现相"，而"法益"则关乎这一行为在刑法上的"意义和根据"，据此，新黑格尔主义法学者主张"法律是在照顾文化的物质需要和精神需要，特别是法律的任务之一是保证物质文化，或者说保证对外界的控制，不使它变得不合情理而触犯道德生活的原则"③。

在这一法哲学思想的指引下，赫尔姆斯·麦耶（Hellmuth Mayer）提出行为是包括具有决定性意义的事项的个别要素意思的统一体。这个意思统一体，只有在向行为者意思的关系中才赋予，亦即犯罪必须作为在行为人意思的内涵上、在对民族的人伦秩序难以忍耐的矛盾上，必须作为主张外部世界效力的行为来把握。据此，刑法最终保护的并非是各个具体犯罪的"行为客体"（如杀人罪中的生命客体），而是在其后所隐藏的人伦秩序。此外，"法益"并不是受到刑法的全面保护，其受保护程度取决于立法者以"某一行为对人的内在的精神道德秩序所带来的侵害是无法忍耐的"为标准遴选出的"保护客体"。亦即"法益"这一概念的形成是以"保护客体"为前提的刑法规定所固有的动机，而"保护客体"则是以实定构成要件为前提的外在生活现实状态，从刑罚规定中形式地演绎的"保护客体"通常只不过是赋予动机的规范的"法益"的片断，同时，刑法对"保护客体"的保护总是显得为时过晚，而对于"法益"来说，则

---

① 常健、李国山：《欧美哲学通史（现代哲学卷）》，南开大学出版社2003年版，第106页。

② 常健、李国山：《欧美哲学通史（现代哲学卷）》，南开大学出版社2003年版，第246页。

③ 卓英子：《新黑格尔主义法学》，法律出版社2006年版，第15页。

不存在这一问题。① 可以看出，赫尔姆斯·麦耶之法益理论的特色在于，其将"法益"定义为"人类内在道德价值观念"，而将"保护客体"视为这种价值观念的"客观化"，究其原因，一方面在于其受到前述新黑格尔主义有关精神与存在之关系的影响，另一方面，他也试图在真实世界中找到法益侵害的"结果"。但是，他将"保护客体"视为"价值观念之客观化"的同时，将其理解为一种"状态"（与宾丁等人一样），而"状态"一词既可以被理解为独立于行为之外的客观事态，也可以被理解为行为规范被遵守的事实，这样一来，当某个违反规范的行为出现时，则"行为规范被遵守的事实"这一状态也必然被改变，规范的效力也同时受到损害，因此，其结果仍然无法区分结果不法与行为不法。

针对自李斯特之理论以降的"法益概念"日渐精神化的趋势，威尔泽尔提出了"法益是行为规范所保护的真实事物"的论点。他"将法益描述为心理物理学上的对象（如生命）、思想—精神上的对象（如名誉）、现实的状态（如住宅不受侵犯权），法律关系（如所有权）或者还有第三者的行为，等等"②，并且认为应当区分结果价值（法益）与行为价值，同时行为价值可以独立于结果价值。虽然大部分的构成要件首先被观察到的目的是保护社会中特定的生活财（法益），法益侵害即构成"结果非价"，但对于有些侵害法益的行为来说，刑法通常来得太晚，因此刑法便通过惩罚意在侵害法益的行为来保护"法益"，即借由惩罚行为非价来预防结果非价，如在不能犯的场合。据此，刑法的根本目的在于维护行为价值的实际效力，唯此才能提供长久且有力的法益保护，而单纯地强调结果不法（仅以结果面来判断不法），会造成刑法的功利主义化，并仅仅具有消极的吓阻功能，而无法发挥积极的社会伦理塑造功能。因而他认为："刑法法条的实体内容不是纯粹的法益保护，而是遵守法的观念价值；其中法益保护从本质上看，只是一种条件。"③ 在具体而言，威尔泽尔将刑

---

① 参见［日］伊东研祐《法益概念史研究》，秦一禾译，中国人民大学出版社2014年版，第175—179页。

② 杨萌:《德国刑法学中法益概念的内涵及其评价》，《暨南学报》（哲学社会科学版）2012年第6期。

③ 王安异:《法益侵害还是规范违反》，载赵秉志《刑法论丛》第11卷，法律出版社2007年版，第280页。

法规范区分为行为规范与制裁规范,"法益"是受行为规范保护的对象,也就是被禁止或受诫命的行为所真实影响到的东西,而行为规范本身之效力则受到制裁规范的保护。同时,绝大部分行为规范都有自己所保护的"法益",但并非所有的行为规范都是如此,如某些风化犯罪就不存在受到保护的"法益",还有受贿罪中的"公务廉洁性"也是一个行为价值,体现着"身为公务人员不得受贿"这一行为规范,但除此之外,其并未保护任何"法益"。但是,威尔泽尔又进一步将"法益"分为"静态的法益"与"功能性的法益",前者如生命、财产等,后者如名誉、居住安宁等。具体而言,"功能性的法益"是指他人合义务的举动,因此,"公务廉洁性"不是受贿罪的法益,却是行贿罪的法益。综合来看,威尔泽尔的法益概念最大的特点就在于其是一个与因果关系有涉的概念,因此他的法益概念被称为"真实法益",相应地,其在最初也就并未区分"法益"与"行为客体",但有时候这两者表现得明显不同,如在伪造公文的场合,故其在后期的论述中改变了这一看法。①

威尔泽尔的"真实法益概念"改变了将主观因素与客观因素、行为不法与结果不法统统塞入"法益"概念的混沌做法,避免了"法益"一词陷入了概念上的"黑夜",这一点是值得肯定的,因为当人们说刑法的目的在于保护"法益"时,将所有希望被刑法所保护的东西都称为"法益"(或其组成部分),那么这样的"法益"概念必将吞噬一切,最终因为其外延过宽而沦为一个空洞的物体,正如同霍尼希提出的"目的论法益概念"一样,将"法益"等同于刑法条文的目的,无异于什么都没有说。但是威尔泽尔的学说依然存在下述问题:第一,除了"与因果关系有涉"这一标准之外,威尔泽尔也并未对"法益"概念进行过多的限制,因此,任何可能被某一行为所现实影响的东西都有可能被称为"法益",这显然不能满足法治国家对于刑罚发动条件的限制要求。第二,"公务廉洁性"这类所谓的"功能性的法益"也存在问题,因为他认为"功能性的法益"是指他人合义务的举动,但这也仍然只是行为规范被遵守的效力状态,易言之,这时的行为规范也没有保护任何"法益"。第三,威尔泽尔将"违法性"的判断完全诉诸行为不法,而将结果不法完全消解于行

---

① 参见钟宏彬《法益理论的宪法基础》,元照出版有限公司2012年版,第110—114页。

为不法之中，一方面使得既遂与未遂的区分存在困难，另一方面也不可避免地造成了刑法的道德化。

（八）二战后"法益"理论的进一步发展

第二次世界大战结束后，随着纳粹反动统治的结束，迈兹格、威尔泽尔等学者相继修正了各自关于法益概念的部分学说，同时也出现了一些新的观点。其中较为著名的有所谓的"弗莱堡"学派诸学者的观点，该学派继续以新康德主义为法哲学根基，采取社会行为论，因此在"法益"概念的建构上，也不免与之前主张新康德主义的观点一样，具有将这一概念作精神化理解的倾向，如耶赛克认为：由于"法益"这一概念体现的是全社会的安全、幸福及尊严，因此应当被理解为法所保护的社会秩序抽象价值，由于这些价值对于社会的"有益性"，法律才将其分配给各个法益主体，因此对法益不能作自然实在性的把握。其弟子施密特豪伊泽则认为："法益"就是指国家机关必须以法的效果对其受侵害做出反应的观念上的"财"，即发端于具有某种价值的尊重请求。① 施密特豪伊泽的弟子朗格（Langer）则强调"法益"一词，在接受通过法秩序的规范性保护时，即成为"保护客体"，是作为法共同体的某种社会状态的特别的价值性。② 可以看出这类观点的共同特点就是将"法益"这一概念理解成一种思维上的建构，其自身不会在物质上受到损害，是一种精神上的实现。因此，之前有关"法益精神化"的评述都可以对之适用，故在此不予展开。这一部分只粗略地介绍耶格尔（Jäger）、萨克斯（Sax）以及罗克辛三位学者的观点。

耶格尔认为"法益"是一种有价值的状态，这种价值状态可能被人类的行为改变，因此也可能透过刑法来保护免于这些改变。换言之，"法益"就是可能被侵害因而也就可能被保护的状态。他反对将刑法用作不理性的社会情绪反应工具，也反对用刑法控制和管理个人生活，刑法只能用于维护对人类共同生活有价值的状态，并且"具体构成要件中的法益"应当要明确可知且具有稳定的范围。同时，正因为"法益"是对人类共

---

① 参见张明楷《法益初论》，中国政法大学出版社 2000 年版，第 103—105 页。
② 参见［日］伊东研祐《法益概念史研究》，秦一禾译，中国人民大学出版社 2014 年版，第 249 页。

同生活有价值的状态,因而对这一状态的保护也就成了刑法的唯一正当目的,在这个意义上说,"没有法益保护就没有刑法规范"。在确立自己的"法益概念"的同时,耶格尔也对"目的论的法益概念"及"真实的法益概念"提出了批评,对于前者而言,由于其偏离以实质的、社会现实为导向的理念来理解"法益",这便失去了客体性质而只剩下纯粹的抽象的价值因素;对于后者来说,其存在的问题则刚好相反:它太具体了,以至于无法用作概念建构来使用。因为"法益"不是具体的、感官可察觉的东西,而毋宁是来自经验,并且已经从其载体(人或物)中独立出来的抽象化,于是"法益"必须与具体犯罪行为所侵害、影响的客体明确区分开来。据此,"法益"这一概念必须既不能太具体也不能太抽象:一方面其要抽象到刚好可作为概念建构之用;另一方面又要具体到能与特定的构成要件连接。①

耶格尔的观点所存在的问题恰好位于其引以为自豪的地方:他要求"法益"概念必须在抽象与具体之间保持一定的折中,但却没有给出如何进行折中的办法,所谓"既不能太具体也不能太抽象"只是一种经院哲学式的态度,在面对一个具体犯罪,如非法剥夺他人生命时,这个"既不能太具体也不能太抽象"的"法益"到底指的是什么?退一步说,即便可以在抽象和具体间达成某种一致,然而耶格尔将"法益"定义为"对人类共同生活有价值的状态",应该说,如果不能对这种价值本身进行明确而有效的说明,则势必回到新康德主义的老路上去,从而无法对抗立法者的恣意,所不同的只是在耶格尔的"法益"概念中多了一个不痛不痒的要求:不能太抽象。

因为耶格尔并没有完成从前实证的角度对"法益"概念进行实质性界定的任务,因此其后的萨克斯站在刑法与德国基本法(相当于其宪法)之关系的角度,继续讨论该问题。他指出:刑法典将在其之上所构成的"法益秩序"作为总体所形成的各种法益进行保护,视为刑法的目的。这一"法益秩序"与基本法的价值秩序之间具有相一致的关系。基本法的价值秩序,具体体现在与一切国家的、法的活动相关的、形成抽象的框架的各种法原则中;刑法的"法益秩序"则是基本法的价值判断在

---

① 参见钟宏彬《法益理论的宪法基础》,元照出版有限公司2012年版,第125—127页。

刑法中的具体化，这种具体化的方法是将侵害类型的价值的人的行为规定成"法定的构成要件"，从而在法律上体现对"法益"的保护。也就是说，具体的刑罚法规的形成，必须考虑与基本法的价值秩序相接近的目标，这种接近的目标与各刑罚法规的"法益"相对应。但是，由于"刑法的法益秩序"与基本法的价值秩序处于不同的作用平面上，因而两者也只是在部分领域即生命、自由、身体的完整性、名誉、所有（权）这样的事先被赋予的社会伦理的诸价值的核心领域，才是一致的。而对国家的安全的犯罪，对司法运作的犯罪以及对风俗的犯罪的"法益"，在基本法的价值判断上并没有形成价值，即处罚这些犯罪所要保护的并不是基本法上的价值秩序。[①]

萨克斯将"法益"的前实证标准诉诸之基本法的规定，即"法益"的内容即便不是位于宪法之前的也是位于刑法之前的，这一点值得称道，然而其将国家安全、司法运作以及善良风俗都逐出"法益领域"的做法却值得商榷，因为从实然的角度来说，包括世界各国在内的刑事立法基本上处罚对国家的安全的犯罪和对司法运作的犯罪，并且绝大多数国家也多多少少将某些侵犯善良风俗的行为作为犯罪而予以处罚，从应然的角度来看，一个国家若要实现社会伦理的诸价值的核心目标，就不可能对这些行为置之不理，这样一来，刑法的目的就不可能仅仅是"保护法益"，而萨克斯又没有给出刑法的其他正当化根据。而且，虽然宪法和刑法都是为保护公民而制定的，然而其实现方式明显不同，前者针对的主要是国家，而后者则是针对公民个人，从约束国家的规范价值中如何能为约束个人的规范提供正当化的根据，不是简单的"基本价值相一致"能够解决的。

相较于萨克斯的观点，罗克辛则从"国家的所有权力都来自人民"这个法治国的基本命题出发，认为国家只允许追求世俗的任务，一方面不允许实行神的或其他超验的目的，另一方面也不得以改善成年人的道德为目标。为此，国家的任务只能被设定为建立并维持生活于该国范围内的国民进行最基本的平和生活所需要的全部条件，为了实现这一任务，国家可以拥有多种方法与手段，既可以包括强制性的，也能够包括非强制的，在所有强制性手段中，其具体的强制程度也能够存在差异，刑法即是其中最

[①] 参见张明楷《法益初论》，中国政法大学出版社2000年版，第111—112页。

具有强制性的方法与手段,但当公权力在运用这种强制性时,当然不能背离国家存在本身之目的,具体而言,在人类社会所处的不同时空条件下,"国民进行最基本的平和生活所需要的全部条件"会体现为多种价值状态,这些状态便被称为"法益",面对侵害这些表现为"法益"或"价值状态"之基本条件的行为,刑法的目的就在于通过对其适用刑罚来保障全体人民的共同和平生活,从而完善维护个人发展生命的自由。当然,除了保护已经存在的"法益"之外,在必要的时候,国家也必须确保对于公民的生存发展来说必不可少之"公共给付"的贯彻,唯此,个人才能自由地发展人格,人性的尊严才能得以体现。在国家的诸多任务中,刑法能且只能在其他手段无法实现其中的两项最重要的任务——社会建构的基础和生存必要的公共给付——时得以适用①。

对于罗克辛的观点,首先,他认为国家不得以改善成年人的道德为目标,因而道德本身不是"法益",亦即单纯不道德的行为并未侵害"法益"。然而,依照其自身的论证方式,至少需要阐释对于某些被刑法规定为犯罪的不道德行为而言,它们是如何影响了社会建构与人类生存所必须的基本条件从而应当受到刑罚处罚,而非单纯地因为"不道德"。其次,他一方面认为刑法的任务应当来源于基本法等宪法性规范的规定,另一方面却只是笼统地说明了作为整体而存在的刑法的任务在于确保"社会建构的基础和生存必要的公共给付",而并没有解释具体构成要件当中所保护的法益到底是依据基本法中的哪些价值而形成的,以及刑法作为社会控制的最后手段应当保护哪些法益,为什么应当保护这些法益。而且,基本法这类宪法性规范是以一种抽象的方式对国家权力与公民权利的关系进行规制与调节的,因此具有抽象性和原则性的特征,很难对具体情境下刑法所要保护的内容作出实质性的界定,另外宪法还具有高度稳定性的特征,这便导致了其不可不免地带有相对的滞后性,从而无法担负起从正面对法益概念展开界定的任务,充其量提供一个消极的下限标准。②

在罗克辛之后,尚有其他一些学者阐述了其各自刑法理论中的法益概

---

① 参见钟宏彬《法益理论的宪法基础》,元照出版有限公司2012年版,第143页。
② 参见贾健、朱冰洁《法益侵害论与规范违反论的后传统社会回应——以Roxin与Jakobs的理论为样本分析》,《甘肃政法学院学报》2011年第116期。

念,如鲁道菲认为法益是"作为整体的社会与在时间的流逝中不断前进一样,对社会的存在来讲是必要的机能统一体或者变化";迈克尔·马克斯(Michael Marx)认为法益是"人为了自由的自我的实现而使用的对象,在这个定义中,存在的侧面('对象')作为价值的侧面,向对象的人附加关系";哈斯默尔(Hassemer)认为法益概念是作为在刑法典中简洁地表现的诸保护客体的单纯总和而被规定的,是保护客体的体系化;阿梅隆(Amelung)认为法益是"所在国家的宪法构成(应该)的社会内,作为该社会构成成员的共同生活的存立必不可少的条件,而且是由纯粹规范所保护(应该)的因果性变更可能的对象"。[1]

二 法益概念的特征分析

通过以上对"法益"概念形成与发展历程的回顾,可以深刻地体会到罗克辛教授之"'法益'的定义至今仍然没有得到成功而明确的说明,因而不能提供一个可以在法律上作为基础的和在内容上令人满意的界限"[2] 这一论断的正确性。而且"诸如'法益的本质是什么'、'法益内在的性质如何'等的问题……是不能够解答的"[3],因为从实证的角度来看,不同的历史时期,随着人们对犯罪本质的认识以及针对社会越轨行为所需要选取的刑事政策的差异,法益概念总是会具有不同的特征,即便是在同一历史时期内,基于不同的法哲学立场,也会对该问题持有不同的态度。并且,从当前刑法理论所处的发展阶段来看,作为犯罪论体系之支撑基底和批判工具的"法益"概念正遭受着前所未有的冲击,这种冲击一方面来自功能性的刑法理论(以Jakobs的一般预防理论为代表),另一方面则来自"法益理论"本身的功能障碍。因此,为了继续维护"法益"这一概念在刑法理论中一贯的基底性作用,"法益理论"也需要经历适当的变

---

[1] 参见[日]伊东研祐《法益概念史研究》,秦一禾译,中国人民大学出版社2014年版,第299—349页。

[2] [德]克劳斯·罗克辛:《德国刑法学总论——犯罪原理的基础构造》第1卷,王世洲译,法律出版社2005年版,第14页。

[3] [日]伊东研祐:《法益概念史研究》,秦一禾译,中国人民大学出版社2014年版,第9页。

革以适应刑法理论的新发展对其提出的要求。① 甚至有学者直接提出：刑法并不能直接保护实体的人或者利益，但是刑法规范的内容却总是会涉及一定的人及其利益，因而当规范的效力被维持时，该规范所涉及的人与利益会在积极的一般预防的意义上同时受到保护。② 还有学者站在关系论的角度消解上述"法益保护"与"规范维持"的矛盾，认为：从主张刑法的任务在于保护"法益"的"法益保护说"与强调刑法的任务在于维持规范之效力的"规范维持说"两者间的区别来看，前者的立足点偏重于个人，而后者的立足点则偏重于社会，但是刑法所寄身的世界是一个由"关系"组成的世界，从这个意义上说，无论是作为"个体"的个人还是作为"整体"的社会都是某种"关系"的构成，所以作为刑法之保护对象的也应当是这种"涉身性关系"，因此，"法益保护说"与"规范维持说"的矛盾应当（也能够）在这种"关系"中得到消解。③ 即刑法的目的在于保护体现个人与个人之间、个人与社会之间相互关系的社会秩序，但是本书认为这种相互关系也应当是以保证个人的"自我实现和自由发展"为内容来建构的。

也许如下的观点是中肯的：不能高估（或者过分要求）"法益理论"对于犯罪论体系的建构以及刑法学的发展所具有的意义，但同时也必须提醒的是不能就此认为"法益"这一概念及其相关理论是没有任何意义甚至是"伪善"的，至少到目前为止还没有任何一条刑法条文因为体现了"法益保护"而被宣告为无效。即便某个"法益"概念因为并未以宪法为基础，从而在现代民主的法治国家中缺乏其应当承担的对犯罪论体系的批判功能，但其仍然在某种程度上为立法者与司法者提供了一种具有建设性的指导原则，虽说在某些情况下，这些原则显得不是太有约束力。④ 但是

---

① 参见舒洪水、张晶《法益在现代刑法中的困境与发展——以德、日刑法的立法动态为视角》，《政治与法律》2009年第7期。

② 参见何庆仁《刑法保护谁——关于刑法任务的一种追问》，载赵秉志《刑法论丛》第22卷，法律出版社2010年版，第134—135页。

③ 参见贾健《刑法目的论——以关系性本体论为视角》，法律出版社2014年版，第88—89页。

④ 参见[美]马库斯·德克·达博《积极的一般预防与法益理论——一个美国人眼里的德国刑法学的两个重要成就》，杨萌译，徐久生校，载陈兴良《刑事法评论》第21卷，北京大学出版社2007年版，第464页。

这些问题对于本书来说显得太过宏大了，因而笔者只试图权且将"刑法的目的在于保护法益"作为结论，从而归纳出"法益"概念所具备的一些特征，用以说明依推定的同意之行为没有侵害作为"构成要件"之核心概念的"法益"，从而得以阻却"构成要件符合性"并排除刑法干预权的对该类行为的介入。具体而言，笔者认为"法益"概念具有如下特征：

（一）"法益"不能是精神性的东西，而必须具有可侵害性

从受保护的角度而言，"法益"又被称为"保护法益"；从受侵犯的角度而言，"法益"也能够被称为"被害法益"。因此，所谓的"法益"必然是在现实中可能受到事实上的侵害的东西；如果不可能遭受侵害，也就没有保护的必要。而所谓侵害必须是一种事实，因此，精神性的价值与价值观本身不是"法益"，因为虽然对"法益"的理解不能脱离一定的价值观念，但将纯粹的价值观作为刑法的保护对象，则必然使刑法的处罚界限变得模糊不清，而且将价值观等纯精神的现象运用具有相当程度强制性的刑法加以进行保护，也绝非妥当之举，"因为现代人类社会是一个多元文化社会，生活于其中的人们对于与自己价值观念不（完全）相符合的行为方式需要在一定程度上采取容忍的态度，这是作为'个体'的人们生活在这样一个多元化社会中的基本前提"①。据此，由于刑法的目的在于保护"法益"，无论这一任务是否是唯一的，"法益"这个概念总是必须要能够真实存在，并能够因为行为而受到损害，从而也才能够谈论被刑法保护的问题。因此，"法益"必须是存在于主体之外的客体，是外在世界的真实事物。当然，这种"真实事物"不限于看得见、摸得着的东西，还包括可感受的事物。总之，一个"精神性的法益概念"是毫无用处的，因为它不可能受到任何行为的侵害，所以它既不能够承担起对于犯罪论体系的批判功能，也不能发挥对于刑事立法实践和刑事司法活动的原则性指导作用。从这个意义上说，"法益概念精神化"的做法无异于取消这一概念。其实，无论是"个体法益"还是"集体法益"都必须体现具体的受保护对象的某些特征，而不能直接就是某种精神。②据此，人们应当继续

---

① 参见［德］克劳斯·罗克信《刑法的任务不是法益保护吗？》，樊文译，载陈兴良《刑事法评论》第 19 卷，北京大学出版社 2007 年版，第 154 页。

② 参见杨萌《德国刑法学中法益概念的内涵及其评价》，《暨南学报》（哲学社会科学版）2012 年第 6 期。

对"精神化的法益概念"保持警惕,然而值得一提的是,"即便主张通过遵守规范以保护法益,也不能算是删除法益概念"①,对此,本书在稍后的"遵从规范的目的在于保护法益"这一部分中予以分析。

(二)"法益"是一种体现"利益的状态"

承上所述,"法益"必须是一种能够被侵害的事物,那么其究竟是如同李斯特所说的"利益"抑或是宾丁所言的"状态"呢?如果说仅仅因为"利益是由个人的心理感受构成的,而任何事物都可能因人的心理感受而成为利益"这一原因而否认"利益说",那么也许没有切中问题的关键,因为刑法所保护的利益肯定不能脱离一般人的立场,而完全迁就于某个具体的人;另外,对于"状态"而言,无论其组成因素还是判断标准都离不开"人"这一要素,并且也总是体现着一定的利益。问题的关键在于任何被称为"利益"的东西总是以一定的"状态"存在着,并且其大小、优劣以及增减变化也总是伴随着状态的改变。例如,在私藏枪支弹药的场合,周围不特定人之最重要的利益——生命并没有损失,而发生改变的只是生命存在的状态:这一行为将生命的存在方式由原来的"在平和环境下的生存"变为了"在枪口下的苟活",因此发生了"法益侵害",从而才能被认定为犯罪。除去国家的枪支管理制度不谈,在这里不能认为该行为仅仅危害了个人的安全感(单纯的感觉不能作为"法益"),而必须将其解释为导致了生命权存在状态的改变。据此,"状态说"是较为妥当的理解,当应当继续注意的是,这一状态不但要是"能够被改变的",而且也必须是有保护价值(即体现一定利益)的,并且由状态决定的"法益"之价值多多少少还总和该状态中的人有关系。如以一般人的眼光观之,同样的一个干涉"法益"的行为,有些人为之便是"司空见惯",有些人为之便是"大逆不道",如权利人的配偶或者一个陌生人在其长期出差在外且无法联系的情况下,将其信件拆开,对权利人"通信自由"之法益的影响显然不同。

(三)"法益"作为一种"状态"的价值在于保障"人的自我实现与自由发展"

如前所述,根据社会契约论的思想基础与价值理念,处于自由、平等

---

① 蔡桂生:《构成要件论:罪刑法定与机能权衡》,《中外法学》2013年第1期。

地位的公民之所以把如此之多的刑法干预权交予国家从而"沦为"国家权力的所有者或对象，仅仅是因为这种干预权的运用是实现其渴望的平和生活之必要手段，并且欲实现的目的（即"平和生活"）不能通过其他方式予以达成。在此思想背景下，以国家权力为基础的刑法干预之运用势必要求与公民的自由权达致某种程度的平衡：既能够通过刑法的干预为个人提供必要的国家保护，又尽可能地不妨碍个人自由的实现。这一以社会契约论为基底的目标以及其中所体现的社会价值在当今社会并没有过时，它总是"历久弥新地、不断地抵御各个领域中限制自由的趋势"[①]。总而言之，刑法规范的运用必须遵循保障公民在享有"自由、平等的权利之下的平和生活"这一目标，并且如果对于这一目标的实现来说，存在某种更加宽容的方式，国家就必须毫不犹豫地舍弃借助刑法手段来实现这一目标。从功能上来看，"保障公民在维护人权前提下和平自由的共处"正是为了使人类在自由行动中实现自我，这也是人类之本质的体现，因为人类存在的目的就是自由发展，实现独特的人格。因此所有的法律都为人类而存在，国家及其法律的任务便是支持与促进人的自由发展。但是人类不是在与他人毫无关联的情况下独自一人地发展人格，而是与他人同在一个社会中，互相影响互相协助地实现这种发展，因而所有的法律都必须探求人与人之间的共同发展需要哪些条件，并对之进行保护，而刑法由于其具有的严厉性特征，理应对这些条件中最为重大或者受保护的要求最为迫切的一部分予以保护，亦即刑法应当被用于维护人类和平共同生活的基本条件，共同生活又是为了个人的自我实现（人格自由发展），所以"法益"就应当被理解为个人自我实现的基本条件。在"人格自由发展"这个设定之下可以观察到，任何针对"法益"的侵害行为都或多或少地带有侵犯个人自由的性质[②]，反过来说，如果一个行为体现着以"共同生活"之立场来看是对权利人意志的尊重，那么国家便不能将之视为带有负面价值判断的"法益侵害"。同时，从人类生存的基本条件来看，道德本身不能构成这种最低限度的条件，但个人对道德标准拥有自由选择，从而不受他人强制选定的道德观，应当成为刑法所保护的对象。

---

① [德]克劳斯·罗克信：《刑法的任务不是保护法益吗？》，樊文译，载陈兴良《刑事法评论》第 19 卷，北京大学出版社 2007 年版，第 150—151 页。

② 但对于所谓的"超个人法益"能否还原为对个人自由的侵害，则存在着争议。

（四）遵从规范的目的在于"保护法益"

要探讨"法益"的特征，就不得不分析其与规范之间的关系，首先必须明确的是，不能将规范视为"法益概念"之一部分，因为这样会使"法益概念"丧失在理论逻辑上应有的分析功能与实践中的批判功能，而且"法益"与规范的性质和存在方式明显不同，不可用一个囊括另一个[①]；其次，与普通刑法相比，某些行政刑法显得带有浓厚的制度性，体现在其先以繁杂的行为规范构建起各个领域的制度规定，并追求遵守这些制度而带来的秩序与理想状态，在这种情况下，也许一个从实定法上看来极其严重的危害行为也谈不上侵害了什么具体的客体，于是便只有将这种制度本身（充其量是制度的目的）作为"法益"，但是如此一来便会出现以下问题：在将其理解为"状态"时，这种状态实际上就成为了行为规范被遵守的状态，这便在一定程度上混淆了结果不法与行为不法。从学说史的角度来看，对该问题的解决存在下述几类方案：第一，认为刑法的目的不在于"保护法益"，而且也保护与"法益"无关的行为规范，从而也就保护了制度被遵守的效力状态，威尔泽尔即持此种观点。第二，认为"法益保护"根本不是刑法的目的，行为规范之效力的保护才是刑法的目的，而无论该规范是否以"保护特定的法益"为目标。换言之，规范中的"法益"（如果存在的话）得到保全，只是遵守规范效力的随附效果。如雅科布斯教授就认为："刑法作为保护规范适用的理论，特别是在刑罚目的的理论上，证明是合适的：行为是对规范适用的损害；刑罚是对这种损害的清除"[②]。第三，如同施密特豪伊泽那样，将"法益"理解为理念的尊重请求权，将"法益侵害"等同于规范违反或行为不法，再把原来的"法益"称为"法益客体"，这样"法益侵害"便不一定伴随着结果的发生。第四，坚持刑法的目的只在于"保护法益"，在这种情况下，就必须为行为规范（制度）寻找一个相应的"保护客体"（即"法益"），使得不存在任何一个缺乏"法益"的行为规范。

这里需要注意的是必须区分行为规范与制裁规范，由于制裁规范的目

[①] 参见刘远《规范 VS 法益：基于刑法第 13 条的司法逻辑分析》，《甘肃政法学院学报》2011 年第 116 期。

[②] ［德］G. 雅各布斯：《刑法保护什么：法益还是规范适用?》，《比较法研究》2004 年第 1 期。

的在保护行为规范，而行为规范本身又在追求特定目的即"保护法益"，因此在判断一个制裁规范是否正当的时候，不能仅仅考虑其对行为规范的效力之稳定作用，而必须同时考虑行为规范本身是否追求正当的目的，即不能为了稳定而稳定。因为刑法若定位为只是为了稳定规范而存在的法律，而无须证明在违反规范之外还可能有什么损害，那么就无意中缩短和纳粹主义刑法学者们所主张的"义务违反说"之间的距离。当然，在进行司法认定时，当所有的规范都在保护正当的"法益"时，要说刑法在保护规范本身，或保护规范共识，或稳定规范效力，或保护人民对规范效力的信赖，最终与保护独立于规范之外的"法益"，就结果或功能而言都没有区别，因为"从刑法的任务来看，刑法条文背后所隐藏的行为规范之设定目的就是为了保护法益，因而判断在某个行为中是否存在对行为规范违反，就与判断在该行为中是否存在'法益侵害'密切相关"，"理论上目前已经取得了广泛的共识：举止规范应当保护法益。……刑法规范规定避免对法益造成损害和危险，由此法益通过刑法规范得到了保护"。[1] "据此，抽象的行为规范就被操作化为具体的、可把握的法益侵害，进而与各种类型的犯罪现象相连接"[2]。

（五）"法益"是位于刑法之前的概念

成为争议的问题还有："法益"是前实定法的概念还是实定法的概念？即在实定法将法益作为保护客体之前，是否已经存在法益或法益的内容？或者说，如果没有实定法的规定，是否存在法益？对此，刑法学界长期以来便存在着相当大的争议，持前一种观点的学者依据自然法的立场，认为对于"法益"概念的探求应当从"自由"、"正义"等自然法中所承认和确立的价值理念中出发，而非基于成文的制定法。但是，这种依赖于自然法的抽象理念来理解"法益"的做法势必导致一种不明确性，并最终使这一概念出现抽象化和精神化的特征，这一点已为前文所否定；主张后一种观点的学者从法实证主义的角度出发，认为对"法益"概念的界定不能脱离一国现行刑法的规定，这样一来虽然就可以避免其走向抽

---

[1] 梁根林主编：《当代刑法思潮论坛——刑法体系与犯罪构造》第1卷，北京大学出版社2016年版，第56页。

[2] 李世阳：《论刑法的规范构造——从古典犯罪论体系到新古典犯罪论体系的考察》，载陈兴良《刑事法评论》第30卷，北京大学出版社2012年版，第102页。

象化和精神化，但如此一来，则容易使其陷于形式主义的泥沼从而缺乏实质内容，并最终导致"恶法亦法"。如前所述，"法益"概念具有支撑犯罪论体系与对该体系进行批判的双重任务，从"支撑犯罪论体系"来看，只要某个关于"法益"的概念是明确而具体的，就足以承担起这项任务了，但对于"批判犯罪论体系"来说，这项机能的发挥需要对"法益"概念确立一个先于法律而存在的价值，唯此，才能起到限制立法者之恣意的效果。"法益"的这种价值必然不能发源于现有的刑事立法，否则就不是限制立法者的恣意，而是为立法者的恣意所限制。从这个意义上说，法秩序本身无法创造价值，而只是为这些业已存在的价值提供保护。如前所述，"法益"作为一种"状态"的价值在于保障"人的自由发展"，当这种有价值的"状态"不受法律保护的时候，无论如何不能被称为"法益"，只有为法所保护时它才成其为"法益"，什么样的有价值的"状态"能够成为"法益"，固然是由立法者所决定的，但立法者也不能随意地将某种价值状态规定为"法益"，而是必须具有相当的实质理由，至少这种决定不能与宪法的规定相抵触，因为在现代法治国家中，任何部门法的制定以及对其展开的理论研究都应当以宪法这一根本大法为切入点与依据[1]。如是观之，"法益"这一概念即便不是"前实定法"的，也应当是"前实定刑法"的。

综上，本书认为，所谓的"法益"应当指称一种体现着特定利益的价值状态，其内容应当是保障"人的自我实现与自由发展"，这种状态并非直接由刑法的规定而形成，而是因为其可能受到社会越轨行为的侵犯，因此必须由包括刑法在内的各种法律予以保护，保护的方法主要在于通过制定和适用相应的法律规范来反制与预防上述"越轨行为"。由于刑法的构成要件就存在于这些规范之中，因此"法益"概念是其核心因素，判断某个行为是否该当特定的构成要件，势必要确定该行为有无侵害构成要件所保护的法益，对于推定的权利人同意之行为来说，如果这一行为并没有妨碍权利人之"自我实现与自由发展"的需要，即不存在对权利人法益的侵害，也就排除了"构成要件符合性"，从而自始至终地排除刑法的干预。

---

[1] 参见苏青《法益理论的发展源流及其启示》，《法律科学》2011年第3期。

三 依推定的同意之行为属于"构成要件阻却事由"的理由——不存在刑法意义上的"法益侵害"

在本书第一章中，笔者已经指出：所谓的"依推定的权利人同意之行为"应当是指与权利人在所涉事项的范围内具有一定关系的行为人，因无法明确知悉权利人的现实意志，而通过考察自身与权利人的特定关系，尤其是相互间的交往过程和客观存在的情势，以权利人的行为倾向为导向处置原本应由权利人自身处置事项的一类行为。根据这一概念当中所包含的前提条件，这类行为因为遵守了由行为人和权利人共同构建的小型社会中的行为规范，因而在实质上并没有侵犯刑法意义上的法益，详细分析如下：

（一）依推定的同意之行为没有妨碍权利人之"自我实现与自由发展"的需要

在依推定的同意之行为中，行为人与权利人之间必须在所涉事项的范围内具有特定关系，依据这种"特定关系"，行为人与权利人在相互交往的过程中，通过不违反法律强制性规定的方式构建了一套为各方都能接受的交往规范（非正式规范），只要这些"非正式规范"的制定结果与过程对于参与各方的人们来说，都是其自身真实意愿的体现，那么这就体现了正是其"自由发展和自我实现"的需要，根据这种"非正式规范"所作出的行为，在行为当时就没有侵害权利人的法益，反而应当被认为是对其法益的遵从。只要这个"非正式规范"不对行为人与权利人同处的"小型群体"之外的其他人产生影响其"自我实现和自由发展"的作用，刑法就不得干预这些规范的存在，因为此时由公权力所制定并保障的正式规范并不能比"非正式规范"更好地体现出小型群体成员在该群体内部的"自由发展和自我实现"之需要。

亚伯拉罕·林肯曾经指出：对于人民自己能够做的事情，政府应当采取放手的消极态度，只有对于人民自己不能做或者做得没有政府好的时候，政府才应当予以干预。对于这类人民做的可能比政府更好的事情，公权力更加应当放弃介入。因为社会中成员不仅是法共同体的成员，他还是根据不同的利益类型而形成的"小型群体"中的一员，当他在"非正式规范"的效力范围内行为时，正式规范与"非正式规范"之间的关系便类似于杜宇教授形容制定法与习惯法之间的关系:"在制定法与习惯法的遭遇战中,习惯法有时会占据上风。这表现为,它迫使制定法做出一定的妥协,然而,制定法却无法使它做出根本性的让步。"[①] 本书中所称的正式规范当然为制度法所确立,虽然"非正式规范"不能直接等同于习惯法,然而其相互之间的关系却是类似的,在依推定的同意之行为的场合,"非正式规范"确实能够迫使正式规范作出一定的妥协,原因倒不在于其本身有多"神圣",而是因为这种"小型群体"的交往活动正是其发挥作用的"势力范围",只要行为人的行为尚未超出这一范围,就不需要刑法评价的介入。一个能够排斥刑法评价介入的行为,自然是一个不符合(刑法上的)构成要件的行为,而对于正当防卫、紧急避险这类行为而言,虽然也不会受到刑法的制裁,但其理由却是通过法益比较而得出的,在此,刑法的评价已经介入,只不过是作出了正面评价,因此其阻却的不是构成要件符合性,而是违法性。

(二) 依推定的同意之行为所损害的利益状态不具有刑法保护的必需性

由于法益体现的是权利人"自由发展和自我实现"的需要,但从包括刑法在内的各个部门法之间的关系来看,对这些需要的保护并非仅仅通过刑法的制定和适用得到实现,其手段也包括其他部门法以及除法律以外的方法(如"非正式规范"),而在这些手段中,刑法只是应当最后予以考虑的措施[②]。换言之,当权利人"自由发展和自我实现"的需要可以通过包括制定符合个人需要的"非正式规范"在内的其他方式予以保护时,刑法干预权就不能介入。换言之,在确定某个被损害的(体现权利人"自由发展和自我实现"之需要的)状态是否是作为刑法上的法益而受到侵害时,必须考虑动用刑法对其进行保护的必要性,这种必要性与权利人的"自我保护可能性"是分不开的。

哈斯默尔在论述其"被害人信条学"理论时指出:当权利人(或曰"法益主体",此处也可被理解为"潜在的被害人")在面对某一侵害行

---

① 杜宇:《当代刑法实践中的习惯法——一种真实而有力的存在》,《中外法学》2005年第1期。

② 参见[德]克劳斯·罗克辛《德国刑法学总论——犯罪原理的基础构造》第1卷,王世洲译,法律出版社2005年版,第23页。

为具有采取自我保护的手段来避免其法益受到侵害之可能性时,动用刑法干预权实属对宪法精神的违反。换言之,如果某个"潜在的被害人"能够轻而易举地通过自己的行为来保护其法益免受侵害,但他竟于此时无所事事,拒绝进行这种"自我保护",那么他就可能因此而丧失法律(至少是刑法)对其自身法益的保护。也就是说,"当潜在的被害人并非处于无保护的地位,而是具有保护能力时,支持这样一种不成文的规则——在法益享有者自己可以保护其法益之处,不需要、也不允许刑法的保护"①,亦即权利人的"自我保护可能性"与法益的"刑法保护的必需性"是一个问题的两面,当权利人于特定场合下对其自身的某一法益具有"自我保护可能性"时,即应否定此时该法益之"刑法保护的必需性"。对此,耶赛克教授表示:"根据该原则,在允许解释的方法中,将那些攻击方式从犯罪构成要件中剔除出去,这些攻击方式是指,如在保密、诈骗或盗窃案件中,被害人通过自己的可期望的注意和适当的预防措施就能较容易地进行自我防卫的攻击方式。但是,对犯罪构成要件的这种限制是不能接受的。在一个因犯罪而不断增加危险的时代,要求被害人自己采取合理的自我保护,来代替立法者提供的刑法保护,无论如何将会给公共秩序带来损害,公民之间的互不信任也将加剧,而刑法保护恰恰能够加强人们相互间的信任,并应当减轻社会生活对犯罪的恐惧"②。

笔者认为,耶赛克教授的评价对于一般场合下的侵害行为也许是适当的,但是,正如本书第一章指出的那样,由陌生人组成的社会这个"大型群体"中,其成员间的交往基础是"注意义务",而"小型群体"中成员间的交往基础则是以"友爱互助"为起点的,因此,这一评价不能同时适用于两种不同的人际关系。举例来说:当某人将一笔现金放入其抽屉时,不能因为其忘记上锁或者和陌生人交谈时"泄露天机",让其他人知道了他有一笔钱存放于某处就降低了刑法对其财产权的保护要求,只要他不将这笔钱自愿而主动地塞入另外一个人的口袋,就不能以其自身具有保护该笔财产的可能性来否定刑法对其的保护。而在诈骗罪的场合,也不能

---

① Raimund Hassemer, *Schutzbedürftigkeit des Opfers und Strafrechtsdogmatik: Zugleich ein Bertrag zur Auslegung des Irrtumsmerkmals in § 263StGB*, Berlin: Duncker & Humblot, 1981, p.25.

② [德] 汉斯·海因里希·耶赛克、托马斯·魏根特:《德国刑法教科书》,徐久生译,中国法制出版社2001年版,第313—314页。

因为行为人的欺骗手法过于简单粗糙、没有任何技术含量，因而特别容易被察觉，就认为被骗者只要具有一般人应有的注意水平，稍微谨慎一点，都能够识破骗局，因此不需要动用刑法对之进行保护，因为"诈骗罪中的受骗者并不限于普通的一般人，同样包括并不谨慎行为或者缺乏必要知识的自然人"，"欺骗行为足以使这类人陷入认识错误，并且事实上使受骗者陷入认识错误并处分财产时，就应认定其行为构成诈骗既遂。如果否认行为的欺骗性……便意味着缺乏必要谨慎与知识的人的财产乃至人身，不能得到刑法的保护。这便难以被国民接受"。[①] 但是，如果这个存放现金抽屉的钥匙并非为权利人所独有，而是在其好友处也同样存在一把，且该两人在曾经的交往过程中经常不分彼此地使用抽屉内的现金，事后才予以补还，并且双方也从未就对方的行为以任何方式表示过异议或不满，那么在权利人不希望该笔现金被其好友"挪用"或者为权利人自己购买任何"用得着"的物品时，他就应该以适当的方式告知这位好友这种想法或者干脆换一个存放地点。如果在这种前提下，他什么都没有做，并且该笔现金真的（如同以往发生过的那样）被其好友"挪用"了，即便事后证明该"挪用"行为是违背权利人真实意志的，也不能动用刑法对之予以保护，因为考虑到行为人实际上是在模拟权利人的"真实意志"而安排自己的行为，为避免此等行为对权利人不为人知的真实意志所造成的损害，最妥当的方法就是以适当的方式将自己的真实意志告诉对方，而不是依赖于刑法的介入。当然，在权利人已经这么做了以后，比如在将钱放入抽屉的同时摆放了一张写有"勿动"之字样的纸条时，其好友仍旧不顾一切地"照例"将钱拿走，就不能简单地片面强调权利人的"自我保护可能性"。这种"自我保护可能性"是指法益享有者在无国家刑法保护的帮助下，运用自己的力量保护其法益不受影响或者阻止其法益受到损害的能力。对于"自我保护可能性"的标准，不可能建立一个对于各种类型的具体个案都"畅通无阻"的模式，而只能采用具体问题具体分析的态度，在依推定的同意之行为中，就体现为事后证明行为人违背了权利人的真实意志而行为时是否遵守了存在于双方之间的"非正式规范"，如果答案是肯定的，那么于此处，应当肯定权利人具有"自我保护可能性"，基

[①] 张明楷：《诈骗罪与金融诈骗罪研究》，清华大学出版社2006年版，第118—119页。

于此必须否定刑法对行为人之行为进行评价,因为权利人完全可以通过自己的适当行为来更改上述"非正式规范"以保证自己的意志被尊重。

当然说"自我保护可能性"的标准没有统一的模式并非代表权利人应为的"自我保护"措施完全"无迹可寻",大致来说,这一标准的建立应当考虑如下因素:

第一,权利人的"自我保护"不能实质性地影响其具体生活条件。比如说,在一个相对封闭的社区内,除了某一户人家外,每户人家都认可于自己不在家时,其他的住户到自己家的院子里"作客"的行为,这时"自我保护可能性"的标准不可能建立在要求该户人家放弃院子原有的生活上的功能,并将其改造成一个任谁挖空心思也进不来的"钢铁工事"之上,而只需要以适当的方式知会邻人们即可。

第二,权利人的"自我保护"部分取决于其与行为人之间交往关系的亲密程度。原则上来说,关系越亲密的人们之间,"自我保护可能性"的要求越高,因为人们之间越小范围内的"非正式规范"越能发挥作用,在这种范围内,其完全可以取代由刑法所保障的正式规范在调节社会整体秩序时所起的作用,而对于这种"非正式规范"的建构来说,权利人自身的行为显然更为重要。

第三,权利人的"自我保护"还应受到社会发展水平的制约。由于原则上在行为人进行"推定"之前必须尝试能否获得权利人的真实意志,以前文中所举权利人将现金放入其好友也持有钥匙的抽屉中为例,如果他不想该笔资金像往常一样被"挪用",在通信条件不是很发达的年代,在他无法向该好友"面授机宜"时,可能必须同时放入一张纸条进行提示或托其他人带个口信,然而在手机等移动通信工具被广泛使用的今天,他要做的也许只是保证随时处于能够联络的状态①。

总而言之,当权利人能够非常轻易地通过自己的行为对"非正式规范"的制定产生影响从而实现自我保护时,但他却故意或者过失地没有按照自己所需要的方式发挥应有的作用,此处就应当排除刑法对其"自由发展和自我实现"的保护,因而刑法就不应当对这类行为予以评价,如果强行进行介入,非但不能影响包括行为人在内的一般人今后在类似情

---

① 除非他以往的行为让该好友确信:不用事先打电话联系也能将钱"挪用"。

形下的行为模式，反而会降低社会公众对刑法的认同，并影响行为人与权利人之间的特定关系，可谓得不偿失。同时也必须指出，在这种场合，否定刑法的威慑作用，只是意味着要求权利人在与他人交往的过程中，通过合理地在他人面前表现意志来主动进行自我保护，而非一味地消极等待刑法的救助，并没有否认包括刑法在内的各种正式规范对其终极利益的保护，并且这样的做法对于缓解国家司法任务、提高司法效率、改变国家家长主义的包办作风也大有裨益。

第五章　依推定的权利人同意之行为的出罪理由分析之二
——以"四要件"犯罪构成理论为视角

第一节　依推定的权利人同意之行为在"四要件"犯罪构成中的地位

近来，相当数量的学者认为，大陆法系的阶层犯罪论体系具有高度的合理性，由于其在犯罪认定的过程中，将行为整体的不同意义划分为不同的犯罪成立要件，对行为从不同的侧面进行多次的评价，体系内部具有明确的层次性与相对的独立性，对违法和责任可以进行超法规的评价，虽然其所欲达到的理论上的尽善尽美这一终极目标难以企及，但却留出了能够深入探讨各种问题的空间。反观我国传统的"四要件"犯罪构成理论，一次性的判断过程承载了过多使命，出现偏差性结论的可能由此变大，同时也降低了犯罪嫌疑人或被告人自我辩解的机会，导致司法的恣意性，因此应当全面引入大陆法系的阶层犯罪论体系以取代"四要件"理论。[①]

对此，本书认为：首先，阶层犯罪论体系确实拥有论者所言的上述各种合理性，其所存在的体系性过强、问题导向性不足的缺陷也正在逐步予以改善[②]，同时在很多场合下，体系性导向与问题性导向本来就是此消彼长的关系，很难做到两全其美，因此该体系不失为一种优秀的犯罪论体系。就本书所研究的问题而言，运用阶层犯罪论体系中的"构成要件"

[①] 参见陈兴良主编《刑法学》，复旦大学出版社2010年第2版，第34—39页。
[②] 如罗克辛教授就注意到了这一问题，并努力地加以克服，详见［德］克劳斯·罗克辛《德国刑法学总论——犯罪原理的基础构造》第1卷，王世洲译，法律出版社2005年版，第131—132页。

与"法益"概念，也能得到一个相对合理的解释①。其次，"在现代国家，多元的犯罪论体系并存，是一种很正常的现象"②，当人们运用某一种理论解释一个行为在刑法上的性质时，没有必要否认其他理论得出相同结论的合理性，即便得出的结论不同，也不能轻易地根据体系上的原因作出这种否认。再次，"在目前我国犯罪构成理论研究中，要注意把握正确的研究方法……不要离开我国的刑法规定"③，而在我国现行刑法之第13条明确使用了"危害社会"这一概念的前提下，无论是运用哪一种理论来说明某个行为入罪或者出罪的理由时，都不能离开这一表述方式。最后，将犯罪论体系之争放在一边，单就依推定的同意之行为来说，以"社会危害性"概念为基底的"四要件"理论完全可以就其出罪理由予以解释，同时"四要件"理论也能够对某些出罪事由进行"超法规"的研究，至少对依推定的同意之行为来说是这样。

一 对传统刑法理论中"犯罪阻却事由"之理论地位的诘难

在我国传统刑法理论中，依推定的同意之行为与正当防卫、紧急避险等行为一道被纳入"犯罪阻却事由"，即具有"犯罪阻却事由"的行为由于既缺乏刑事违法性这一形式要件，又缺乏社会危害性这一实质要件④，因而不认为是犯罪，但是自我国刑法学者开始对该理论进行反思起，"犯罪阻却事由"与犯罪构成之间的关系就一直饱受诟病。

陈兴良教授认为，传统的"四要件"犯罪构成理论将"犯罪阻却事由"放在该体系外进行研究的做法，导致"犯罪阻却事由"与犯罪构成之间的关系陷入了逻辑上的极大混乱，一方面，"四要件"犯罪构成理论是充满实质主义色彩的；另一方面，正当防卫等"犯罪阻却事由"又没有被纳入犯罪构成，而是游离于该体系之外，这样，就又使犯罪构成具有

---

① 姑且妄称本书第三章的观点是合理的。
② 张明楷：《构建犯罪论体系的方法论》，《中外法学》2010年第1期。
③ 高铭暄主编：《刑法学原理》第1卷，中国人民大学出版社2005年第3版，第457页。
④ 参见马克昌主编《犯罪通论》，武汉大学出版社1999年版，第69页。

明显的形式主义特征。① 由于从理论上来说，如果有一个实质性的评价标准处于犯罪构成之外（或曰：凌驾于犯罪构成之上），那么运用这种实质的评价标准作为出罪之通道的做法要么会破坏"行为符合犯罪构成"作为判断犯罪成立与否之唯一标准的地位，要么会使得这一切只具有名义上的意义。② 在这种情况下，以"四要件"为全部内容的犯罪构成理论并不能成为判断犯罪成立的充足条件：某一行为在具备了犯罪构成所规定的四个要件以后，却还可能因为存在"犯罪阻却事由"而被出罪。由此可以看出，传统的"四要件"犯罪构成理论存在着结构性的缺失，因此其到了"非改不可"的地步。③ 张明楷教授则认为传统的"四要件"犯罪构成理论是"自相矛盾"的，因为一方面承认犯罪构成是认定犯罪的唯一依据，即行为符合犯罪构成的规定，则具有社会危害性，从而成立犯罪；但另一方面又认为，行为虽然符合四个要件的规定，但在存在"犯罪阻却事由"的情况下，其社会危害性又得以消除，从而又不成立犯罪。从该理论在司法实践中的运用情况来看，其基本上是肯定某个行为符合犯罪构成的规定，再考察是否具有"犯罪阻却事由"，如此做法既不能够尽早地将某个不具有社会危害性的行为予以出罪，也不利于刑法之人权保障机能的实现，从而更好地限制公权力在刑事司法中的作用，对正当防卫、紧急避险等行为的行为人通常先予以拘留、逮捕的不当做法或许就与此相关。④ 同时，除了上述意见之外，相当数量的学者还提出了其他的批评意见，认为我国传统的"四要件"犯罪构成理论在体系结构上采取"毕其功于一役"的方式一次性地概括完成，因此在刑事司法中运用该理论对案件事实进行处理，会出现人们"只知其然，不知其所以然"的局面，因为对于某个行为的"事实判断与价值判断"、"积极判断与消极判断"以及"抽象判断与具体判断"均杂糅在一个耦合式的结构之中，换言之，

---

① 参见陈兴良《犯罪构成论——从四要件到三阶层：一个学术史的考察》，《中外法学》2010 年第 1 期。

② 参见付立庆《犯罪构成理论——比较研究与路径选择》，法律出版社 2010 年版，第 65 页。

③ 参见陈兴良《四要件犯罪构成的结构性缺失及其颠覆——从正当行为切入的学术史考察》，《现代法学》2009 年第 31 卷第 6 期。

④ 参见张明楷《违法阻却事由与犯罪构成体系》，《法学家》2010 年第 1 期。

司法裁判的思维过程被不当地掩盖了。① 而从诉讼法的角度来看，在我国传统的"四要件"犯罪构成理论中，只存在由四个要件规定的体现国家之社会防卫理念的定罪规格，却不存在体现公民之人权保障的内容，这些内容被规定在了犯罪构成之外的"犯罪阻却事由"中，四大要件一旦"拼凑成功"，就能得出行为成立犯罪的结论，那么犯罪嫌疑人或者被告人在刑事诉讼中就会由于犯罪构成理论的制度设计上的缺陷而陷入无法充分行使辩护权利的危险境地。于是，这样的犯罪构成理论势必就只能反映定罪结论（犯罪规格），从而突出强调刑法的社会保卫观念，而在人权保障的制度设计上就会存在不足，具体而言，在该犯罪构成理论中没有为辩护权利的行使留有充足的余地，会出现一方面行为确实完全符合四个方面的要件，另一方面有罪结论却明显不合理的情况。②

　　对此，笔者窃以为对于上述批评意见所涉及的体系性的矛盾确实是值得我们反思的，因为体系性的思考对于刑法理论的发展来说，的确不是唯一重要的因素（尚有问题导向思考的必要性），但是，在保证结论之合理性的前提下，犯罪构成（犯罪论）在体系上的完整性与无矛盾性确实应当被予以关注与强调。同时，司法人员在判断案件事实的过程中所展现出来的思维特征也应当透明而流畅地体现在该理论中，并且能够在事后加以验证。在此基础之上，从外部证成的角度来说，由政治学、社会学以及刑事政策学所决定的犯罪的实质属性也必须通过这一理论体系与规范刑法实现完美的对接，这样不但有利于安全合理地运用刑法，并且保证刑法目的的实现。至于谈及"人权保障"的问题，则显得有些"言重"了，因为"人权存在和发展的内因是人的自然属性和本质；外因是社会的经济、文化状况"③，而与犯罪论体系及犯罪阻却事由的理论定位没有必然联系。例如，对正当防卫、紧急避险等行为的行为人来说，谁又敢保证在三阶层体系下，这些行为人不会因为"构成要件符合性"而被先拘留、逮捕。况且在我国刑法典中已经明文规定了"正当防卫"与"紧急避险"，而在刑事审判中，实际适用的"犯罪阻却事由"更加丰富，因此不存在因为

---

　　① 参见田宏杰《刑法中的正当化行为与犯罪构成关系的理性思考》，《政法论坛》2003年第21卷第6期。
　　② 参见周光权《犯罪论体系的改造》，中国法制出版社2009年版，第47—48页。
　　③ 付子堂主编：《法理学进阶》，法律出版社2005年版，第149页。

"犯罪阻却事由"之体系定位产生的辩护权利不足的问题①,刑法理论要厘清的只是"犯罪阻却事由"在犯罪构成体系中的理论定位到底为何? 其是位于犯罪构成之内还是之外? 对此,学者们提出了各式各样的见解,面对相关的疑惑与困难也给出了各自不同的解决方案。

二 "犯罪阻却事由"的体系地位解决方案之争

(一) 彻底抛弃"四要件"理论

针对上述传统的犯罪构成理论中存在的"犯罪阻却事由"与四个要件之间"龃龉"不断的关系,部分学者提出直接导入大陆法系的三阶层理论,或者在坚持对行为进行"违法性"与"有责性"的区分下,对其进行部分修正。② 虽然在建构犯罪的阶层体系时存在"两阶层"("不法构成要件"与"有责性")、"三阶层"("构成要件符合性"、"违法性"与"有责性"或"行为"、"不法构成要件"与"有责性") 甚至"四阶层"("行为"、"构成要件符合性"、"违法性"与"有责性"),但这些建构方法都是围绕"违法"与"有责"为核心展开的,没有本质上的不同,在各种方法中,"违法性"与"有责性"的顺序是不能颠倒的。③ 而对包括依推定的同意之行为等"超法规的违法阻却事由"在内的各种"违法阻却事由"的判断,也都在进行"有责性"判断之前进行,这一点是一致的。田宏杰教授则认为,英美法系的刑法理论中的"合法辩护"这一部分的内容为"犯罪阻却事由"尤其是"超法规的犯罪阻却事由"提供了广阔的空间,因为辩护事由相对于犯罪本体来说,是对等的消极判断与积极判断的关系,这种体系上的安排使法官作出非罪裁判具有更大的可能性。因此她提出了经过"犯罪基础要件"(积极判断) 与"犯罪充要要件"(消极判断) 两个阶段来认定犯罪,前者包括行为能力和行为的

---

① 即便存在辩护权利不足的状况,其主要原因也不在于犯罪构成。
② 相关的著作主要有陈兴良:《刑法学》,复旦大学出版社 2010 年第 2 版;张明楷:《刑法学》,法律出版社 2011 年第 4 版;周光权:《刑法总论》,中国人民大学出版社 2007 年版;付立庆:《犯罪构成理论——比较研究与路径选择》,法律出版社 2010 年版;李立众:《犯罪成立理论研究——一个域外方向的尝试》,法律出版社 2006 年版。
③ 参见张明楷《构建犯罪论体系的方法论》,《中外法学》2010 年第 22 卷第 1 期。

主、客观要素；后者则是指刑法中的"犯罪阻却事由"不存在①，可以看出，这基本上是英美法系刑法理论的移植。但是，对于在我国犯罪论体系的构建中借鉴英美刑法之理论成果的做法，主张移植大陆法系犯罪论体系的学者认为，虽然英美法系的刑法理论具有实用性和便捷性的优势，但对于我国的刑法理论来说，两者间毕竟存在诉讼模式上的不同和司法传统上的差异，且不能回避知识系统上的隔阂和话语转换上的障碍，因此应当与之"保持一定的距离"，从而在对待是否入罪的问题上应当更加青睐于强调体系性和逻辑性并且同时也更为严谨的大陆法系的理论。② 由此看来，主张移植国外学说以解决"四要件"理论困境的学者间就如何移植的问题还远未达成一致。

（二）增加"消极判断"

持这类观点的学者认为，一方面传统的"四要件"犯罪构成理论从总体上来说具有实用性与妥当性，能够很好地解决我国刑事司法实践中出现的绝大多数案件（任何一种犯罪论体系都无法保证在任何时候都能对一国范围内出现的任何一种给定的情况进行体系性的合理解释与说明），这也是其获得并至今还保持着我国刑法理论中国"通说"地位的原因；另一方面，将"犯罪阻却事由"置于犯罪构成理论外的做法确实值得商榷，而应将其纳入到犯罪构成之中。因为从逻辑上看，任何一个行为欲成立犯罪，势必需要既符合由四个要件以积极的方式正面规定的肯定性要件，又不具备以消极、反面的方式体现在"犯罪阻却事由"中的否定性要件，这种使得犯罪构成理论既包括积极要件又包括消极要件的做法，既能够保证犯罪构成承载起刑事责任认定的全部使命，又不会致使司法人员在犯罪构成的规定之外寻找规范进行断案。③ 还有学者认为只要承认行为符合犯罪构成是决定其成立犯罪的条件（甚至是"唯一"条件），同时根据罪刑法定原则，判断某个行为是否成立犯罪又不能离开现行刑事立法的规定，那么犯罪构成所采取的体系就不仅仅是人们对行为性质进行分析判断的过程中所运用的思维方式的体现，而应当同时也反映了适用（或解

---

① 参见田宏杰《刑法中的正当化行为》，中国检察出版社 2004 年版，第 169—178 页。
② 参见付立庆《犯罪构成理论——比较研究与路径选择》，法律出版社 2010 年版，第 170 页。
③ 参见李永升《犯罪论前沿问题研究》，中山大学出版社 2009 年版，第 58、69 页。

释）刑法条文时所存在的心理过程，为了保证适用（或解释）刑法条文之过程与结果的安全性、合理性与合目的性，就应当尽量地避免在作为犯罪成立条件之犯罪构成在设定上的不周延①，既然在理论上坚持行为符合犯罪构成是其成立犯罪的唯一根据，那么，对正当防卫、紧急避险等存在"犯罪阻却事由"之行为的探讨就必须纳入到犯罪构成理论的体系之中，否则就会如批评者所指责的那样出现理论逻辑上的矛盾和犯罪司法认定上的窘境，而把对"犯罪阻却事由"问题的探讨（将其作为独立的排除性要件或消极要件）移入犯罪构成理论之中，一方面能够使得犯罪构成不但具有"入罪"功能，而且还可具有"出罪"功能；另一方面，这样的做法也与包括刑事违法性在内的现有犯罪论关系结构相协调。②但是，从我国传统犯罪构成理论的各要件来看，其全部意义并不止于形式意义，而且还具有实质判断的功能，从逻辑上说，四个方面的要件本身即是犯罪的法律标准，共同体现了行为的刑事违法性和社会危害性，因而是犯罪人负刑事责任的基础③。换言之，在我国的刑法理论中，以四个方面的要件为内容的犯罪构成"是认定犯罪唯一的规格和标准，行为符合了犯罪构成要件就成立犯罪，除此之外不应该有其他任何标准"④，从犯罪构成与犯罪概念之间的关系来看，两者间应当是"具体与抽象的关系，是展开与被展开的关系，是'先导'与延伸的关系"⑤。也就是说，逻辑地看，行为符合四个方面的要件必然不能再运用所谓的"消极判断"方法来出罪了，而能够（运用任何方法）出罪的行为也必然不符合犯罪构成，如果在犯罪构成之外"另辟蹊径"，再加上另外的标准，无异于否定了犯罪概念在实质意义上对犯罪行为的概括功能。对此，笔者也认为，从教科书的编排体例来看，在"四要件"外研究"犯罪阻却事由"，不一定就代表"犯罪阻却事由"在体系结构上必然也位于"四要件"之外。

---

① 参见李洁《中国通论犯罪构成理论体系评判》，《法律科学》2008年第2期。
② 参见贾宇《刑事违法性理论研究》，北京大学出版社2008年版，第106页。
③ 参见夏勇《定罪犯罪构成与设罪犯罪构成》，《中国刑事法杂志》2002年第5期。
④ 齐文远、苏彩霞：《犯罪构成符合性判断的价值属性辩证》，《法律科学》2008年第1期。
⑤ 马荣春、王超强：《犯罪构成论体系与犯罪概念的关系》，《上海政法学院学报》2014年第29卷第2期。

（三）于"各个"要件中判断

针对"犯罪阻却事由"与"四要件"的关系，黎宏教授认为，各种采取"四要件"犯罪构成理论的刑法教科书都是将包括正当防卫、紧急避险等"犯罪阻却事由"放在犯罪构成之四个方面的要件之后的章节中加以说明和论述的，但这样的做法只是一个体系编排的问题，人们不能因此而形成这样的印象：对于正当防卫等具备"犯罪阻却事由"的行为来说，由于它们的存在对国家、社会或人民是有益，因此在实质上并不具有社会危害性，只是在形式上符合特定的犯罪构成，换言之，具备"犯罪阻却事由"的行为符合"形式的犯罪构成"，但不符合"实质的犯罪构成"，从而得出"犯罪阻却事由"是（除"四要件"以外的）评价犯罪成立与否的辅助性标准这一错误结论，因为这种观点并没有正确地把握"四要件"犯罪构成理论的基本内涵与特征。[1] 在黎宏教授看来，正当防卫等行为根本就不符合犯罪构成的要件，而不是"先符合、再出罪"，只是其"在客观方面与某些犯罪相类似"才被纳入了刑法的评价视野，这种"类似"或许也就是这些行为与吃饭、散步等刑法完全不予关注的行为的根本区别。但是对于这些在刑法上具有重要意义的"类似"情况（它直接导致了一个行为进入了刑法的评价视野）应当如何界定，黎宏教授却没有给出明确的答案，只是认为从刑法的意义上来看，某一行为符合具体犯罪构成时应当同时包括以下两方面的含义：从积极的角度来看，该行为满足了犯罪构成中的肯定性要件；而从消极的角度来看，由于该行为不具有"犯罪阻却事由"所规定的否定性要件，因而成立犯罪。换言之，每一个要件都是入罪通道，同时也代表着一条出罪通道。持相似观点的还有肖中华教授，他认为由于"犯罪阻却事由"的特殊性，要将其与"四要件"分别开来，把各种"犯罪阻却事由"集中进行讨论研究；但为了维护犯罪构成的理论地位，在具体审查时，又要将其融于各个要件之中，因为在要件之外不可能判断犯罪成立与否。[2] 对于这种在"各个"要件中安插"犯罪阻却事由"的观点来说，首先，其没有根据不同"犯罪阻却事由"的成立条件来具体地界定：哪些要件是与犯罪行为"相类似"的，

---

[1] 参见黎宏《我国犯罪论体系不必重构》，《法学研究》2006 年第 1 期。
[2] 参见肖中华《犯罪构成及其关系论》，中国人民大学出版社 2000 年版，第 228—234 页。

因而刑法要对其予以关注，在这些被刑法关注的行为中，哪些要件是与犯罪行为根本不同的，因而刑法对其作出了非罪的评价；其次，对于这种"相类似"来说，在具体情况下，其判断标准究竟为何，与"符合"之间的联系与区别是什么，上述观点也显得语焉不详，但这些恰好就是研究"犯罪阻却事由"的关键；最后，由于这种"各个"要件中研究"犯罪阻却事由"的做法没有根据具体情况细化各个要件的不同作用，极易导致一种在"整体"要件中研究的方法："不可能将正当化行为置于四要件中的任何一个要件进行讨论。只能将之放在整个构成体系中讨论，但绝不能将之放在体系外研究"①。若依此论，"犯罪阻却事由"既不能在犯罪构成之外专门研究，又不细化至具体的某一个要件中进行研究，那么其结果就只能是根据脱离构成要件的规定进行"整体"研究，这恐怕才是"犯罪阻却事由"与犯罪构成理论之间关系不畅的原因所在。

（四）重新理解"犯罪构成"

如果说主张在"四要件"之外增加出罪通道的学者还在通过"四要件＋不存在犯罪阻却事由＝犯罪构成即犯罪成立"的办法维护犯罪构成的理论地位，那么王政勋教授则彻底否定了"犯罪构成"在认定犯罪中的终极地位，他认为，首先必须区分"犯罪成立条件"与"犯罪构成"，其中，"犯罪成立条件"包括积极条件与消极条件，而"犯罪构成"则是指犯罪的积极条件。成立犯罪的行为除了必须具备积极条件即符合犯罪构成外，还必须符合消极条件即不具备"犯罪阻却事由"。换言之，只有这两方面的条件同时具备，犯罪才能最终成立。"犯罪构成"是否符合，取决于刑法规范的内容，包括总则的规定与分则的规定，而犯罪是否最终成立，则取决于行为的社会危害性及其大小。从整体上看，犯罪成立条件具有对称性的特点：在总体层面存在着"犯罪构成"与"正当行为"（即具备了"犯罪阻却事由"的行为——笔者注），而在"犯罪构成"中存在着主观要素与客观要素的对称，在"正当行为"中则存在着法律规定的正当行为与法律未规定的正当行为。② 在此，王政勋教授不仅为犯罪阻却事

---

① 何敏华：《中国与大陆法系犯罪成立条件理论宏观比较——为中国犯罪构成理论的辩护》，《西北政法学院论文集》2002年版。

② 参见王政勋《正当行为论》，法律出版社2000年版，第40—42页。

由找到了一个栖身之地,也为"超法规的犯罪阻却事由"明确了理论地位。杨兴培教授同样是在规范的意义上将"犯罪阻却事由"与犯罪构成加以区分。他认为,从事实的角度来看,正当防卫等行为既是一个符合"犯罪构成"的行为事实,同时又是一个符合"犯罪阻却事由"之特别规定的行为事实;而从规范的角度看,"犯罪构成"与"犯罪阻却事由"之间是基于同一虚拟事实所设定的具有不同内容要求的并列的法律规范形式。这样一来便回答了前文中提出的那个问题:"哪些要件是与犯罪行为'相类似'的,因而刑法要对其予以关注",答案就在于使得一个行为事实具备受到刑法评价之可能的前提就在于已经符合了某种犯罪构成的事实规定,而当刑法对此规定了"犯罪阻却事由"时,则需要通过价值评价,排除原先符合犯罪构成的行为事实中的社会危害性。因此,具备了"犯罪阻却事由"的行为才被认定为不是犯罪。① 不过如此一来,"犯罪构成"中各方面的要件都被分成了事实判断与价值判断两个部分,而且,在价值判断中,也确确实实地多出了对"犯罪阻却事由"的单独判断。同时,从实际效果上来看,该类观点与前述在"四要件"之外增加出罪通道的学说并没有实质上的区别,一个是通过牺牲"四要件"对于"犯罪构成"的完整意义为代价维持"犯罪构成"的终极地位,另一个是通过牺牲"犯罪构成"的终极地位来维持"四要件"对于"犯罪构成"的完整意义。

(五) 本书的观点:于"犯罪客体"中判断

有学者认为,应当在"犯罪客体"中研究"犯罪阻却事由",同时,将"犯罪客体"要件置于第一位,容易导致先入为主,因此,在四个要件中应当将"犯罪客观要件"放在首位,而将"犯罪客体"紧随其后,这就使得"四要件"犯罪构成理论与阶层犯罪论体系一样具有层层递进的特征。这样一来包括"超法规的犯罪阻却事由"在内的全体"犯罪阻却事由"就都能够置于犯罪构成要件之中讨论,而且在体系结构上也具有合理性。② 论者认为将"犯罪客体"这一价值判断置于四要件之首有违先事实判断后价值判断的逻辑思维顺序,这一点是值得称道的,同时将包

---

① 参见杨兴培《犯罪构成原论》,中国检察出版社 2004 年版,第 317—322 页。
② 参见王骏《超法规的正当化行为论纲》,《河北法学》2010 年第 28 卷第 8 期。

括"超法规的犯罪阻却事由"在内的全体"犯罪阻却事由"都在"犯罪客体"这一价值判断中予以研究，从而为其在犯罪构成体系内找到一个合适的位置也是可行的。不过如此一来，一方面将"犯罪主体"及"主观方面"置于"犯罪客体"之后；另一方面又在"犯罪客体"中讨论"犯罪阻却事由"，则会显得具备"犯罪阻却事由"的行为似乎与主观要素毫无关联。① 但是在判断是否存在"犯罪客体"及其受侵害程度的结论之前，仅仅考察犯罪的客观要素是不够的，"犯罪主体"和"犯罪主观方面"也要进入考察的视野。相比之下，以下见解更具有合理性：即将犯罪构成分为两个层次，第一个层次包含"犯罪客观方面"、"犯罪主体"以及"犯罪主观方面"，其主要功能在于从正向积极地推定犯罪的成立；而第二个层次则仅仅包含"犯罪客体"，主要讨论各种具备"犯罪阻却事由"的情形，即将"犯罪阻却事由"置于犯罪构成之第二个层次的"犯罪客体"这一概念下予以认定，体现犯罪构成理论对成立犯罪范围的限缩作用（或曰"出罪功能"），既可以体现出刑法的保护功能，也能够彰显其保障功能。② 对于这种方法，必须弄清以下三个方面的问题：

第一，犯罪客体是否犯罪构成的内容？

传统"四要件"理论中的"犯罪客体"这一要件通常是指为犯罪行为所侵犯或威胁，因而需要由刑法予以保护的社会关系。从根本上看，社会是由人类个体所构成的，人类个体之所以构成社会就在于人类个体之间的相互交往。社会就是人们相互交往即相互作用的产物。从这个意义上说，人与人之间存在两种在性质上截然不同的关系：自然关系与社会关系。由于人类必须借助于种群的繁衍而突破个体生命的有限性，这种建立在生殖基础上的血缘关系就是自然关系，不仅人类，自然界中的其他生物种群也存在这种自然关系。但是，自然关系对于人类来说，其从来就不是人类之间相互关系的主导与本质，也不能独立地存在，而是必须在不同程度上为人与人之间的社会关系所改造，人类社会发展的程度越高，这种改造的作用就越明显。这种社会关系即是指被人类文化活动的共同性和连续性所表明的人类个体之间存在的不可摆脱的相互关系，这种关系以文化价

---

① 相关论述详见陈檬《正当化事由体系地位初探》，载陈兴良《刑事法评论》，北京大学出版社2007年版，第547页。

② 参见许发民《二层次四要件犯罪构成论》，《法律科学》2007年第4期。

值为基础，并在本质上超越了自然关系。① 因而对某个行为是否侵害了特定的"犯罪客体"即某种社会关系的判断，实质上就一种价值判断。但是，"犯罪客体"这一体现价值判断的要件在传统的"四要件"理论中却常常以"居于首位的要件"之面目示人，这样一来，就使得犯罪成立条件中的价值判断过于前置。具体表现在，刑事司法活动中的某个行为一旦被认为侵害了某个客体，则行为就立即被定性为犯罪行为，进而被告人也就成了"犯罪人"，并很难再以"行为没有实质上的社会危害性"为由为自己辩护，换言之，这样的做法会导致在刑事司法中出现先"价值判断"，再"事实判断"的局面，这样的做法显然不利于人权保障。另一方面，"犯罪客体"既然以"社会关系"为主要内容，那么这种价值判断就应当侧重于揭示犯罪的本质特征，而我国传统的刑法理论认为："行为具有一定的社会危害性，是犯罪最本质、最基本的特征。所谓社会危害性，即是指行为对刑法所保护的社会关系造成这样或那样损害的特性。"② 因此，这一要件所涉及的内容应当直接属于犯罪概念，而非犯罪构成。同时，在功能上，"犯罪客体"与犯罪对象具有重合性。因此，将"犯罪客体"作为犯罪构成的一部分并置于首要地位的做法，既可能造成抽象的犯罪概念和具体的犯罪构成这种技术性的标准相混淆又导致过分强调国家权力的作用。如此一来，可以认为"犯罪客体"不应当属于犯罪构成的要件之一，而应当将其置于犯罪概念（或犯罪本质）中进行研究。③ 但是，我国的"犯罪构成"并非阶层体系中的"构成要件"，它不是犯罪成立的一个阶层，而是犯罪成立的整体条件，对"犯罪客体"的判断是一种价值判断，一个缺乏价值判断的犯罪成立条件是不可想象，而如果将其置于犯罪概念中进行研究，那么犯罪概念必然要直接介入到犯罪的认定中，这想来是不合适的，因为如果犯罪概念可以直接决定犯罪的成立的话，那么就既不需要"要件"也不需要"阶层"了，而且从各国的刑法理论来看，也没有哪个国家将犯罪概念直接用于犯罪认定。刘远教授则从刑事诉讼的角度对该问题提出了具有建设性的看法：凡是在刑事诉讼中不

---

① 参见肖前主编《马克思主义哲学原理（上册）》，中国人民大学出版社1994年版，第340—341页。

② 冯军、肖中华主编：《刑法总论》，中国人民大学出版社2008年版，第118页。

③ 参见周光权《犯罪论体系的改造》，中国法制出版社2009年版，第43—44页。

能用证据证明的东西就不能被纳入犯罪构成的视野,"犯罪客体"既抽象又难以理解,只能通过其他三个要件来反映,因此,"犯罪客体"不是被证明的,而是被说明的,将其强行塞入犯罪构成会导致其最终在起诉书中沦为摆设。[1] 这一观点正确地认识了"犯罪客体"与其他要件之间的关系,即"说明与被说明",但是这种"被说明"的内容恰好是起诉书或判决书中不可或缺的要素,而不是摆设,一份只有被证明的要素而没有被这些要素所说明的内容的起诉书或判决书是不可想象的,甚至有些认定事实清楚、适用法律无误的判决正是因为缺少合理的说明而没有起到良好的社会效果。因此,从这个角度来说,被"说明"的"犯罪客体"对于犯罪成立之整体条件来说也是不可或缺的。对此,刘艳红教授也表示:传统"四要件"犯罪构成理论中的"犯罪客体"所包含的规范性内容,在意识形态较为浓厚的时代背景下或许是个"不言自明"的问题,但在意识形态渐趋淡化的背景下却也需要得到证明,这种证明是体现在司法文书之中,并以陈述性或说明性的方式出现,而在证明的实质内容上则需求诸其他要件。[2]

第二,"四要件"犯罪构成能否分层?

周光权教授认为传统"四要件"犯罪构成理论所坚持的形式与实质的统一性,会带来"一次司法裁判过程,难以同时完成形式判断和实质判断"[3] 的问题。如果说,确实只有"一次"司法裁判过程,那么当然会存在问题,因为从人类思维规律来看,在任何刑法理论中都不可能实现同时完成形式判断和实质判断。但是在大陆法系三阶层体系中,这种形式判断和实质判断也是在"构成要件符合性"的判断阶段就完成了,因为,如前所述,"构成要件符合性"的判断与"违法性"的判断并非是形式判断与实质判断的关系,而是知性思维与辩证理性的关系,因此无论是大陆法系三阶层体系中的"构成要件符合性",还是我国的"四要件"犯罪构成理论在形式判断与实质判断的问题上,都是在一个阶段内完成的,但是从思维规律和司法实践中看,即便在同一阶段内,司法裁判过程恐怕也都

---

[1] 参见刘远《犯罪构成模式的反思与重构》,《中国刑事法杂志》2006年第5期。

[2] 参见刘艳红《目的二阶层体系与"但书"出罪功能的自治性》,《法学评论》2012年第6期。

[3] 周光权:《犯罪论体系的改造》,中国法制出版社2009年版,第42页。

不只有一次，只是在文字表述上没有体现出来，因此才有论者主张将"构成要件"明确地二分为"形式构成要件"与"实质构成要件"①。在"四要件"犯罪构成理论中，也并非只有一次司法裁判过程，而是存在对具体犯罪事实的形式与实质判断，只是这些判断没有表述得非常清晰。正是基于此，才有学者认为我国的犯罪构成理论"在规范设置的层面表现为犯罪构成四要件是平行并列的，四者融为一体共同表述着成立犯罪之行为的严重社会危害性、刑事违法性的特征"②。这里的"共同表述……"显然是正确的，但是"平行并列"则值得商榷，虽然从有关犯罪构成的论述中，总能看到这样的话"犯罪构成是一系列客观要件和主观要件的有机统一的整体"③。但是，本书认为，这类论述其实是在犯罪构成理论创立之初，针对法律虚无主义的盛行以及司法工作人员业务素质普遍偏低，为防止在司法实践中出现"客观归罪"或"主观归罪"的情况下所提出的，其本意在于强调犯罪是主客观的统一体，因此在司法裁判过程中不要有所遗漏，而没有对四个要件的内部体系地位作出界定。可以想象，在那个"要不要刑法"、"要不要犯罪构成"尚存争议的年代，要对四个要件的内部体系地位展开今天这样程度的研究简直是种"奢望"。而现在的大多数学者认为四个要件之间存在所谓"一荣俱荣、一损俱损"的关系，恐怕更多的原因还是在于各个要件之前所冠以的"犯罪"二字，在缺少一个要件的情况下，犯罪就不能成立，因而当然也就不存在其他要件，但是，如果将此处的"犯罪"理解为"行为"，则未必会得出这样的结论，没有了"行为客体"，"行为主体"未必不存在。在此基础上，讨论各个要件的体系地位也就有了可能，黎宏教授就认为："在我国的平面式犯罪构成中，虽说四个方面的要件都在一个层面上，都同样重要，缺一不可，但是，在其内部，还是有先后轻重缓急之分的"④。在事实上，对四个要件的分层甚至排序的努力一直在进行，相当数量的学者主张对于四

---

① 详见王俊《构成要件理论：形式与实质——构成要件二分说之提倡》，载陈兴良《刑事法评论》第28卷，北京大学出版社2011年版，第36页。
② 张小虎：《我国犯罪构成理论思想探究》，《河南省政法干部管理学院学报》2003年第6期。
③ 马克昌：《犯罪通论》，武汉大学出版社1999年版，第72页。
④ 黎宏：《我国犯罪论体系不必重构》，《法学研究》2006年第1期。

个要件按照"犯罪主体——犯罪主观要件——犯罪客观要件——犯罪客体要件"① 的顺序。

第三,"四个要件"怎样分层?

对于犯罪构成中各个要件之间的关系,有学者认为,由于"犯罪客体"本质上是社会关系,即权利义务或利益等抽象的东西,因此它并非可以为人的感官所直接感知,而是需要靠理性思维来把握的,这一点也就形成了它与"犯罪主体"、"犯罪客观要件"、"犯罪主观要件"其他三个要件最大的区别,而将这四个要件并列地放在同一个层面的做法,无异于是将犯罪的本质放在了与形成这一本质的现象同等的地位上,这显然是有违思维规律的。换言之,某种行为是否侵犯了法律所规定的社会关系,不是直接建立在对某个要素的感知之上的,而是一个需要通过对全部行为的事实进行分析、归纳才能得出的结论,具体来说,在犯罪构成中,就是需要通过"犯罪主体"、"犯罪主观方面"、"犯罪客观方面"的证明去认识、去分析行为是否侵害了某种社会关系,因此,将"犯罪客体"与其他三个要件并列是降低了其对于犯罪认定所具有的规范意义②。同时,通常置于"犯罪客体"部分介绍的"犯罪对象"也应当是"犯罪客观方面"所研究的内容,而非属于"犯罪客体"的内容。因为"犯罪对象只能是犯罪行为直接作用的人或物"③,而作为"犯罪行为直接作用的人或物",显然应当划归"犯罪客观方面"的内容,而非"犯罪客体"的研究范畴即"社会关系"。而将"犯罪客体"与"犯罪对象"同时介绍的做法,无非是为了强调不要混淆了"客体"与"对象"这对近义词在犯罪构成中的含义。至此可以认为,较为妥当的做法是将"犯罪主体"、"犯罪主观方面"、"犯罪客观方面"(包含"犯罪对象")等要件放在犯罪构成的第一层次,而将体现受到危害的社会关系的"犯罪客体"要件放在犯罪构成的第二层次。而对于具有"犯罪阻却事由"的行为来说,这些行为之所以不构成犯罪,从本质上来说,不是因为其不是任何主体的行为,也不是主体不存在主观上的意思,更不是因为没有客观的表现,而是

---

① 关于四个要件的排序详见冯军、肖中华主编《刑法总论》,中国人民大学出版社2008年版,第151—154页。

② 参见朱建华《论犯罪客体不是犯罪构成要件》,《广东社会科学》2005年第3期。

③ 王作富、黄京平主编:《刑法》,中国人民大学出版社2011年第5版,第43页。

因为其没有对一定的社会关系造成侵害,如此一来,我们就能够发现"犯罪客体"要件与"犯罪阻却事由"所研究的内容刚好是一个问题(即是否对一定的社会关系造成了侵害)的两面,所以理应将"犯罪阻却事由"置于"犯罪客体"中进行研究。这样,一方面由于"犯罪客体"包含了"犯罪阻却事由"的内容,因而能够保持了以"四要件"作为全部内容的犯罪构成理论在我国刑法理论中对犯罪认定的终极地位,又"使我国犯罪论体系增加了出罪的构成因素";另一方面,也有利于在对包含"犯罪阻却事由"在内的"犯罪客体"的研究中,尽可能将现有的"超法规的犯罪阻却事由"上升为法律的明文规定,从而扩大法定的"犯罪阻却事由"的范围,"在维护罪刑法定原则的法定性、明确性和确定性特质的基础上,以达到基于具体情由而灵活运用刑法的目的"①。但是,如此一来,在依据犯罪构成对行为是否构成犯罪进行判断时,由于是否侵害了某种社会关系应当在最后予以判断,那么将之前的三个要件之前冠以(犯罪)二字并不准确,而将其称为"行为客观方面"、"行为主观方面"等较为妥当,但这些称谓已经是约定俗称的用法,在论述时不会产生过多的误解,因此,本书仍然予以沿用。

至于"犯罪客体"与其他三个要件之间的关系,笔者认为,首先,它们之间不是形式判断与实质判断的关系。因为前者是根据法的安定性作出的判断,体现的是形式理性的要求;而后者则是根据法的合目的性作出的判断,体现的是实质理性的要求,形式理性与实质理性相结合才能体现出法的合理性。在对事物性质的判断中,无论是就其结果抑或过程而言,形式判断与实质判断都是同时进行、缺一不可。

其次,不能将它们之间的关系——如同阶层犯罪论体系中的构成要件符合性的判断与违法性的判断之间的关系那样——认为是知性判断与辩证理性的关系,因为"四要件"理论并没有像阶层犯论体系那样对违法要素与责任要素进行划分,因此无论是犯罪成立的肯定性要件还是否定性要件都既包含着违法要素,也包含着责任要素,而所谓的"违法"是针对行为的社会意义而言的,"有责"是根据行为人的可谴责性作出的判断,

---

① 徐岱、沈志民、刘余敏:《犯罪本质与实质违法性的判定》,《吉林大学社会科学学报》2009年第49卷第6期。

当行为人因为缺乏可谴责性而予以出罪时，不能认为这一结果是对行为性质进行辩证思维而形成的。况且，在"犯罪客体"中讨论的"犯罪阻却事由"不仅包含着阶层犯罪论体系中的"违法阻却事由"，也包括"构成要件阻却事由"，这也从另外一个方面证明了，对"犯罪客体"的判断不能仅仅局限于辩证理性，而缺乏知性思维。

最后，也不能将这种关系理解为事实判断与价值判断之间的关系。因为，虽然"犯罪主体"、"犯罪客观方面"与"犯罪主观方面"都体现为一定的自然事实与心理事实，但是由于包括"四要件"理论在内的任何一种犯罪成立理论都是与一国的刑事立法密切相关的，而立法者在进行立法时所选取的要素，绝非因为这些要素的事实属性而被写进法律，而必须被认为是承载了立法者所欲实现的目的，因之，无论是刑事立法所使用的语言还是犯罪构成所包含的要件都不可能仅仅根据事实判断就能够被确定的因素，即便其中含有事实性的因素，也是立法者根据自身的价值标准所确定的目的对自然事实所作出的裁剪，由此也就势必渗透出立法的价值判断。例如，当立法者将某些事实规定为"犯罪客观方面"时，并不是因为这些事实是"这个事实"才成为"犯罪客观方面"的，而是因为立法者认为在绝大多数情况下，这些事实会产生危害社会的后果，从而预先做出了否定性评价。并且，对于包含了"犯罪阻却事由"的"犯罪客体"来说，其也不可能仅仅存在价值判断，因为任何一个"犯罪阻却事由"都首先需要体现为一定的事实性因素，如正当防卫中的"侵害行为"、紧急避险中的"情势的紧迫性"，等等。

应当认为，由"犯罪主体"、"犯罪客观方面"与"犯罪主观方面"构成的犯罪构成"第一层次"与由"犯罪客体"构成的犯罪构成"第二层次"之间的关系是立法的价值判断与司法的价值判断之间的关系。理由在于：

第一，任何一种具体犯罪的"犯罪客观方面"都在我国刑法的分则当中存在一定程度的描述，某些规定了"特殊主体"或者只能由故意构成的犯罪，也在刑法分则中予以了明文规定，对于其他犯罪行为的主体与主观方面也在刑法总则的第14条至第19条中作出了明文规定。而对于正当防卫、紧急避险等行为的"必要限度"以及因"情节显著轻微"而不被认为构成犯罪的行为之危害程度等涉及"犯罪阻却事由"的内容却规定得较为模糊，只能在法律适用的过程中，交由司法者根据具体情况予以认定。

第二，如前所述，犯罪构成理论是连通刑事立法与刑事司法的"桥梁"，而基于立法者的局限性，任何一部刑事法律都不可避免地存在文字表述上的不周延性，既有可能没有包括立法者本来希望予以处罚的情形，也有可能不当地将立法者认为不值得或者不能够处罚的情形包含其中。对于前者而言，不能通过类推适用的方式，将行为作为犯罪进行处罚，而对于后者来说，则应当在司法过程中，根据具体情况，在犯罪构成所确立的框架内，通过对刑法规范的合理解释来将这些行为予以出罪，充分体现立法的原则性与司法的具体性。因此，作为犯罪成立条件的犯罪构成理论，理应做到既包含立法者的价值判断，又为司法者的价值判断留出合理的空间；既保留立法的稳定性，又体现司法的灵活性，从而承担起沟通立法与司法的使命。

第二节　依推定的权利人同意之行为的出罪理由

在明确了包括依推定的同意之行为在内的各种"犯罪阻却事由"应当在"犯罪客体"这一要件中进行研究以后，基于该要件本身就是以"社会关系"为基本范畴而展开的，因此，对依推定的同意之行为出罪理由的探讨，也必须从该类行为并没有侵害任何"社会关系"即不存在"社会危害性"着手。

一　社会危害性是犯罪的本质属性

(一) 社会危害性的概念

所谓社会危害性，"简单地说即危害社会的特性，就是指行为对社会秩序和社会关系造成这样或那样损害的事实特征"[①]。由于我国刑法第13条对于犯罪概念的规定是以"危害社会"为基底的，又因为能够作为犯罪予以处罚的对象势必应当是作为行为事实而存在的，因此社会危害性也

---

① 高铭暄主编：《刑法学原理》第1卷，中国人民大学出版社2005年第3版，第383页。

理应是行为的"事实特性",但这种"事实特性"并非适用于任何一种给定的内容,换言之,不能随意地将行为的任何一种特性都视为"社会危害性"。具体而言,由于刑法的调整对象是作为个体而存在的公民个人的基本人权与保障作为集体而存在的全体公民的基本人权的法律制度之间的关系,那么犯罪概念中的所谓的"危害社会"应当是指对于保障作为集体而存在的全体公民的基本人权的法律制度的违反①,"社会危害性"即是指行为对这些法律制度违反的属性。大体上来说,"社会危害性"的基本内容包括以下几个方面:

1. 客观危害性

行为的客观危害性指的是某个行为具有在客观上对社会总体利益所造成减损的属性,这种利益的减损从其所涉及的对象上来看,包括物质性减损与非物质性减损,前者包括身体健康、财产等,而后者主要是指名誉、人格等利益;从减损所存在的形式上来进行区分,可以分为实在的减损和发生减损的危险。在不考虑主观恶性和人身危险性的前提下,原则上客观危害性与社会危害性呈正比例关系,一个客观上造成利益减损过低的行为,无论如何不能作为犯罪进行处罚,如盗取一分钱或者拽掉他人一根头发。但是,在某个行为造成巨大的利益减损时,也不能认为该行为一定构成犯罪甚至是严重的犯罪,如行为人因为意外事件造成他人遭受重伤或者死亡。

2. 主观恶性

主观恶性是"犯罪人主观上所具有的某种属性,这种属性是建立在犯罪人的主观心理状态之上的"②。具体来说,其是犯罪人在对社会整体利益造成客观上的减损时所持有的对保障作为集体而存在的全体公民的基本人权的法律制度的蔑视甚至敌对的态度。从我国刑法的规定来看,这种主观恶性分为故意与过失两大类别,包括我国在内的世界各国的刑法都对故意犯罪规定了远高于过失犯罪的法定刑,并且有些犯罪只能由故意行为构成,在造成了同样客观危害的行为中,不能出现过失行为构成犯罪而故意行为却不构成的情况。

---

① 参见肖洪《论刑法的调整对象》,中国检察出版社 2008 年版,第 168 页。
② 陈兴良:《刑法哲学》,中国政法大学出版社 2004 年第 3 版,第 31 页。

3. 人身危险性

有学者认为："所谓人身危险性，指的是犯罪人的存在对社会所构成的威胁，即其再犯罪的可能性"[1]。另有学者认为，人身危险性不能仅仅被理解为再犯可能性，而还应当包括初犯可能性，是两者的统一。其中，再犯可能性是犯罪人的属性，而初犯可能性则是犯罪人以外的其他人的属性。[2]但是对于人身危险性与社会危害性之间的关系，不是没有争议的。有学者认为："人身危险性不同于社会危害性，社会危害性是基于报应，是对已然之罪的一种否定的政治与法律评价，根据个人责任论，应当受到刑罚处罚。而人身危险性是基于预防，是犯罪人的一种未然行为之可能性。"[3] 也有学者认为，如果仅从客观危害和主观恶性的角度来理解社会危害性，是不充分、不全面的做法，因为刑法对于累犯、自首、立功等与人身危险性有关的情节都作出了不同的评价，从而体现了不同的社会危害性[4]，并且当某个行为并没有构成犯罪即不具备社会危害性时，是不能够在刑法的意义上空谈行为人的人身危险性的[5]，因此人身危险性必须作为社会危害性的一部分内容来理解。对此，笔者认为，如果非要以"已然之罪"与"未然之罪"的角度来划分两者也未尝不可，但是如果一方面以社会危害性为基本范畴来构建犯罪构成，另一方面又坚持犯罪构成是认定犯罪的唯一规格与标准的话，那么人身危险性就一定要从属于社会危害性，因为无论如何，再犯可能与初犯可能都必须成为犯罪认定活动中必须考察的因素。

4. 适用刑法的不得已性

犯罪行为必然会对社会造成某种损害，但是并非某种行为只要造成了某种损害，就一定是侵害了"社会关系"，这可以分为两层意思加以理解：

第一，虽然任何人相对于整个社会来说都是社会中的个体，但并非任何人在任何场合下的相互关系都属于"社会关系"。因为社会不是单纯的

---

[1] 邱兴隆、许章润：《刑罚学》，群众出版社1988年版，第259页。
[2] 参见陈兴良《刑法哲学》，中国政法大学出版社2004年第3版，第144页。
[3] 陈兴良：《刑法哲学》，中国政法大学出版社2004年第3版，第146页。
[4] 参见肖洪《论刑法的调整对象》，中国检察出版社2008年版，第174—175页。
[5] 参见朱建华《论犯罪的社会危害性的内在属性》，《法学研究》1987年第1期。

个人活动的无序总和,而是按一定的内在联系构成的有序系统,这种个人活动的内在联系就是社会关系,社会关系在本质上是由生产实践所决定的分工与协作的关系。具体而言,从人类作为"文化的存在物"这一角度来看,社会就是由从事文化创造的共同活动和连续活动的人类个体所组成的,换言之,社会关系具有共同性与连续性。因此,当某些个人之间存在的关系并没有体现出与社会文化有关的共同性与连续性时,就不能被认为是"社会关系",相应地,当这些人中的一部分对另一部分的利益产生了侵害时,也就不能被认为是侵害了"社会关系"。从对人与人之间的关系进行调节的规范种类来看,如果特定情境下不同主体间的相互关系需要以适用于全社会的正式规范来予以调节的话,那么这类关系就应当属于"社会关系",反之则不属于。从依推定的同意之行为所依据的规范性质来看,如前所述,该类规范属于适用于"小型群体"内部的"非正式规范",并不具有适用于全社会的性质,因此接受此类规范指引的行为所涉及的人与人之间的相互关系也并非"社会关系"。

但是需要特别指出的是:其一,任何人之间都不仅仅存在一种关系。其中,"社会关系"存在于社会中的任何成员之间,无论他们是"形同陌路"还是同处于某个"小型群体"中,因此不能笼统地将某两个人之间的关系归纳为"社会关系"或"特定关系",例如对于父与子之间的关系而言,就不能笼统地将其称为"父子关系",继而判断其是否属于"社会关系",而必须根据某个行为所处的特定场合。具体而言,如果当某个行为所涉及的内容关乎父亲或儿子作为普通社会成员存在于这个世界或人类社会中的基本条件抑或法律所规定的抚养或赡养义务[①]时,那么该行为所涉及的关系就属于"社会关系",因为对这类行为的调节需要动用社会中的正式规范;而如果某个行为只是体现出了父亲与儿子之间的相互关爱,那么即便其中的一方对该行为不予认可,也不宜动用正式规范予以介入,而应当考察存在于双方之间的"非正式规范"。从人们生活的实际状况来说,如果人与人之间(如父子之间)做出每个行为的动因都在于"法律(正式规范)让我做什么或者不做什么",而丝毫不能体现出些许"特定关系"的因素,那么也许社会中的正式规范甚至社会本身都将失去存在

[①] 一般而言,法律尤其是刑法总是把这些义务设定在一个较低甚至是最低的限度。

的意义。而且，如果说父与子之间的关系与社会中的一般人之间的关系相比较，也会由于正式规范的存在（如法律规定了抚养或赡养义务的场合）体现出某些"特定"的因素，那么对于邻居之间、朋友之间来说，如果仅仅考虑正式规范的话，则根本无法体现出这些关系与普通的人与人之间的关系有什么不同，而如果当他们之间的某个行为并非接受正式规范的指引时，那么所涉及的关系自然不属于"社会关系"。

其二，作为社会正式规范的法律不仅仅只有刑法，那么当"小型群体"中存在"特定关系"间的人们依照"非正式规范"行为时，其他部门法（如民法）能否介入呢？对此应当根据两种情况予以分别讨论。对于依推定的同意之行为而言，权利人在事后既有可能表示认可，也有可能不予认可。在权利人认可行为人之行为的场合，由于"民法的主要特征及规范意义在于自由与平等，即个人得自主决定，自我负责地形成彼此间的权利义务关系（司法自治）"[①]，因此在这种场合下遵循正式规范与遵循"非正式规范"没有区别[②]，即行为人无须向权利人承担民事责任。而在权利人对行为人之行为不予认可的情况下，行为人有可能要向权利人承担诸如赔偿或者返还等民事责任，即民法这一正式规范介入了对行为的评价。但在这种场合下，权利人对行为人遵循了"非正式规范"的要求从而具有充分理由所进行的行为竟然不予认可，则很难说他们还存在作为构建"非正式规范"之前提的"特定关系"，换言之，此时已经超出了"非正式规范"的效力范围，那么正式规范的介入当然不可避免。然而我们不能忘记的是，此时"非正式规范"的失效仅仅是相对于民法而言的，因为民法调整的是平等主体间的人身关系与财产关系，为了保障国民的私人利益，当然应当秉承"个人乃自己事务的最佳判断者及照顾者"这一理念，在判断某个因擅自处置了他人利益的行为人是否需要向权利人承担民事责任时，充分尊重了解了全部事实情况后的权利人的真实而现实的意志；而刑法需要判断某个行为是否违反了保障作为集体而存在的全体公民的基本人权的法律制度，这种判断侧重于对行为人方面的单向性考察，换言之，在行为人擅自处置他人利益时，如果他具有相当的理由认为自己与

[①] 王泽鉴：《民法概要》，中国政法大学出版社2003年版，第4页。
[②] 也可以认为此时正式规范的要求即是尊重"非正式规范"。

权利人仍然处于某个"小型群体"内，仍然具有一般人所不具有的"特定关系"，并且完全遵循着相关"非正式规范"的规定，那么他的行为就不受刑法这一正式规范的调节，换言之，关涉行为之刑法意义的评价应当在"行为时"而非"评价时"，对此，前文已有详述。

第二，即便某个行为确实对"社会关系"造成了一定的影响，也不能立刻被认为是侵害了"社会关系"。因为既然以"社会关系"这一概念作为研究犯罪的基本范畴，而犯罪概念中的所谓的"危害社会"应当是指对于保障作为集体而存在的全体公民的基本人权的法律制度的违反，那么一个侵害了"社会关系"的行为就应当被理解为如果不动用刑法对这类行为进行抗制与预防，那么全体公民的基本人权将会受到严重的侵犯或威胁；换言之，只要存在其他控制手段（如行政手段、除刑法外的其他法律手段）能够对某类影响社会关系的行为产生抗制作用时，就不允许将该类行为视为侵害了"社会关系"（即具有"社会危害性"）的行为，并将其作为犯罪而动用刑法予以处罚。这一思想也被称为刑法的"谦抑性"，具体而言，"谦抑"具有以下三层含义：其一，刑法的补充性。刑法归根结底是一种维护社会整体秩序以及保障国民个人安全的手段与措施，但是其动用条件只有在其他手段（包括行政手段与其他部门法手段在内的正式控制方式以及由习惯的、道德的手段等构成的非正式控制方式）显得不充分时，才能具备。其二，刑法的不完整性。虽然刑法是一种维护社会整体秩序以及保障国民个人安全的手段与措施，但是其也只不过是作为社会整体控制规范体系中的一个（重要）组成部分，而非这一控制体系的全部；详言之，刑法所面对的调整对象只能是对于社会整体秩序以及国民个人安全有着严重不利影响的危害行为，而不能够渗入到国民生活的方方面面。其三，刑法的宽容性。即使其他控制方式在社会整体秩序以及国民个人安全受到侵犯之际未能起到有效的抗制效果时，刑法也没有必要毫无遗漏地对危害行为处罚。[①]

但是有学者认为：在现代汉语语境中，它传达给我们的都是谦虚、抑制、缩减、压缩的意思，仅从字面含义来看，刑法谦抑性非常容易被人理解为刑法的制定或适用应当低于应有的限度，甚至越少越好。这样一来，

---

① 参见张明楷《论刑法的谦抑性》，《法商研究》1995年第4期。

刑法"谦抑性"只包含刑法退让标准，不包括刑法的启动标准[1]，从这个角度来说，将该原则称为"适用刑法的不得已性"更为确切[2]。这里需要加以说明的是：首先，"适用刑法的不得已性"不仅仅能够被用于解释上述第二类行为，而且也当然能够解释第一类行为。因为，在相互之间的关系不属于"社会关系"的群体中，维护与保障其稳定性和成员利益的方法应当依靠群体内部规范的建立与遵循来得以实现，只有当这种规范被打破，从而必须站在"社会"这一立场看待他们之间的关系时，方有动用刑法之可能性。其次，对于第二类行为来说，"适用刑法的不得已性"这一标准不能直接被运用到确定"社会危害性"的规格中去，而是必须作为客观危害性、主观恶性与人身危险性的程度标准加以研究。相当数量的学者认为，社会危害性不能直接作为犯罪的本质特征加以研究，因为除了刑事违法行为以外，违反其他法律的行为也具有社会危害性，因此必须在社会危害性这一称谓之前冠以进行限定的用语，有学者主张使用"犯罪的社会危害性"[3]，有学者主张使用"严重的社会危害性"[4]，有的学者主张使用"应受刑罚惩罚的社会危害性"[5]，有的学者主张使用"应负刑事责任的社会危害性"[6]。

对此，本书认为，由于研究行为是否具有"社会危害性"本来就是对某个行为是否构成犯罪，从而需要承担刑事责任进而是否需要运用刑罚进行处罚的判断，因此在"社会危害性"之前冠以"犯罪"、"应负刑事责任"、"应受刑罚惩罚"有循环论证之嫌，而"严重"这样的限定词又显得不太明确（虽然作为一个实质的标准，任何语言也无法作出绝对精确的描述）。但是，如果依本书的思路，将"危害社会"的行为视为对社

---

[1] 参见茹士春《论刑法不得已性——刑法与其他部门法协调适用的准则》，载陈泽宪、李少平、黄京平《当代中国的社会转型与刑法调整（上卷）》，中国人民公安大学出版社2013年版，第69—70页。

[2] 关于其他采用类似称呼的观点参见陈忠林《刑法散得集（Ⅱ）》，重庆大学出版社2012年版，第33页。

[3] 参见高铭暄主编《刑法学原理》第1卷，中国人民大学出版社2005年第3版，第389页。

[4] 参见马克昌主编《犯罪通论》，武汉大学出版社1999年版，第19页。

[5] 参见赵秉志主编《刑法争议问题研究》，河南人民出版社1996年版，第171页。

[6] 参见李永升《犯罪论前沿问题研究》，中山大学出版社2009年版，第14页。

会关系之共同性与连续性进行破坏的行为，那么"社会危害性"这一概念本来就要求行为具有相当程度的危害性，而坚持要对这一概念进行限定的做法，无疑是将任何影响社会关系的行为都视为具有"社会危害性"。当然，不需要对"社会危害性"这一概念作出限定，不代表不需要对客观危害性、主观恶性与人身危险性提出程度上的要求，这一要求就体现为如果某个行为当中所体现出的客观危害性、主观恶性与人身危险性到了国家非动用刑法不足以进行抗制的时候，行为才能被认为危害了社会关系，从而具有社会危害性，也就需要刑法的介入了。

二 依推定的同意之行为不具有社会危害性

（一）社会危害性与法益侵害性

虽然我国传统刑法理论将"社会危害性"这一概念视为犯罪的基本属性与构建犯罪构成的基本范畴，但是并非每个学者都赞同这种做法，如陈兴良教授认为，"社会危害性"这一概念很容易导致在犯罪构成之外寻找犯罪成立的理由，从而将不符合犯罪构成的行为以"具有社会危害性"为由而作为犯罪进行处罚[1]，并且这一概念具有模糊性和含混性的特点[2]，因而应当以大陆法系刑法理论中的"法益侵害性"这一概念来取代"社会危害性"[3]。对此，学者们表示了不同的看法：有学者支持上述观点，认为"社会危害性"以及我国刑法之第13条所规定的"但书"贬损了犯罪构成作为犯罪成立条件的地位[4]；有的学者主张"社会危害性"这一概念是科学合理的，因而需要"善待"之[5]；有学者认为，不能因为"社会危害性"在具体刑事司法活动中进行运用所产生的偏差，就否认这一概

---

[1] 参见陈兴良《违法性理论：一个反思性检讨》，载贾宇《刑事违法性理论研究》，北京大学出版社2008年版，第57页。

[2] 参见陈兴良《社会危害性理论：进一步的批判性清理》，《中国法学》2006年第4期。

[3] 参见陈兴良《社会危害性理论——一个反思性检讨》，《法学研究》2000年第1期。

[4] 参见付立庆《论违法性理论在刑法总论中的应然地位》，载贾宇《刑事违法性理论研究》，北京大学出版社2008年版，第182页。

[5] 参见储槐植《刑事一体化论要》，北京大学出版社2007年版，第92页。

念本身的合理性①。有学者站在调和两者的立场，如赵秉志教授认为：该两者并无本质上的不同，只是在对犯罪观察的角度上存在差异，其中，"社会危害性"主要着眼于社会防卫的立场，而"法益侵害性"则侧重于保障个人②；而陈忠林教授则更加直接地指出："德日刑法理论中的'违法性'所代表的'法益侵害性'和我国刑法中的'社会危害性'，意思应该是一致的"③。

对此，本书认为：第一，"社会危害性"这一概念的模糊性并不是由于其名称的选用而导致的，而是实质性的概念所固有的缺陷（也许这根本就不是缺陷，而仅仅是一种特征），无论是"社会危害性"还是"法益侵害性"都是如此。"法益的概念并不比社会危害性更具有规范质量"④，就"含混不清"这一点来说，"法益"这个词所受的诟病绝对不比"社会关系"所受到的要少，这一点从前文中对"法益"概念的介绍与分析之中就可以看出。因此，"社会危害性"这一概念所带来的问题，主要应当从人们对其的理解以及与犯罪概念、犯罪构成的关系中去解决，而不是简单地换个称谓⑤。

第二，将"社会危害性"与"法益侵害性"等同起来的做法既不可能，也无必要。当人们欲将这两个概念互相置换时，就不能不考虑两者分别所属的理论体系。具体而言，"我国传统的四要件体系，并不是以违法与有责两个支柱建立起来的，而是以客观与主观两个概念构建起来的"⑥，即通常所说的社会危害性概念的"主客观的统一性"。而大陆法系的犯罪概念是建立在"法益侵害性"和"可谴责性"的基础之上的，因此我国的"社会危害性"并非等同于大陆法系的"法益侵害性"，而是一个涵盖了"违法性"与"有责性"的综合概念，是完整犯罪概念的全部而非大部，即社会危害性就是犯罪概念本身，不用再添加任何"可谴责性"。换

---

① 参见马荣春、周建达《为社会危害性概念的刑法学地位辨正——兼与陈兴良教授商榷》，载赵秉志《刑法论丛》第19卷，法律出版社2009年版，第202页。
② 参见赵秉志、陈志军《社会危害性理论之当代中国命运》，《法学家》2011年第6期。
③ 陈忠林：《刑法散得集Ⅱ》，重庆大学出版社2012年版，第149页。
④ 沈海平：《社会危害性再审视》，《中国刑事法杂志》2004年第2期。
⑤ 当然，如果换个称谓意味着犯罪论体系的重构，那么这种改变就不仅仅是名称的转换。
⑥ 张明楷：《构建犯罪论体系的方法论》，《中外法学》2010年第1期。

言之，社会危害性是犯罪的一个整体性概念，而无论是"主观"与"客观"抑或是"违法性"与"有责性"都是说明这种犯罪本质属性的方法，双方的关系就如同"地球的大洲和大洋"与"经纬线"一样，虽然各自都能够对作为整体的地球进行描述，却不能简单地互相替代。因此，尽管从大体上来说，我国刑法理论中的"社会危害性"概念承担着大陆法系刑法理论中的"法益侵害性"在对犯罪成立标准的实质判断中的机能，但两者之间由于体系问题而形成的区别却必须被强调，其中最重要的区别就在于："社会危害性"这一概念是一个主客观相统一的概念，"它不仅在客观上承担着与大陆法系国家刑法中法益概念相当的机能，在主观上也事实承担着大陆国家刑法中有责性的部分机能"①，这一机能是"法益侵害性"概念所不能够也不应当具备的。换言之，这两者之间的关系是一种刑法理论中的"全体"与另一种刑法理论中的"大部"之间的关系，因此这种转换既无可能也无必要。在没有对两种犯罪论体系进行比较之前就进行两个概念的"会师"并非妥当，至于两种犯罪论体系孰优孰劣则并非本书的研究范围，笔者也无意介入这种体系性的论争，只是为了强调这两个概念是不能互相替代的。

第三，由于"社会危害性"的概念在外延上大于"法益侵害性"，因此对于一个否定了"法益侵害性"的行为来说，当然也就不具有"社会危害性"，然而，这却不能成为否定行为之社会危害性的固定程式，因为肯定某个行为的社会危害性与否定某个行为的社会危害性是一个问题的两面。换言之，两者所采取的方法必须适用同一个标准，这与阶层犯罪论体系中对于是否存在"法益侵害性"的判断是一个道理，即肯定行为的"法益侵害性"与否定行为的"法益侵害性"都必须依据"法益"这一概念，然而肯定某个行为的社会危害性却不是来自"法益"，而是在前文中所论述的几个方面的内容。

（二）"犯罪阻却事由"的分类

"法益"概念不能为"社会危害性"的认定提供完整的理论基础，但并不意味着阶层犯罪论体系不能给"四要件"犯罪构成理论以任何启示。如前所述，由于阶层犯罪论体系采取"构成要件符合性"、"违法性"与

---

① 童伟华、武良军：《刑法中社会危害性概念的机能分析》，《时代法学》2011年第4期。

"有责性"层层递进的模式,因此,其"犯罪阻却事由"也能够被相应地区分为"构成要件阻却事由"、"违法性阻却事由"与"责任阻却事由",虽然这种区分本身也不能够达到完全精准的程度,但总是强于在"犯罪阻却事由"的认定中,笼统地强调"缺乏社会危害性",而不对缺乏社会危害性的原因进行分析并在此基础上对这些事由进行归类。其实,根据社会危害性所包含的内容,完全可以在"犯罪客体"这一要件中细分出几类"犯罪阻却事由",具体方法如下:

1. 因对社会有益的"犯罪阻却事由"

由于犯罪的本质属性在于社会危害性,即会对社会关系造成种种损害,因而国家才需要动用刑法予以抗制,虽然对社会关系会产生何种程度的不利影响之行为才能够被称为犯罪进而才需要科处刑罚的问题在刑事立法与具体的犯罪认定中还存在着争议,但有一点是确定无疑的:对社会有益的行为,无论如何是不能作为犯罪而受到刑罚制裁的。在这类行为中,较为典型的即是正当防卫与紧急避险。其中,正当防卫是指行为人在面临不法侵害时,针对不法侵害人实施的一种暴力反击行为;而紧急避险则是指当合法权益遭受到现实的危险时,采用其他措施无法加以避免时,不得已而采用损害较小合法权益的方法以保护较大合法权益免遭损害的行为。[1] 换言之,正当防卫与紧急避险都是对社会有益的行为,此处的"有益",既包括有益于自身利益和他人利益,也可以包含公共利益[2],只是在针对的对象与限度条件等方面存在不同。此外,依照法律的行为、执行命令的行为、正当业务行为以及自救行为等都能够被归入此类"犯罪阻却事由"。

2. 因客观危害性显著轻微的"犯罪阻却事由"

由于能够被作为犯罪处罚的对象只能是客观存在的行为,犯罪行为必须在客观上对社会关系造成了能够被观察与感知的危害,但是并非任何一个细小的不利影响都能够被解读成是"危害社会"。因为从犯罪是对保障作为集体而存在的全体公民的基本人权的法律制度之违反的行为这一立场来看,人类生活的一些细枝末节的不利于他人或社会的行为,除非存在十

---

[1] 参见王作富、黄京平主编《刑法》,中国人民大学出版社2011年第5版,第94—95页。
[2] 注意不是所有的国家都允许对纯粹损害公共利益的行为进行防卫。

分特殊的理由，否则不得作为犯罪而科处刑罚。因为刑法归根结底是对人类共同生活条件的保障规范，以维护社会秩序为目的，因此根据刑法规定对某个行为是否符合犯罪构成进行判断，不能仅仅从物理学或语言学的角度出发，而必须代之以刑法的立场（即保障人类共同生活条件）。从我国的刑事法律实践来看，主要通过三种方式对该问题进行处理：第一，由刑法分则条文直接对行为的客观危害程度作出规定：如贪污罪、受贿罪等；第二，由最高人民法院以司法解释的形式对行为的客观危害程度作出规定：如盗窃罪、诈骗罪等；第三，根据行为类型的特点及语言文字表述的局限性，将对行为的客观危害程度的确定完全交由司法者根据具体案件的情况进行：如侮辱罪、诽谤罪等。对于前两种情况，在绝大多数场合（注意不是所有的场合），只需要根据刑法分则或司法解释的文字表述，将行为的客观危害程度置于"犯罪客观方面"中予以判断即可。而对于第三种情况，则必须由具体案件的司法者判断其是否可能因为客观危害过于轻微，而虽然在字面意思上符合"犯罪客观方面"的规定，但从行为并未侵害"社会关系"（不具有社会危害性）的角度否定其符合犯罪构成。如某甲在大庭广众之下对着某乙大声地说出了作为"国骂"的那三个字，就不宜认定为其行为构成侮辱罪，因为该行为在客观危害上的显著轻微性导致了其具有"犯罪阻却事由"。

3. 因缺乏人身危险性的"犯罪阻却事由"

这类"犯罪阻却事由"主要针对在阶层犯罪论体系中被称为缺乏"期待可能性"的行为。当然，在大陆法学传统刑法理论中，"期待可能性"属于"有责性"（即"可谴责性"）的范畴，与人身危险性无关。"所谓期待可能性理论，是指在无法期待行为人做出适法行为的意思决定时，不可归责于行为人的一种见解。也就是说，在行为当时的具体情况下，只有对可能期待行为人做出适法行为时，才能对该行为人进行非难的有刑事责任的理论。"[1] 对于一个不具有"期待可能性"的违法行为，必须否定其"责任"。但对于"责任"而言，"罪责不是唯一的条件，还必须补充预防刑事惩罚的必要性"[2]，在对根据当时的情势而无法做出适法

---

[1] 郑泽善：《刑法总论争议问题研究》，北京大学出版社2013年版，第316页。
[2] ［德］克劳斯·罗克辛：《德国刑法学总论——犯罪原理的基础构造》第1卷，王世洲译，法律出版社2005年版，第136页。

行为意思决定的行为人予以出罪的原因,主要不是在于抽象地否定其"罪责",而是因为惩罚这样的行为,从特殊预防的角度来看,并不能防止行为人在以后的类似情形下仍旧会如此行为;而从一般预防的角度来看,也不能防止一般人在面对同样的情形时也会如此行为,而一般预防与特殊预防恰好就是人身危险性的基本内容。这类行为就是因为否认了行为人的人身危险性而具备"犯罪阻却事由"的,从这个意义上说,我国"四要件"犯罪构成理论的确无法兼容"期待可能性"这样一个来自阶层犯罪论体系的概念,但对于催生这一概念的问题,仍然能够在"犯罪客体"要件中,根据作为"社会危害性"之下位概念的"人身危险性"予以解决。另外,虽然刑事责任能力的问题也与人身危险性有关,但由于我国刑法已经在总则部分作出了明文规定,因此能够在"犯罪主体"这一要件中进行判断。另外,对于行为人是否具有应当受到刑罚处罚的人身危险性的问题,不能如同对客观危害或者主观恶性那样进行积极的判断,而必须予以消极的把握。换言之,当某个行为及其行为人在具备了具体犯罪构成所要求的客观危害和主观恶性后,原则上就应当体现出以刑罚为手段进行一般预防和特殊预防的需要了,亦即行为人具有应当受到刑罚处罚的人身危险性,只有在存在特殊理由(如缺乏"期待可能性")时,才能否定这种人身危险性。

4. 因所涉当事人之间的关系不属于"社会关系"的"犯罪阻却事由"

这类事由主要是指行为所涉及的当事人各方间的相互关系并非"社会关系"的情形,关于这类情形本身,本书已经在论述"适用刑法的不得已性"这一部分中进行了分析,而属于这类"犯罪阻却事由"的情形,主要是指存在"权利人同意"的行为和依推定的权利人同意之行为。在存在"权利人同意"的行为中,由于行为所涉及的事项完全能够由权利人自身按照个人的意志随意进行处理,因此在权利人对行为人代为处理这些事项的行为予以认可的时候,就等于是权利人自己在处理这些事项,这样的行为显然不宜被认为是涉及以共同性与连续性为特征的"社会关系"。对于依推定的权利人同意之行为不涉及"社会关系"的原因,我们将在下一部分中进行详述,而对于主观恶性这一部分内容而言,其主要是通过行为人之主观上所存在的故意或过失体现出来的,而缺乏故意与过失的客观危害行为则包括了不可抗力事件与意外事件等情形，但我国刑法之第 16 条已经对此作了明文规定，因此在这种情绪下，可以直接在"犯罪主观要件"中否定其符合犯罪构成，而无须判断是否存在"犯罪阻却事由"。

（三）依推定的同意之行为不涉及"社会关系"

如前所述，社会是由从事文化创造的共同活动和连续活动的人类个体按一定的内在联系构成的有序系统，社会关系就是这种个人活动的内在联系，其在本质上是由生产实践所决定的分工与协作的关系，具有共同性与连续性。雅科布斯教授受到卢曼（Luhmann）学说的影响，将现代社会看成是一个充满复杂性和偶然性的社会，这样的社会充满着风险，因此必须制定一套适用于全社会的规范以降低作为社会成员而存在的个人之间进行相互沟通的风险，因为"规范为群体提供了交往的实质基础，规范降低了沟通的风险，匿名的合作成为可能"[1]，因而这种"规范"必定是以作为人类最大集合而存在的社会这一"大型群体"中的每个成员为适用对象的，属于正式规范，刑法的制定与适用就在于保证这些规范的有效性[2]。

而本书将依推定的同意之行为概括为：与权利人在所涉事项的范围内具有一定关系的行为人，因无法明确知悉权利人的现实意志，而通过考察自身与权利人的特定关系，尤其是相互间的交往过程和客观存在的情势，以权利人的行为倾向为导向处置原本应由权利人自身处置事项的行为。换言之，行为人与权利人之间的关系并非如同一般意义上的人类社会中的人与人之间的关系（这类关系在不同个体之间体现出相同的特征），而是一种特定的关系，其之所以是"特定"的，主要原因有二：第一，这些关系所连接的当事人之间并非仅仅存在一般意义上的"人与人之间的关系"，而是基于所涉及的利益形成了一个"小型群体"，例如邻居之间就基于居住者这一事项而形成了一个"小型群体"，其相互之间存在的"邻里关系"即不同于社会中一般意义上的"人与人之间

---

[1] 张超：《先天理性的法概念抑或刑法功能主义——雅各布斯"规范论"初探兼与林立先生商榷》，《北大法律评论》2008 年第 9 卷，第 194 页。

[2] 当然，如前所述，是否能够仅仅为了维持规范的有效性而发动刑法存在争议。

的关系"，当某甲如同往常一样在其邻居某乙的院子内从事某种活动时（某乙往常也没有对某甲的这种行为表示过任何不快，反而欢迎他这样做），就不能认为某甲的行为侵犯了他人（在社会关系意义上的）住宅安宁，即便某乙事后就某一次的行为表示了不同意见。换言之，这类关系的构成主体是特定的。第二，存在这类关系的特定主体在处置原本应由他人（权利人）自身处置的事项时所遵循的规范是特定的，这些规范仅仅能在上述"小型群体"中适用，相对于由刑法保障的适用于全社会的正式规范来说，这些规范属于"非正式规范"。它一方面不具有在仅仅存在社会中一般意义上的"人与人之间的关系"的成员间"推而广之"的作用；另一方面却也能够在当存在特定关系的人们按照该规范行为时，排斥正式规范的介入。仍以上例继续分析：当与某乙不存在任何特定关系（仅仅是社会中某一个任意的成员）的某丙得知某甲的行为不会受到刑法的追究时，他不能想当然地认为自己也能在某乙的院子里进行与某甲相同的活动，因为适用于某甲与某乙之间的"非正式规范"不能适用于不属于这个"小型群体"内的某丙，如果某丙也这么做了，那他的行为则确实侵犯了某乙的住宅安宁。反之，当某丙因该行为而受到刑法处罚时，也不能认为由于某甲的行为在主客观上与皆之相同，因而也要受到刑事追究，因为"小型群体"内存在的"非正式规范"会对刑法适用产生排斥效力。

促使"小型群体"形成的"特定关系"不仅可以由血缘关系、生活现实构成，也能在服务的提供方与接受方间存在，如医生与患者之间。因为一方面医生们是从那些经历过漫长和严厉的训练阶段的人中吸收进来的，他们都被期望拥有基于其专业知识基础上的高水平技术能力和技巧，并且他们的专业主义规范管理着他们的职业，这种规范提供给他们一种实践的道德准则，约束了他们对经济利己主义的追逐，限制了利己主义动机的表达，使得对那些被指出生病了的人采取无私的"服务"定向成为可能，因此人们期望医生将病人的福利置于他或她自己的个人利益之上，这是医生威信的基础；另一方面，生病并不仅仅是一个生物学情形，它还是一种制度化社会角色，当某个人被那些拥有治疗的专门技术和威信的人认为是"有病"的时候，他就被准许从许多与他或她的其他社会地位有关的正常义务中退出，同时获得了一项新的义务：与医生提供的医学治疗合作以获得康复。① 换言之，医生与患者之间不但存在着由作为正式规范的各项法律所规定的双方所能够享有的权利以及必须履行的义务，还存在着一种协作与信任，正是这种"协作与信任"使得他们之间的关系表现得"特定"起来，并最终成为由双方组建的"小型群体"中的成员，从而具有一套专用于其内部的"非正式规范"。当然，必须指出的是，当医生的某个行为是由作为正式规范的法律予以明确规定的，那么即便其在行为中需要对权利人的真实意志进行"推定"也与"依推定的同意之行为"无关，因为如果他没有进行这样的行为，将可能构成不作为犯罪，因而此时他的行为仅仅是一个正当业务行为。如前所述，对于一个如果不及时开展就有可能构成不作为犯罪的正当业务行为而言，不需要借助包括"依推定的同意之行为"在内的各种事由来说明其正当性，只有当某个行为对于医生来说并非属于特定情境下的实质作为义务之内容时，才有必要判断其是否成立依推定的同意之行为。当然，对于这种实质作为义务的判断需要结合刑法、医事法律以及患者的症状和当下的客观环境来进行，这已经超出了本书的研究范围，在此进行简述的目的仅仅在于明确在本书所讨论的该类案件中，均不存在医生因为没有进行有关行为可能构成不作为犯罪的情形。

同时，由法律明确规定的医生的正当业务行为即是"医疗行为"，作为一种正当的业务行为，其是由专业医务工作人员根据使患者获得康复等医疗目的，采用在医学理论与实践中被承认的方法和手段所实施的医学行为，这些医学行为主要有对疾病的预防、控制、诊断、治疗以及护理，也包括某些对身体之矫正等对人体具有侵袭性的行为②，或者以医学知识和医疗技术所确立的行为规范为基本准则，直接作用于患者人体的旨在对其所患疾病进行诊断、治疗和护理（包括对其身体的矫正等可能导致其人体形态或者生理机能发生一定变化）以帮助其获得康复，但同时又具有

---

① 参见［英］杰西·洛佩兹、约翰·斯科特《社会结构》，允春喜译，吉林人民出版社2007年版，第52—54页。

② 参见马骏《医疗正当行为中被允许的危险理论初探》，《时代法学》2009年第7卷第4期。

造成损害人体健康受损之一定危险性的行为。① 据此，行为人一般应有医疗业务执照和医生的职称，具有一定的医疗水平。因为医疗行为虽然以帮助患者恢复身体健康为目的，但是也具有一定的危险性，并且其作为一种职业，所涉及不仅仅是特定某一个人的健康和生命，而是关系到社会中不特定的多数人，基于此，国家出于为保护社会公众之健康和生命的目的，以法律的形式对医生的执业条件作出了严格的规定，要求只有具备一定专业知识与业务水平等条件并经由国家医疗卫生行政管理机关特别允许的人才能进行医疗活动。而如果不具备这种资格而在紧急情况下采取类似行为对权利人予以救助的行为，可以视情况成立紧急避险。

质言之，依推定的同意之行为，是特定关系人之间依据特定规范的行为，它的存在不涉及社会关系，因而即便权利人认为自己的利益遭受了这类行为的侵害，它也没有"危害社会"；换言之，不存在社会危害性，也就不符合任何犯罪构成，因而成为一种"犯罪阻却事由"。并且，"犯罪阻却事由"作为出罪事由，将不具有社会危害性的行为不认为是犯罪，也不会由于"社会危害性"这一概念的模糊性而背离罪刑法定主义的要求进而不利于人权保障，只要不将这一概念直接运用到入罪活动当中即可，这与"法益侵害性"概念在阶层犯罪论体系中发挥作用的机理是一致的。

第三节　依推定的权利人同意之行为属于"超法规的犯罪阻却事由"

明确了包括依推定的同意之行为在内的"犯罪阻却事由"在我国犯罪构成理论中的地位以及该类行为阻却犯罪的原理之后，并没有完全解决该事由在我国刑法理论中的问题，因为我国刑法典并未对其予以明文规定，这与"正当防卫""紧急避险"等情况不同，因而可谓是一种"超法规的犯罪阻却事由"。虽然缺少刑法的明文规定，但是，从我国的刑事司法实践来看，司法工作人员并没有仅仅将正当防卫、紧急避险作为犯罪阻

---

① 参见王骏《医疗行为正当化问题探析》，《中国石油大学学报》（社会科学版）2010年第26卷第2期。

却事由,对于依照法律的行为、执行命令的行为以及存在"权利人同意"的行为都没有认定为犯罪。因此,超法规的犯罪阻却事由确实存在于我国的刑事司法实践之中[①]。

有学者认为,由于"超法规的犯罪阻却事由"的理论原型是大陆法系刑法理论中的"超法规的违法阻却事由",但是由于犯罪成立条件认定上的方法不同,其理论地位不能像在大陆法系刑法理论般地在"违法性"判断阶层展开,因此于我国刑法理论中,只能在犯罪概念中研究这个问题[②],但是"犯罪概念不是认定犯罪的具体标准……司法机关只能根据刑法规定的犯罪成立条件认定行为是否成立犯罪"[③]。其实,当人们在研究"超法规的犯罪阻却事由"时,主要的着眼点并非在于"犯罪阻却"与"违法阻却"有何不同,而是侧重于比较其与法定的"犯罪阻却事由"之间的区别,这一点在"超法规的违法阻却事由"那里也是一样,即两者的研究重心都在出罪事由能否"超法规"这一问题上,因此,在本节内容中,可以暂时抛开犯罪论体系间的差异,将"超法规的犯罪阻却事由"与"超法规的违法阻却事由"相通用。

一 "超法规的犯罪阻却事由"与罪刑法定主义

一般认为,所谓"超法规的犯罪阻却事由",即"是指刑法虽然未予明文规定,但从法秩序整体精神出发,应当为法律之精神应排除行为的违法性的事由"[④];换言之,虽然刑法条文对"超法规的犯罪阻却事由"没有明文规定,但我们依然可以根据刑法中所蕴含的"法秩序的精神"将这些事由引申出来。国内有学者认为,大陆国家刑法理论中的"超法规的违法阻却事由"和"超法规的责任阻却事由"(即本书所称的"超法规的犯罪阻却事由"——笔者注),"在刑法上并无明文规定,出罪不依刑法明文规定,就有可能随意放纵犯罪,出现司法的任意性,这是与罪刑法

[①] 参见张军、彭之宇《超法规犯罪阻却事由的价值》,《人民检察》2006年第23期。

[②] 参见梁云宝《超法规的违法性阻却事由之外置化——四要件犯罪论体系下的定位》,《法学评论》2006年第6期。

[③] 张明楷:《刑法学》,法律出版社2011年第4版,第93页。

[④] 田宏杰:《刑法中的正当化行为》,中国检察出版社2004年版,第85页。

定原则不相符的"①；而在国外，也有学者认为由于未经刑法明文确认的"违法阻却事由"具有习惯法的性质，而习惯法背离了法律专属性的原则，在刑法上没有容身之处，这一点无论在肯定犯罪成立还是否定犯罪成立时都一样，因为否定犯罪实际上就意味着否定刑法规范的适用，而这种否定只能由与其同级别的法律才能做到，习惯法并不具备这一功能。②

既然这里涉及"超法规的犯罪阻却事由"与罪刑法定主义可能存在的冲突，那么我们就先来简要地回顾一下罪刑法定主义：罪刑法定原则的基本内涵即为"法无明文规定不为罪、法无明文规定不处刑"。目前世界上绝大多数国家（包括我国在内）都在宪法或刑法中将其确认为一项刑法的基本原则。最初的罪刑法定主义只具有形式的意义，包括四个方面的内容：第一，是法律主义或曰成文法主义；第二，是禁止溯及既往；第三，是禁止类推；第四，是禁止不确定的刑罚（期）。罪刑法定原则的形式面旨在限制司法权。随着社会的发展，人们逐渐意识到应当受到限制的不仅仅是司法权，立法权也应当受到限制，因此在罪刑法定原则的内容中提出了旨在限制立法权的实质内容，包括明确性原则、禁止处罚不当罚的行为以及禁止不均衡的、暴虐的刑罚。从字面意思上来看，"超法规的犯罪阻却事由"与罪刑法定主义的要求间存在冲突。因为从"超法规的犯罪阻却事由"得以排除行为犯罪性的方式来看，其所倚赖的根据并没有在刑法条文中予以明文显示，而是出自于刑事法的整体精神，即刑法条文以一个整体的方式所体现出来的价值观念，换言之，这一根据并非刑法条文的外化，而是内在于其中的。对于依据这种依据内化在刑法条文之中的价值观念进行审判的方法，启蒙时代的法学家们表示了自己的忧虑，如贝卡里亚就认为：允许司法者依据对由立法者所制定的法律之"精神"进行探询是非常危险的做法③，因为，在这种探询过程中，每个人都有自己的观点（这一点在秉承"客观、公正"之精神进行审判的法官那里也不例外），在不同的时间不同的场合，即便是同一个人也会从不同的角度看

---

① 欧锦雄：《犯罪构成体系的平面化与位阶化》，载赵秉志《刑法论丛》第33卷，法律出版社2013年版，第137页。

② 参见［意］杜里奥·帕多瓦尼《意大利刑法学原理》，陈忠林译，中国人民大学出版社2004年版，第26—27页。

③ 参见［意］贝卡里亚《论犯罪与刑罚》，黄风译，中国法制出版社2005年版，第16页。

待特定的事物。如此一来,据以作为裁判根据的法律的"价值观念"就不可避免地"取决于一个法官的逻辑推理是否良好,对法律的领会如何;取决于法官与被侵害者间的关系;取决于一切足以使事物的面目在人们波动的心中改变的、细微的因素"①。而这一切都与罪刑法定主义中的法律主义、禁止类推和明确性的要求相冲突。因为法律主义的要求是规定犯罪与刑罚的只能是立法机关制定的成文法,习惯及判例不得作为刑法的渊源。禁止类推是指禁止法官以两个案件之间存在相似的情况为由将此案件中的法律适用于彼案件,从而在实际上创制新的法律规范。明确性要求则是指规定犯罪的法律条文必须清楚明确,能使人了解违法行为的内容,准确地确定犯罪行为与非犯罪行为的范围,以保障该规范没有明文规定的行为不会成为该规范适用的对象。但是,这仅仅是从字面理解上得出的结论,而从罪刑法定主义的价值上进行分析,则未必会得出"超法规的犯罪阻却事由"与罪刑法定原则相违背的结论。下面,我们就从罪刑法定原则的思想渊源及理论依据对该问题进行分析研究。

(一)"三权分立说"与"超法规的犯罪阻却事由"

一般认为,罪刑法定原则是"三权分立说"的直接产物,资产阶级启蒙思想家洛克(Locke)认为,人生来就是自由、平等和独立的,任何人都不能无端地背离这一状态,在未经他人允许的情况下将把该人置于受制于另一个人的政治权力之境地。而欲打破这一状态,使个人放弃其自由、平等和独立的自然权利并受制于公民社会的种种限制的唯一方法,便是同其他人一道根据相互之间根据自愿而达成的协议联合组成一个共同体,以实现彼此之间的生活呈现出舒适、安全和和平的状态,具体来说,人们可以安稳地享受他们所拥有的财产并获得更加强大的保障力量以防止其各种权利为共同体以外的任何人所侵犯。虽然在这种协议的达成过程中,人们会因此而失掉一部分自由,但是却能够保住剩下的自由,这些自由依然作为自然权利存在于个人自身,当人们如此行为的时候,国家就建立起来了,身处其中的公民都能够在平和的状态中享有剩下的自由。② 而

---

① 陈兴良:《刑法的价值构造》,中国人民大学出版社2006年第2版,第439页。
② 参见[英]洛克《政府论(下篇)》,叶启芳、瞿菊农译,商务印书馆2005年版,第4页。

要实现洛克所说的人们在国家这个由协议联合组成的共同体中享受彼此之间的舒适、安全和和平的生活状态，孟德斯鸠认为，只有将国家权力一分为三，通过立法、司法、行政三种权力的相互制约、相互平衡，以保障国家权力在有条不紊的秩序下相互协调地运作，才能建立法治原则，也才能最终保障国民的生命、自由与财产。为了创造一个有安全感的法律环境，首先就应当将立法权与司法权分开，立法者和裁判者各司其职，作为裁判者的法官只能严格适用立法者所制定的法律，而不能去探询所谓的"法律精神"。① 换言之，法官只是"法律的喉舌"，判决即是"法律的严格复印"，法官只能对案件根据法律进行纯粹的逻辑推理，而不能进行所谓的"利益衡量"、"目的考量"或价值判断。

然而在今天看来，这一切都已显得时过境迁。这种要求法官在裁判时只能根据法律规定而不能探询法律精神的做法显然是"法律万能主义"的产物，文艺复兴以后，随着人类在自然科学技术领域取得的长足进步，使得当时的人们相信依靠自身理性的力量可以认识并解决一切问题。"这种狂热的理性主义与对于封建司法擅断的强烈憎恨，使人们相信，完全剥夺法官在法律解释中的能动性不仅是十分必要的，而且是可能的，其办法就是制定出既无所不包又简明平易的法典"②，因为"如果仅由立法机关进行立法而由法院适用法律，那么法律就必须完整、连贯和清晰。当法官裁断案件而又欠缺法律条文时，他实质上是在创制法律，这就会有损分权原则"③。

综合来看，这种要求法官"严格"适用立法者制定的法律而不得探询法律精神的"法律万能主义"有以下几个特点：第一，将国家制定的（刑）法典视为唯一的法源，除此之外别无"分店"；第二，立法者所制定的法律当然具有逻辑上的自足性与完整性，至少人类的理性可以使立法者具有这个能力并且制定这样一部完美无缺的法律也应当成为立法者的目标；第三，法学是一门纯粹的理论认识学科，法官在审理案件时应当偏重

---

① 参见［法］孟德斯鸠《论法的精神（上册）》，张雁深译，商务印书馆1961年版，第153—166页。

② 陈兴良：《刑事司法研究》，中国人民大学出版社2008年第3版，第279页。

③ ［美］约翰·亨利·梅利曼：《大陆法系》，顾培东、禄正平译，李浩校，法律出版社2004年第2版，第29页。

于逻辑上的推理，而不得借助利益衡量及目的考量，否则便有损于法的安定性，即反对"法官造法"。但是，这样的观点显然存在问题：首先，在国家、社会、个人的存在和发展过程中，除了成文法之外，尚存在许多其他的"非正式规范"（如存在于"小型群体"内部的有限规范）在起着微观的调节作用，当作为正式规范的成文法之规定不足以或者不便于适用于某些特殊场合时，就需要根据法律之精神用合理的方法来探询这些规范，这同样是法律工作者的任务。其次，一部"无所不包、无美不臻"的法典之存在是不可能的，人的理性尚不足以达成此项任务。法律上的漏洞或者存在于立法者在立法之时的疏漏之中，或者因嗣后情况变更而不可避免地产生，对于这种漏洞不进行以法律精神为导向的探询研究而一味地进行逻辑推理对个人与社会皆"有百害而无一利"。最后，法学不是数学，因而在适用法律的过程中，目的思考是决定性的，因为法与社会目的相连，从社会目的中法律获得了自己的内容，同时法律也维护着社会生活之目的。①

因此，对一个具体法律概念的理解，必须以在法中所体现的社会目的即法的目的为基准，换言之，某个存在于日常生活中的概念只有通过法律规范的保护目的以及这一概念与法律规范的联系中才能获得在法律规范中的具体含义。② 法的产生并非盲目的存在，而是必然以保护或协调某种利益为目的，而社会现实生活中的利益，无论是就其种类抑或是所属的主体而言，都体现出种类繁多且交错纵横的特点，因此在适用某一法律规范之前，必定要从法律目的出发，对这些相互依存、相互冲突的利益进行衡量后，才能正确地适用法律。可以认为，"法律的目的是作为社会公众代表的立法者根据社会主流群体的意愿，而预先设想的立法目标和结果。当然，司法者的司法活动也必须要紧紧围绕这种法律目的观展开"③。因此，立足于对立法目的的分析探询法律精神从而更好地适用法律是现代法治的应有之义。当然，从防止法官滥用权力侵犯人民合法利益的角度，强调法律对法官之严格约束在当时的社会来说有着相当的进步意义，而基于法律

---

① 参见［德］阿图尔·考夫曼、［德］温弗里德·哈斯默尔《当代法哲学和法律理论导论》，郑永流译，法律出版社 2002 年版，第 166 页。
② 参见［德］魏德士《法理学》，丁晓春、吴越译，法律出版社 2005 年版，第 91 页。
③ 贾健：《刑法目的论——以关系本体论为视角》，法律出版社 2014 年版，第 22 页。

自身的特点，严密的逻辑推理在其适用过程中亦显得必不可少，但制定一部完美无瑕、无漏洞可言的法律无异于是痴人说梦，在法律适用中仅依靠逻辑推理而无须探询法律精神而进行目的的考量更是不可想象。而且，不但法律具有自身的社会目的，作为刑法基本原则的罪刑法定主义也有自身提出的目的，这一目的所针对的对象显然不是当时还没有作为一种理论而存在的"超法规的犯罪阻却事由"，而是专制统治。因为"近代刑法中的罪刑法定原则是在反对欧洲中世纪刑法罪刑擅断的过程中提出来的"①。在专制国家里，法律只不过是君主的意志，具有高度的恣意性，在此情形下，人民根本无法预见什么样的行为会带来由国家施以刑罚所导致的痛苦，因而无法采取合理的方法避免这种结果的发生，君主时常根据自己的恣意，依据某个（些）存在于法律规定之外的理由将行为认定为犯罪，这种在认定犯罪时所运用的"超法规"的事由是不能被允许的，因为其无疑是对行为人的"不教而诛"。但承认"超法规的犯罪阻却事由"却不存在这样的问题，因为其立足点在于保障行为人的行为自由，同样是在缺乏法律明文规定的情况下，根据法律精神入罪被禁止而出罪却被允许，"其理由不是技术的而是价值的，即为保障人权而对刑罚权加以限制，这是从封建专制的罪刑擅断中得出的历史经验"②。综上，三权分立所要求的立法权与司法权的严格两分是不能限制"超法规的犯罪阻却事由"之存在的，甚至这种"严格两分"本身就不能成立。

（二）"心理强制说"与"超法规的犯罪阻却事由"

同样成为罪刑法定主义思想渊源的还有费尔巴哈的"心理强制说"，但费尔巴哈对罪刑法定主义的论证方式却和上述洛克等人的方式不同，他不是以作为国家建立基础之"社会契约"为出发点的，而是运用了康德关于意志自由的学说。康德认为，道德法则作为绝对命令（即要求主观的行为准则成为客观的普遍法则），必须以意志自由为前提。因为如果没有意志自由，任何一个行动的准则都会因为受到特定的感性的束缚而无法成为普通的法则。③ 在康德的哲学体系中，"自由"概念大致包含了两个

---

① 朱建华主编：《刑法学研究提要》，法律出版社2013年版，第61页。
② 陈兴良：《刑法适用总论（上卷）》，中国人民大学出版社2006年第2版，第22页。
③ 参见［德］康德《实践理性批判》，邓晓芒译，杨陶祖校，人民出版社2003年版，第4页。

层次的意思,即先验的自由与实践的自由。前者是指"自行开始一个状态的能力",而后者则是"理性在对意志作规定时的原因性",后者以前者为存在根据。对于"实践的自由"而言,其又可以分为两个层次,即自由的"任意"和自由的"意志"。"自由的任意是指一切主动的有意的行为,它与动物的本能行为的区别在于它有理性的成分,即可以根据特定的目的而设计相应的手段,因而它能够为了长远的目的而克服眼下的感性诱惑。当然,这个长远的目标也同样可以是感性的"[①]。而对于犯罪来说,导致其形成的心理原因就是感性的而非理性的,具体而言,当人们从行为中获得了某种快感之后,便产生了获得这种快感的欲望,当获得这种快感的行为恰好是犯罪时,也不例外。但是,自由意志从不把理性当成服务于感性需要的手段,而是根据理性的实践法则来规定自己的行为,决不考虑任何感性的效果。基于此,费尔巴哈认为:"所有的违法行为在感性上都有其心理学上的起因,人的贪欲在一定程度上会因对行为的乐趣或者产生于行为的乐趣得到强化。这种内心的动机通过下列方式加以消除:让每个人知道,在其行为之后必然有一个恶在等待着自己,且这种恶要大于源自于未满足的行为动机的恶"[②]。换言之,为了抑制这种由感性上的快感产生的犯罪,就必须使人们在理性上认识到因这种犯罪行为所引致的刑罚带来的痛苦要大于其产生的快感,这就要求事先在法律上明确地在犯罪与刑罚间建立清晰的对应关系,使得人们在安排自己的行为时能够依据这种对应关系基于愉快与否的合理考量来决定自己的行为,从而达到预防犯罪的效果。

从"心理强制说"提倡的"在犯罪与刑罚间建立清晰的对应关系"这一做法来看,无疑也存在着(已经为上文所证明的)缺陷,即人类的理性不足以达成此项任务。而且"心理强制说"本身还存在着以下问题:第一,"心理强制说"充其量能够解释故意犯,而对于过失犯则不能作出很好的解释,甚至在故意犯中大量存在的常习犯、信仰犯以及激情犯面前,"心理强制说"也显得应对乏力。第二,相对于"三权分立说"单纯

[①] 王建军、李国山、贾江鸿:《欧美哲学通史——近代哲学卷》,南开大学出版社2007年版,第299页。

[②] [德]安塞尔姆·里特尔·冯·费尔巴哈:《德国刑法教科书》,徐久生译,中国方正出版社2010年第14版,第28页。

地研究法律本身而言，费尔巴哈的"心理强制说"已经开始将目光投向犯罪人本身，可以说，这也是一种对犯罪人的研究并体现了一般预防的思想，然而这种对犯罪预防的研究太粗糙了——粗糙到了对犯罪人所处的环境一概忽略不计。第三，刑罚的积极意义并非在于使犯罪人感到痛苦，而是在于通过对犯罪的否定来恢复法，因此需要把犯罪人当作具有理性的人来尊重。而"费尔巴哈的心理强制说只是把人当狗一样看待的理论，而没有尊重人的尊严与自由（黑格尔）"①。第四，大部分犯罪人在犯罪前并非不清楚"因这种犯罪行为所引致的刑罚带来的痛苦要大于其产生的快感"，如法律工作者这个群体，其对犯罪的后果显然较普通民众来说要更知道得更多，但犯罪率却远高于社会平均犯罪率。②究其原因，恐怕还是在于犯罪人因为对法律的较深刻了解，因此认为凭借自己的专业知识逃避刑罚处罚的可能性较大，产生了侥幸心理。当这种侥幸心理存在于任何犯罪人时，都会起到推动犯罪的作用。第五，心理强制说在哲学上是以"理性人"的假设为基础的，即"犯罪人在本质上是意志自由的，基于这种意识自由而选择了犯罪行为，因而应当对其行为的后果承担刑事责任"③，但是在理性主义思想逐渐褪去光环后，这种"理性人"的假设也被证明是不存在的，"现在的刑法理论是在认为人是受素质和环境决定的同时也是主体地决定着自己这种相对的意思自由论的基础之上展开的"④。因此，由心理强制说导出的严格的罪刑法定主义也仅仅具有历史沿革的意义。

（三）"预测可能性"与"超法规的犯罪阻却事由"

张明楷教授认为，上述"三权分立说"与"心理强制说"，一方面由于自身的缺陷没有为罪刑法定原则的基本内容提供完整的理论依据；但另一方面，其中所渗透出的"主权在民"和"预测可能性"的思想，也为作为罪刑法定原则之理论基础的"民主主义"与"尊重人权主义"奠定了基础。其中，"民主主义"要求法律尤其是以剥夺行为人各项权利甚至生命为法律后果的刑法由人民（选举产生立法机关）来决定，而其一经

---

① 张明楷：《刑法格言的展开》，北京大学出版社 2013 年第 3 版，第 41 页。
② 详见陈忠林《刑法散得集 II》，重庆大学出版社 2012 年版，第 3—4 页。
③ 陈兴良：《刑法的人性基础》，中国人民大学出版社 2006 年第 3 版，第 28 页。
④ 冯军、肖中华主编：《刑法总论》，中国人民大学出版社 2008 年版，第 13 页。

制定便要平等地适用于包括立法者在内的任何人并不被歪曲、滥用。而"尊重人权主义"的核心则是强调国民的预测可能性,要避免国民因不知道自己的行为是否会遭受刑罚处罚而致使其行动自由产生萎缩而导致不安全感,就必须使国民能够事先了解自己的行为在法律上的性质,以便为自己的行为作出合理的安排,其前提就是拥有预先制定的成文法,并且不能进行事后的类推,此外法律的规定需要明确、具体,如果法律本身显得含混不清,国民则仍然不能预测自己行为的性质。① 当然,从这些要求中也不能解读出"超法规的犯罪阻却事由"是与其思想内涵相违背的。从立法机关制定的法律来说,不可能仅仅只是单纯的文字堆砌和逻辑判断形式,而必须具有自己的精神即"法的精神",这是指"一定历史时代社会物质生活条件所决定的客观法权关系的本质的反映,它体现为在此基础上形成的、符合时代文明要求的自由、平等、正义、公平、秩序等理念与价值标准"②。这种理念与价值对于法律来说和它所使用的文字一样,都是不可或缺的。因为"法律是人类的作品,并且像其他的人类作品一样,只有从它的理念出发,才可能被理解。……一个无视人类作品目的的,亦即,一个无视人类作品价值的思考是不可能成立的",从这个意义上说,"对法律的,或者对任何一个个别的法律现象的无视价值的思考也都是不能成立的"③。易言之,法律所使用的文字、适用法律时的逻辑与推理,以及法律的精神与价值都是立法者所制定法律的组成部分,只要法官所依据的是"绝大多数民众的是非善恶共识——伦理——作为自己的价值立场,而不是少数人的价值观念"④,更不能是法官纯粹个人的"突然的自我"。当然,一般来说,在刑法的适用中,对法律精神与价值的解读不能超出其用语的含义边界,因为这涉及国民的预测可能性,这是由刑法保障自由的机能所决定的。可以说,"刑法是为保护自由而存在的,刑法奠基于个人权利与自由之上,成为自由的守护神"⑤。博登海默则认为,自由可以分为否定性自由和肯定性自由,前者是指排除外部约束和专断控制,

---

① 参见张明楷《罪刑法定与刑法解释》,北京大学出版社2009年版,第18—21页。
② 郭道晖:《法理学精义》,湖南人民出版社2005年版,第187页。
③ [德] G. 拉德布鲁赫:《法哲学》,王朴译,法律出版社2005年版,第3—4页。
④ 张武举:《刑法的伦理基础》,法律出版社2008年版,第231页。
⑤ 徐岱:《刑法解释学基础理论建构》,法律出版社2010年版,第42页。

后者则是指在社会中发挥个人的天赋和习得技术的机会。① 从刑法所保障的自由来看，显然是否定性自由，即保障行为人免受刑法突如其来的打击，因此在这里，对"预测可能性"的理解应当缩小解释为"对不利后果的预测可能性"，而"超法规的犯罪阻却事由"恰好带来的是对行为人有利的后果，因此允许法官在裁判中依据是刑法精神以及所体现的价值观，将法律没有明文规定的事由作为"犯罪阻却成立"的根据，不应当被视为与罪刑法定主义的内在价值相违背。

二 "超法规的犯罪阻却事由"之存在理由——"万能立法者"之否定

上述有关"超法规的犯罪阻却事由"与罪刑法定主义之间关系的论述，只是解决了能否存在"超法规的犯罪阻却事由"的问题，但没有回答这一概念为什么会存在。对此，恐怕还是要借鉴大陆法系刑法理论中的"超法规的违法阻却事由"之产生过程。从大陆法系刑法理论演进的历程来看，"超法规的违法阻却事由"肇始于新古典犯罪论体系提出"实质的违法性"之时，这一概念"从刑法规定的目的出发，将不法视为具有实质上的反社会性"。② 也就是说，"实质的违法性"采取的是一种实体上的考察方法，这种方法的运用为根据法益损害被侵害的严重程度来划分不法行为阶段提供了可能性，亦即如果实质上不存在任何法益侵害，行为就不可能具有违法性。从这个意义上来说，"超法规违法阻却事由"的发现，便是以"行为的实质危害"为主要的引导观念，以利益衡量的原则为基础的；并且如果人们继续接受这个价值观念的引导，那么违法阻却事由便可以不断地被创造。换言之，"新古典体系不认为违法性仅是行为与实在法的冲突状态，而是引入超法律的阻却违法事由，以社会损害性和利益衡

---

① 参见［美］E. 博登海默《法理学、法律哲学与法律方法》，邓正来译，中国政法大学出版社2004年版，第305页。

② 李立众：《犯罪成立理论研究——一个域外方向的尝试》，法律出版社2006年版，第87页。

量理论判断违法性的成立与否"①。既然明确了实质的违法性是"超法规的违法阻却事由"的理论出处,那么首先就必须了解"实质的违法性"之真正内涵,尤其是与"形式的违法性"之间的联系。从学术史的角度上看,两者是关于"违法性"之判断基准的对立,"前者(指形式的违法性——笔者注),以一定事态违反实定法之秩序为违法,因而违法判断之基准,乃求之于实定法之规范。后者(指实质的违法性——笔者注),则以一定事态违反共同生活之目的为违法、因而违法判断之基准,乃求之于共同生活之条规。此项共同生活之条规,或求之于社会规范本身,或求之于国家所承认之文化规范,或求之于公序良俗,或求之于客观的道义秩序,或求之于法秩序基础之社会伦理规范,或求之于社会调理,等等"②。具体而言,关于对"形式的违法性"与"实质的违法性"之间关系的理解,本书认为需要注意以下几方面的问题:

第一,在这里的"形式"与"实质"是翻译而来的概念,因而不能直接在哲学的层面上理解两者间的关系,尤其是不能理解为"现象"与"本质"间的关系。在汉语中,"实质"一词往往被解释为"本质"③,而"本质"则是指事物本身所固有的、决定事物性质、面貌和发展的根本属性。事物的本质是隐蔽的,是通过现象来表现的,不能用简单的直观认识去认识,必须透过现象掌握本质。④ "从逻辑学的角度出发,任何概念都必须抓住事物的本质并予以反映"⑤,否则的话,就这种概念就不能满足作为一种范畴而存在的基本要求。如果说以上分析仅仅是对"违法性"或者犯罪概念在实质上提出的要求,那么无疑是正确的,但如果在研究"形式的违法性"与"实质的违法性"之间的关系时,简单地将"实质的违法性"认为是对"违法性"本质的挖掘,而"形式的违法性"仅仅专注于"违法性"的表面现象的话,那么则将问题简单化了,或者说根本没有切准问题的关键所在。因为如果这样去理解两者的关系,就会得出如

---

① 方泉:《犯罪论体系的演变——自"科学技术世纪"至"风险技术社会"的一种叙述和解读》,中国人民公安大学出版社 2008 年版,第 60 页。
② 甘添贵:《刑法之重要理念》,瑞兴图书股份有限公司 1996 年版,第 55—56 页。
③ 参见《现代汉语词典》,商务印书馆 1983 年版,第 1037 页。
④ 参见《现代汉语词典》,商务印书馆 1983 年版,第 52 页。
⑤ 刘艳红:《实质刑法观》,中国人民大学出版社 2009 年版,第 127 页。

下这种结论：在任何学科领域中，实质性的观点都能占领"制高点"，因为一来，"形式"这种东西只不过是代表着事物的形状、结构等，它并非事物的"本来面目"，因而不能决定事物的性质、面貌和发展，相反，这些都需要"实质"来予以解决；二来，作为"事物的形状、结构"之代表的"形式"，在大多数场合下还往往掩盖事物的"实质"，增加人们认识事物的难度，导致了认识主体需要经过相当的努力甚至斗争，才能把握事物的本来面目。总之一句话："形式"很坏、"实质"很好。但是，我们不得不指出这类观点的虚妄，否则争论双方"就无从展开自己的学术观点，无从进行平等的，且毫无政治风险的学术对话"[①]。的确，如果将"形式的违法性"认为是对"违法性"之表面现象的研究，那等于是说贝林、李斯特等刑法大家在现象的窠臼中深陷日久且不能自拔，而对于"现象与本质之辩证关系"这样一个稍有哲学常识的人就能大致明白的道理，大陆法系的刑法学者却争吵了如此长的时间，这想来是不切实际的。

第二，不能将"形式的违法性"与"实质的违法性"之间的关系理解为"形式理性"与"实质理性"之间的关系。形式理性注重于形式上的逻辑推理，而实质理性则以进行实质上的价值判断为己任。两者间是形式与内容的关系。"任何事物或现象总有内容与形式两个方面，总是内容与形式的矛盾统一体"，"内容决定形式，形式反作用于内容。这种相互作用构成了形式与内容的辩证运动"。[②] 法律形式离不开作为实质内容的法律价值，否则法律形式就显得毫无意义；作为实质内容的法律价值也不能离开法律形式，否则便成了玄虚之物。要在法律实践中寻找一种没有形式的价值内容是不可能的，反之，只表现逻辑推理而不承载任何价值性实质内容的法律形式同样不存在。[③] 可以看出，"形式理性"与"实质理性"的关系有如一道数学题的运算过程和最终答案一样，两者间不存在"非此即彼"的替代关系，不存在只有答案而不能展示其运算过程的数学题，同样也不可能只有运算过程而没有答案。"形式的违法性"与"实质的违法性"之间显然不是这种形式与内容的关系，"形式的违法性"虽然

[①] 邓子滨：《中国实质刑法观批判》，法律出版社2009年版，第4页。

[②] 肖前主编：《马克思主义哲学原理（上）》，中国人民大学出版社1994年版，第204—205页。

[③] 参见谢晖《法学范畴的矛盾辨思》，山东人民出版社1999年版，第204—205页。

认为"违法性"的本质即在于行为违反了法规范规定的作为义务或不作为义务,但"以此等方式而'形式化'的违法性仍然具有实质的内涵,因为每一次违反规范均会对构成社会共同秩序的信任基础产生不利影响"①。

第三,有学者认为,"形式违法性"是根据"构成要件"所产生的"违法性",而"实质违法性"则是在"违法性"判断阶段所产生"违法性"②。当然,如果直接将"形式违法性"与"实质违法性"之间的关系视为"符合构成要件"与"缺乏违法阻却事由"之间的关系,进而在这一前提下进行研究,也未尝不可,并且这种关系也确实值得研究。但是,这同"形式违法性"与"实质违法性"之争的原初意义已经大不相同了。虽然"形式的违法性"需要成文刑法的明文规定,这一点在"构成要件"那里也是一样,但是不可以认为刑法明文规定的只是"构成要件",例如正当防卫,就同样规定在成文刑法中。而在我国刑法学界所存在的"形式"与"实质"之争,在很多场合下实际上涉及的是"对构成要件的解释是坚持罪刑法定还是法益侵害"③,这同样不是最初意义上的"形式违法性"与"实质违法性"之争。虽然不能认为这样的争论不重要或者没有切中刑法学研究的关键问题,相反,根据刑法学研究水平的发展进程,相对于最初意义上的"形式违法性"与"实质违法性"来说,这样的学术之争在我国刑法学界更加具有理论意义与实践意义。但是,本书的目的只是通过探询最初意义上的"形式违法性"与"实质违法性"之争来说明为什么在"形式违法性"下不能存在"超法规的违法阻却事由"而在"实质违法性"下却可以,并不是要否定我国刑法学界的"形式"与"实质"之争的学术意义。

第四,"形式违法性"与"实质违法性"之间最大的争议之一就在于是否承认"超法规的违法阻却事由",这也正是本书在此着力讨论两者区别的原因。"形式性违法论认为,除了刑法典以及其他实定法所规定的违

---

① [德]汉斯·海因里希·耶赛克、托马斯·魏根特:《德国刑法教科书》,徐久生译,中国法制出版社 2001 年版,第 287 页。

② 参见余振华《刑法违法性理论》,瑞兴图书股份有限公司 2012 年版,第 64 页。

③ 王俊:《构成要件理论:形式与实质——构成要件二分说之提倡》,载陈兴良《刑事法评论》第 28 卷,北京大学出版社 2011 年版,第 2 页。

法阻却事由之外，不应再认可违法阻却。……然而，通说、判例也认可有利于被告人的类推解释，这样，当然有可能探究处于实定法所规定的违法阻却事由之根底的违法阻却的一般原理，并遵循该原理肯定实质上的违法阻却。这称为实质性违法论。"①

如前所述，提倡"形式违法性论"的古典犯罪论体系所倚靠的哲学思想是自然主义，其在法学领域的代表即是法实证主义。从本体论的角度看，自然主义认为事物的价值存在于其本身之中，而非存在于人类对于自身发展目标的建构之中。自然界存在的因果律本身就赋予了包括社会现象在内的各种事物固定的内在价值。"孔德说过，社会现象就是服从于自然规律的自然事物。从这句话来看，他隐含地承认了社会现象是物，因为自然界中存在的只有物。"② 从方法论的角度看，自然主义"把自然科学所运用的方法应用于社会科学领域。仔细观察经验事实与感觉材料是自然科学所采用的主要方法之一"③，并且随着19世纪自然科学取得的巨大进步，人们普遍相信人类的理性足以支持从这种观察与感觉中获取真理。在这种对人类理性无限夸大的论调下，人们希望"尽可能用精准的数学语言"，并且强调运用"纯粹的实验方法成功地确定行为的合法性"。在当时，这类做法均被视为是"新认识论的理想"。同时，人们也认为，"这种认识和思考方法也应当不加限制地在人文科学中实现。只有以这种方法获得并证明某一论述，其'科学性'才能够得到保障"④。

相应地，法实证主义也认为"法律的发展是通过法律系统的准自然主义的自我复制而实现的，而不是通过原则性的或规范指导性的法律对象的转型而实现的"⑤。换言之，在自然主义和法实证主义的指引下，古典犯罪论体系的倡导者相信通过"万能立法者"的理性对行为等事实的观察与感知，能够发现其固有的内在价值，进而将这种价值与作为其载体的

---

① [日] 西田典之：《日本刑法总论》，刘明祥、王昭武译，中国人民大学出版社2007年版，第101页。

② [法] E. 迪尔凯姆：《社会学方法的准则》，商务印书馆1995年版，第39页。

③ [美] E. 博登海默：《法理学、法律哲学与法律方法》，中国政法大学出版社2004年版，第119页。

④ [德] 魏德士：《法理学》，丁晓春、吴越译，法律出版社2005年版，第208页。

⑤ [英] 克里斯·桑希尔：《德国政治哲学：法的形而上学》，陈进江译，人民出版社2009年版，第312页。

事实建立起严格的对应关系，并将其规定在刑法典之中。因此，贝林等人否定"价值判断"并非是因为其认为刑法不体现价值，而是这种价值是行为等事实所固有的，而不是由某个人"判断"出来的；另一方面这种固有的价值应该由立法者通过观察得出，并写进刑法典，裁判者就不能肆意篡改这种事实与价值间的对应关系了。从这个意义上说，既不存在"超法规的违法事由"（如类推适用），也不存在"超法规的违法阻却事由"，"违法"也好、"违法阻却"也罢，全部都已经由那个"万能立法者"写进刑法典了。

其实，在李斯特那里，也存在"形式违法"与"实质违法"的区分，他指出："形式违法"是指违反国家法规、违反法制的要求或禁止规定，而"实质违法"则是指危害社会。但是在对待"实质违法"的态度上，李斯特却显得语焉不详：他一方面认为由于合法化事由在成文法中只得到极不全面的探讨，以至于合法判决的作出，在很大程度上不得不借助于在成文法之外来考虑合法和不法的实体内容如何；另一方面却又强调当"形式违法"与"实质违法"存在矛盾时，法官应当受法律的约束，现行法的修改超然于其任务范围。[①] 而全面的"实质违法性论"则为新古典犯罪论体系所主张，其背后的哲学思想是新康德主义，受康德将现实世界与非现实的价值世界两分的影响，新古典犯罪论体系的支持者也认为在依据刑法的规定对某个行为事实进行价值评判时，不能从"实然"中导出"应然"，因而在刑法中也就没有什么固定的、内在于某个行为本身的价值；换言之，价值不是"观察"出来的，而是"评价"出来的，而且单纯地依靠刑法典，也不可能彻底地完成这种评价。对于"构成要件"来说，其仅仅是对行为"不法"特征的描述，而对于否定行为之"不法"来说，立法者的理性认识也不足以把所有的"违法阻却事由"都列举于刑法典之中，充其量只是把人们达成共识的事由记述下来而已。"更确切地说，成文法只是架构出了规范人们举止的框架，而这个框架，是需要借

[①] 参见［德］李斯特《德国刑法教科书》，［德］施密特修订，徐久生译，何秉松校订，法律出版社 2006 年版，第 200—202 页。另外，值得一提的是，李斯特的思想一方面受到自然主义的影响，另一方面又显现出规范主义的特征，这一点在其"行为"理论中也有所体现。

助于法律素材才能够实现具体化的"①。"因为现代社会变动频繁，各种利益关系错综复杂，价值观日趋多元，重要的社会秩序原则本身处在不断发展之中"②，所以，"合法化事由的范畴从来不会被堵死"（耶赛克），因此也就无法否定"超法规的违法阻却事由"之存在。可以看出，"超法规的违法阻却事由"并非是解决"具有形式违法性但却不具有实质违法性"的行为而设立的，而是建立在以"实质违法性论"否定主张"立法者万能"的"形式违法性论"之上的，只要我们承认人类语言的有限性并且否认人类理性的无限性，就不得不承认"超法规的违法阻却事由"的存在，因为"违法阻却事由"范畴的确定已超出立法者的理性之外，必须要依赖于裁判者在面对具体的案件时根据利益衡量和目的的考量来否定刑法中对其未作（明确）规定之行为的"违法性"，这对于避免刑法适用的形式化与僵硬化、最大限度地实现个别正义有着积极的意义。

从这个意义上而言，无论是"违法阻却事由"，还是阶层犯罪论体系下的其他"犯罪阻却事由"，甚至其他罪论体系（如"四要件"犯罪构成理论）中的"犯罪阻却事由"，都会因为不存在"万能立法者"而不得不在一定程度上体现出"超法规"的特征，都必须在现行法律的文字规定以外，根据社会发展的需要，不断地创造和承认新的出罪事由。但是，承认"超法规的违法阻却事由"或者"超法规的犯罪阻却事由"的存在，并不是说裁判者可以动辄以"超法规"来将一个行为解释成刑法不干预或不处罚的行为，这一点无论是在大陆法系之阶层犯罪论体系那里，还是在我国传统的犯罪构成理论之中都是相同的。因此，在判断某个擅自处置了原本应当由权利人自身处置事项的行为来说，能否成立依推定的同意之行为，从而避免受到刑法的追究时，必须有着明确其具体的成立要件。

---

① ［德］克劳斯·罗克辛：《刑事政策与刑法体系》，蔡桂生译，中国人民大学出版社 2011 年第 2 版，第 38 页。

② 沈琪：《解析超法规违法阻却事由理论——兼论社会危害性》，《法学论坛》2004 年第 19 卷第 4 期。

第六章　依推定的权利人同意之行为的成立要件
——以"非正式规范"为核心的分析

第一节　行为处于"非正式规范"的效力范围之内

如前所述，在阶层犯罪论体系中，依推定的同意之行为是作为"构成要件阻却事由"存在的，而其之所以能够阻却"构成要件符合性"的原因是因为行为人遵循了他与权利人共同存在的"小型群体"内就行为所涉及的事项而形成的"非正式规范"，因此这类行为便没有侵害权利人的"自我实现与自由发展"，而作为构成要件之核心概念的法益就体现着人的"自我实现与自由发展"之要求，因此，这类行为并没有侵害法益，从而也就不符合构成要件。而对于"四要件"犯罪构成理论来说，作为构建这一理论基本范畴的是社会危害性这一概念，但是在依推定的同意之行为中，由于行为人与权利人之间就该事项存在一种"非正式规范"，只要行为遵循了这种规范，则他与权利人之间的关系就不属于"社会关系"，因此无论这一行为对于权利人来说是否符合其真实意志，都没有对所谓的"社会关系"产生影响，因而也就不属于具有社会危害性的行为，从而不被认为构成犯罪。当然，上述两种关于犯罪成立条件的理论孰优孰劣不是本文讨论的重心，但是，第一，两种理论都能够对依推定的同意之行为的出罪原理作出解释；第二，两种理论在作出这种解释时，都必须借助于行为人对"非正式规范"的遵守；第三，在对某个擅自处置原本应由他人处置的事项之行为能否成立依推定的同意之行为，从而予以出罪时，不能仅仅依靠这一原理，而必须根据这些以"非正式规范"为基本内容的原理分析其具体的成立要件；第四，运用两种理论构建出的成立要件在具体内容上不应存在实质性差别。

而对存在于现代法治国家中的社会整体而言，由实定法所建立的正式规范无疑是其重要标志，为了将人类的行为整合到与社会整体存在与发展的需要相称的模式构造中去，就需要某种统一的、客观的正式规范以及由此而构建的体系，就这一点而言，社会中的正式规范实际上也是法治国家的构成要素。任何小型群体中所适用的"非正式规范"，都必须在一定程度上受到正式规范的制约，即在未超越自身效力范围的前提下，方能发挥作用，因为"在任何一个国家，完全出让国家刑罚权或者分离司法专属权都会给整个社会带来灾难性结果"[1]。具体而言，行为满足以下几个方面的条件时，才能被认为是在"非正式规范"的效力范围之内：

第二节　行为所涉事项属于权利人能够自由处置的事项

由于依推定的同意之行为以存在"权利人同意"的行为为主导形象，因此所能够涉及的事项也应当以后者所能涉及的内容为限。而在刑法上，权利人得以表示"同意"的事项必须能够由其个人按照自己的意志进行自由处分。"由于一个人的自我伤害行为也可能涉及其他人的利益，因此基于自我决定权的基本意义，亦即自我决定仅能决定属于自我的利益，所以对于自我决定的行为，必须兼顾不应侵害他人利益的原则。"[2] 同时，"对于纯属国家法益或社会法益之承诺，乃属于无意义者，而纵然有以被害者之个人法益为主，但对于亦同时包含国家法益或社会法益之犯罪，其承诺并无法阻却违法性。"[3] 有学者还进一步提出了伦理上的限制，主张"个人法益在其处分或放弃等的承诺行为具有反伦理性时，也不能够被承认"[4]。一般认为，对于涉及财产性利益的事项能够由个人自由处分，而涉及人身性利益的事项通常情况下也能够被个人所自由支配，但是有学者主张："只有按照国家·社会的伦理规范被认为是相当的伤害行为，才是

---

[1]　王利荣：《犯罪与法律责任的均衡之义》，《法治论丛》2008年第23卷第5期。

[2]　黄荣坚：《基础刑法学（上）》，中国人民大学出版社2009年第3版，第218页。

[3]　[日]川端博：《刑法总论二十五讲》，余振华译，甘添贵监译，中国政法大学出版社2003年版，第211页。

[4]　[韩]金日秀、徐辅鹤：《韩国刑法总论》，郑军男译，武汉大学出版社2008年第11版，第248—249页。

合法的。"① 相反的观点则认为:"在这里确实地将公序良俗违反性作为为处罚奠定基础的东西加以援引,想来是不妥当的。这是因为,这样的处理是将公序良俗违反这一与身体的利益不同的、构成要件之外的(而且,是与利益侵害不同的,反伦理性这一)要素,以限定违法性阻却的形式用来奠定处罚的基础了。"② 对此,本书认为,无论是对存在"权利人同意"的行为还是依推定的同意之行为来说,讨论"同意"这一概念的目的都是为了证明行为人与权利人之间的关系并非一般意义上的社会成员之间的关系,因此能够被"同意"的事项仅限于那些不会对社会中的其他成员及社会整体产生影响的事项。

在此,需要着重讨论的是有关"生命法益的问题"。对于"生命"是否能够作为"同意"的对象历来存在较大的争议,有学者认为:"生命是个人的法益,但却是拥有本质价值和非替代性绝对性的法益。故生命不能成为可处分的法益"③,然而综观世界各国的立法实践,鲜有将自我剥夺生命的行为认定为犯罪的条文。但是,与之形成鲜明对比的是,在受嘱托杀人以及帮助自杀的场合,绝大多数国家(包括我国在内)都将行为人之行为视为违法,即"生命"不能由他人代为处置。具体而言,主张"生命"能够被其所属主体按照个人意志进行处分的观点认为,生命的意义不仅在于存在,而且还在于存在的方式,故生命仅具有相对价值而已,因此,当个体生命正在饱受巨大痛苦,无论就患者本身及其家族,乃至整个国家社会,均无任何利益,且失去有用性,从而丧失了生命本来的价值存在时,基于同情、慈悲或怜悯等人道主义精神,应当允许"生命"之主体自由决定是否放弃生命,但是对于个人生命的尊重,是现代法律的基本理念,因此对于由个人自由处分其生命时,应当限制于仅限于具有相当理由之时。然而,相反的观点则认为,人的生命具有绝对的价值,尊重生命的理念是人类从事社会生活的基本要求,现代社会的伦理秩序及其具体

---

① [日]大塚仁:《刑法概说(总论)》,冯军译,中国人民大学出版社2003年第2版,第412页。

② [日]山口厚:《刑法总论》,付立庆译,中国人民大学出版社2011年第2版,第163页。

③ [韩]李在祥:《韩国刑法总论》,韩相敦译,赵秉志、武小凤审校,中国人民大学出版社2005年版,第238页。

要求都以此理念为基础。否则，由人所构成的社会秩序甚至社会本身都会荡然无存，因此个人生命具有神圣不可侵犯的无上地位，除非自然灭失，否则应排除一切人为（包括生命主体本人）的干涉。①

对于涉及生命的事项能否交由其主体自由处分的问题，也许不能作出绝对肯定或者否定的回答，具体而言，必须一方面坚持尊重人的生命中所蕴含的绝对价值，另一方面必须考虑生命主体背离这一价值的原因及程度。当某人因为内心不够"强大"，在面对一些生活琐事所带来的微小而暂时的挫折就要寻死觅活时，当然不能将生命交由其个人自由支配；然而，如前所述，"当个体生命正在饱受巨大痛苦，无论就患者本身及其家族，乃至整个国家社会，均无任无任何利益，且失去有用性，从而丧失了生命本来的价值存在时"，无论对于作为生命主体的个人还是其家族乃至国家与社会来说，都必须存在一些现实上的出路。② 但是，不管这些"出路"何在，即以什么方式将某种特定条件下的处分生命法益的行为非罪化处理，反正不能借助于依推定的同意之行为来解释这一问题，首先，"结束生命毁灭的是自由的主体本身，造成的是不可恢复的损害"③。其次，对他人生命法益进行处分的所谓"非正式规范"基本上是没有机会被建构的，试问有谁能够根据与他人过往的交往过程中总结出"这个人作为'小型群体'中的一员一般情况下会怎么死"从而来构建一套剥夺他人生命的"非正式规范"呢？何况，在权利人已经死亡的情况下，法官也无法得知行为人与他的交往过程之详情，以判断这种"非正式规范"是否存在以及是否得到了遵守。

一 权利人具有同意能力

如前所述，无论是存在"权利人同意"的行为，还是依推定的同意之行为，权利人都必须能够自由处置相应的事项，因此，所谓的"同意"也就必须与权利人的同意能力联系起来。易言之，只有当权利人具备了比较全面的相关知识，能够自由地与他人交流自己的希望并且根据自己的知

---

① 参见甘添贵《刑法之重要理念》，瑞兴图书股份有限公司1996年版，第216—217页。
② 参见黄荣坚《基础刑法学（上）》，中国人民大学出版社2009年第3版，第221页。
③ 郑泽善：《刑法总论争议问题研究》，北京大学出版社2013年版，第86页。

识体系和价值观作出选择,来实现自己的目标时,他才可能具备对其自身所处置的某项事项具有同意能力。对于这种同意能力的标准,有学者认为:由于行为所处置的事项中包含的利益,不仅受到刑法的保护,也受到民法的保护,只是在保护的方式方法上存在区别,一般而言,刑法通常以科处刑罚的严厉手段作为对利益进行保护的方法,因而在严厉程度上要强于民法,但是对于作为保护对象的利益本身及处置利益的意志自由在两大部门法之间并无本质差异,因此权利人的同意能力在刑法与民法适用上可以适用同一标准。① 还有的学者认为,当行为所涉及的事项依一般的观念看,属于那些可能会给权利人的利益带来严重损害的事项时,在民法上的"无民事行为能力人"甚至"限制民事行为能力人"都不能依照自身的意愿任意处置该事项。所以,在刑法没有对权利人的同意能力作出明确规定的场合下,可以适用民法的相关规定。② 但是,"同意"不能等同于民法上的意思表示行为,刑法与民法间之所以会存在对法益的保护方式不同,主要原因并不在于法益受行为侵害的状况,而是两大部门法的任务和目的存在区别。具体来说,刑法的任务与目的着眼于目标和重点在于对行为的考察,即确定某个行为是否具有刑事上的可罚性,以及行为人是否应当就行为承担刑事责任;而民法的任务与目的则在于促成和保护当事人之间的合意,并且为达成这种合意对双方在能力上提出对等的限制。③ 因此,刑法中的"同意"在行为前总是可以由权利人任意撤回,而民法中的这种"撤回"行为却并非那么的轻松与随意。因此,从刑法的角度来看,只要权利人就某一能够由其任意处置的事项之事实认识与社会意义具有相当程度的理解与辨别能力时,就应当能够自由的处置该事项,从而行为人也就能够在此基础上,对权利人意志进行"推定",而无须局限于其他部门法上的限制与要求。易言之,当权利人能够充分地了解在所处置某一事项中的过程中,可能会涉及何种利益,以及放弃这些利益对其自身会产生何种影响时,就应当承认其对该类事项的同意能力。而对于权利人是否达到民

---

① 参见徐岱、凌萍萍《被害人承诺之刑法评价》,《吉林大学社会科学学报》2004 年第 6 期。

② 参见黄京平、杜强《被害人承诺成立要件的比较分析》,《河南省政法管理干部学院学报》2003 年第 2 期。

③ 参见车浩《论刑法上的被害人同意能力》,《法律科学》2008 年第 6 期。

法上所要求的年龄或是否符合民法上关于行为能力的规定则在所不问。① 具体而言,"许可者必须具备承诺能力,也就是说必须是思想上和道德上已经成熟,能够认识到放弃法益的结果和影响,能够就此做出符合事实的判断。对此不要求一定的年龄上的限制;特别是承诺人是否为民法意义上的完全行为能力人,并不重要。起决定性作用的唯一是承诺人根据他的理智上的成熟程度和判断能力已经完全清楚触及他利益的攻击的性质、影响和作用。"② 虽然刑法中的能力与民法中的能力存在一定的契合之处,但是刑法中的同意行为是利益处置行为,这种处置的结果是使得行为人不具有(或者减轻)刑事上的责任,并不必然导致行为的绝对符合整体法秩序。对于具体情形下,权利人具有怎样的能力才能被推定为"有能力进行同意"不可能有一个统一的标准,一般而言,需要从行为的性质以及所处的情境出发予以区别对待。当然,如果刑法就权利人对于特定的事项得以进行"同意"的场合明确规定了年龄限制,则应以该限制为准来理解权利人的同意能力。如某男与某女为恋爱关系,长期同居在一起,一日两人饮酒后,该男子在其女朋友昏睡时与之发生性关系,如果该女子为成年女性,则该行为有成立依推定的同意之行为,从而不构成强奸罪的余地;如果该女子为14岁以下的未成年人,则该男子无论如何不能就女子"自愿发生性关系"的意志进行"推定"。此外,权利人的精神状态也是值得注意的因素,一般来说,同意能力与权利人之精神状态的关系同样需要根据所涉事项的具体特点来予以区别对待,存在精神缺陷的人应当可以做出与其认知能力相应的处置行为,故对这一范围内的"权利人意志"可以进行"推定"。

二 被"推定"的权利人意志具有自愿性

由于依推定的同意之行为体现的是对权利人真实意志的最大尊重,因此,在行为人进行"推定"时必须将权利人在行为时设想成一个能够以"具有相当合理性"的立场观察周围情势并作出决定的人,而不能认为如

---

① 参见林山田《刑法通论(上册)》,北京大学出版社2008年第10版,第371页。
② [德]约翰内斯·韦塞尔斯:《德国刑法总论》,李昌珂译,法律出版社2008年版,第202页。

果行为人知道真相以后，仍然会因为认识错误（包括权利人自陷错误或者因行为人的原因而产生错误）或者受到胁迫而表示同意从而擅自处理权利人的法益，因为判断一个人是否有能力对某种干预其法益的行为接受或者拒绝时应当建立在这个人能否在特定的环境中进行自治性选择的基础之上，即行为人所推定的权利人的意志应当是一种"自愿的意志"。至少在以下两种情形中，不能认为行为人所推定的是权利人"自愿的意志"：

第一，据以进行"推定"的权利人处置相关利益的行为陷入认识错误。现举一例予以说明，某甲（男）与某乙（女）同时租住在一套双人公寓内，平日关系良好互相信任。甲经济较为宽裕，平日会将一定数量的现金放在客厅内两人都持有钥匙的抽屉中，乙则为某营养品公司的业务员。一日，甲对乙说"我最近工作压力很大，听说你们公司的X型口服液对缓解工作压力效果非常好，具体怎么样？"乙说："的确非常好。"（实际上并无乙所吹嘘的效果）甲说："有空给我买一些来。"乙便长期将X型口服液售予甲服用，甲也按照实际价格向乙付款。一日，乙又将一箱X型口服液带回住所，恰逢甲不在家，又不能立刻联系上，但是必须马上付款，遂打开甲存放现金的抽屉取出相应的现金作为货款带回公司。本书认为，对于乙的行为，不能够被认定为成立依推定的同意之行为，因为在该案例中，乙对甲就X型口服液的效果进行了欺骗，在这种情况下，甲对客观情势存在着认识错误（误以为X型口服液具有乙所吹嘘的"非常好"的效果），因而无论是其真实存在的意志还是乙对这种意志的"推定"都不能反映出"意志的自愿性"这一要求。但是，当权利人的认识错误仅仅使其作出了违反自身利益的意志表示，却没有妨碍作出这种意志表示的"自愿性"时，则不足以就此否认行为人的行为成立依推定的同意之行为的可能性。

仍以上例继续分析：甲想追求乙，一日向乙表白，乙不想接受甲，但转身一想：何不就此机会推销产品？便对甲说："你买我们公司的X型口服液，我就和你好。再说，你最近工作压力很大，这个产品正好可以缓解工作压力。"甲对乙之"买口服液就谈恋爱"的许诺信以为真，因而长期购买X型口服液，该口服液也确实对于缓解工作压力具有疗效。那么在此情况下，就不能仅仅因为甲对乙答应与其谈恋爱的虚假许诺而否定乙从抽屉里擅自拿钱付款的行为构成依推定的同意之行为，原因在于甲一贯对于该型口服液的价格和疗效都是了解的，乙也未就这些信息对其进行欺骗，甲之所以长期从乙处购买是因为相信乙会因此而和他谈恋爱，虽然乙对这一问题存在欺骗，但甲因此而产生的错误不足以妨碍其"意志的自愿性"，因为他完全可以放弃对乙的追求，而当他对 X 型口服液的功效本身产生认识错误时，他却无法放弃缓解工作压力。

第二，据以进行"推定"的权利人处置相关利益的行为受到了强制，仍以甲、乙同时租住在一套双人公寓内为例。一日乙突然间发现与其同住的好友甲乃一"瘾君子"，故对其说："我最近手头比较紧，你每周给我一千元钱吧，要不你在家吸毒的事难保警察不知道。"甲无奈，只好每周交付一千元钱给乙，以保"平安"。一日又到了"付款时间"，乙去敲甲卧室的门，恰逢甲不在家，又不能立刻联系上，其回到客厅中一看，刚好甲的钱包放在沙发上，遂从中取走一千元钱。对于乙的行为，本书认为，不能成立依推定的同意之行为，即其以往的行为成立一系列的"敲诈勒索"，而本次的行为则构成"盗窃"，即便甲知情后未对这一行为表示任何异议，也不能认为乙的"推定"可以成立，因为于此情形下，显然甲的真实意志受到了强制，无论是其自己付钱给乙还是乙从其钱包中擅自取钱的行为都不能体现其"意志的自愿性"。但是在存在强制的场合，也应当综合考虑强制的程度是否足以压制权利人的意志自由。如甲与乙是恋爱关系，一日乙对甲说："如果你每周不给我一千元钱，我就和你分手。"甲无奈，只好每周交付一千元钱给乙，以保"姻缘"。一日又到了"付款时间"，乙去敲甲卧室的门，恰逢甲不在家，又不能立刻联系上，其回到客厅中一看，刚好甲的钱包放在沙发上，遂从中取走一千元钱。这时，乙擅自从甲的钱包中取钱的行为，就有成立依推定的同意之行为的可能性，因为虽然其对甲也存在着"强迫"，但这种强迫并不能压制甲的意志自由，甲完全可以选择"另觅新欢"，然而对于因吸毒被抓的结果来说，不能认为甲对此具有选择自由。

其实，行为人根据权利人陷入错误或者强制状态的"意志"进行"推定"而处置其利益的方式已经超出了"小型群体"中成员间的行为模式，即违反了上述"非正式规范"，那么正式规范的介入就无可避免了。

当然，在行为人对"非正式规范"所涉及的事实前提存在认识错误的场合，亦不能成立依推定的同意之行为，从而阻却构成要件。例如：楼上的权利人因装修房屋在卫生间进行闭水试验时外出,楼下的行为人误以为权利人家没有关闭水龙头,其根据自身与权利人的关系及对权利人性格习惯的了解,为防止权利人的财产遭受损失而撬门进入权利人住宅。在这种情形下,不能否认侵入住宅行为的构成要件符合性,只能作为事实认识错误处理,否认行为人具有故意,因而不成立犯罪。

综上所述,依推定的同意之行为所应当遵循的"非正式规范"不能逾越其发挥效力的范围,否则,一方面行为会由于"非正式规范"的失效而导致进入正式规范的调整范围;另一方面,更重要的是,当这些"界限"被打破时,"非正式规范"所赖以存在的"特定关系"将"荡然无存",因为此时已经很难说行为人与权利人还处在一个"小型群体"之内了。

第三节 "非正式规范"的构建

"国家共同体是通过某种特定的规范秩序,具体而言,是通过国家法律秩序建构起来的。……但是,一个有影响力的国家的存在,并不能被归因为某种纯粹的、合规范逻辑的因果关系。它也绝对不能被理解为规范精神的强行作用结果。问题的关键并不在于规范的精神内涵及其正当性问题,而在于规范的效力问题。是规范的现实有效性,也就是规范能够被持续地予以执行,并拥有稳定的实现机会的'事实',使规范秩序获得对共同体的构建功能。"[①] 如前所述,在个体间以"陌生人"形式所构成的社会这一"大型群体"中,人们之间进行交往的行为规范即为"注意义务",此即为一种正式规范。之所以需要这种以"注意义务"为内容的正式规范,是因为法律必须维持社会的存续,而在社会中,由于其呈现出的复杂性与不稳定性等特征,需要这种正式规范来防止其瓦解。"一个社会只有当它维护着关于良善生活的一些具体的观念,并且鼓励人们按照这些观念去生活时才是一个良善社会。"[②]而在法治国家中,这些观念就体现在作为社会共同体成员间的共识而体现在制度法当中的正式规范,原因在于"一个稳定的特定社会的维护,意味着必须要维护凝聚着该特定社会下各

[①] [德]齐佩利乌斯:《德国国家学》,赵宏译,法律出版社2011年版,第43—44页。
[②] [美]约翰·凯克斯:《为保守主义辩护》,应齐、葛水林译,江苏人民出版社2003年版,第97页。

个成员的普遍共同感受的共识"①。而对于以"熟人社会"为基础所构建的"小型群体"而言，对于群体之存续的维护依然也还是重要的，但是由于其成员间的关系与相互存在方式迥异于"大型群体"，因此适用于其成员的规范便不再是那个以"注意义务"为内容的正式规范，而是以特定关系人之间根据自己的意愿所建立的非正式规范，如果强行地一律适用正式规范则不免会使"小型群体"的成员间陷入一种普遍的隔阂状态，最终导致该群体的崩溃。因此作为刑法而言，一方面不能置社会这一"大型群体"于不顾，另一方面也不能由于自身的强势特征而导致在社会中合理而有益地存在着的"小型群体"的崩溃。因为某一特定的"小型群体"一旦解体，它就不能像凤凰涅槃一样被再次整合起来。因此，对于人类社会来说，仅有正式规范是不够的，"非正式规范"对于维护"小型群体"的存在，进而能够更好地促进个人在社会中的存在与发展是不可或缺的。

对于依推定的同意之行为的成立要件来说，"非正式规范"也是确立这一要件的核心内容，因此某个擅自处置原本应由他人处置的事项之行为能否成立依推定的同意之行为并继而予以出罪，除了上节中提到的：行为必须处于"非正式规范"的效力范围之内，还必须就如何构建这种规范进行分析。

一 就行为所涉事项存在"特定关系"

如前所述，本书将依推定的同意之行为中的行为人存在的范围限定为就行为所涉及的事项与权利人存在"特定关系"的人，这里的"特定关系"指的是行为人与权利人之间存在着基于行为所涉及的利益而形成的某种特殊关系，对于什么叫作"特殊关系"则完全取决于我们关注某个特定人的"取景镜"的范围，例如对于张三这个人，他可以和李四是夫妻、和张小三是父子、和老王是邻居，同时他还是医生小刘的病人等，因此这种"特殊关系"无法进行精确的限定，而需要根据行为所涉及的内容对于权利人的意义来界定。一般来说，其具有以下两个维度：第一，行为人与权利人的某种关系能够表明行为人对于权利人真实意志的推定具有

---

① 贾健：《哲学本体论视角下的刑法民意"在场"》，载赵秉志《刑法论丛》第 29 卷，法律出版社 2012 年版，第 168 页。

相当的可靠性与合理性，而非无端的"臆测"。第二，行为人与权利人的某种关系能够证明行为人与权利人由于身处一个"小型群体"之中，从而排斥正式规范的介入，转而适用其根据交往经历所建构的"非正式规范"。从形式上来看，这种"特定关系"可能存在于婚姻、家庭、亲近血缘关系、家属共居关系或类似的亲密生活团体之中，也可能因所涉及利益的特点而存在于因工作或服务提供而形成的互动之中（例如医疗、教育、经济往来等）。

在"非正式规范"得以代替正式规范发挥效力的"小型群体"中，作为其成员的个人，无论是行为人还是权利人，都对彼此有着相当程度的了解，在这个群体当中，人们可以适度地使自己得到放松，而不需要像在身处社会这一"大型群体"中那样，总是要提防四处潜伏着种种危险，当导致自己无时无刻不处于警惕和紧张的状态之中。虽然"小型群体"中的成员也会存在争吵与分歧，但这些都只是改善其共同生活的手段之一[1]，而为了成为这个"听起来相当不错"的"小型群体"中的一员，人们就不得不付出一定的代价，这一代价就是容许他人根据该群体中的"非正式规范"对某些原本应由其自身处置自己的事项进行一定范围内的干涉，并在这类规范所及的范围内放弃刑法对个人的保护。在一般情况下（即由陌生人组成的社会中），法官对于该类案件的关注原则上仅限于其争议点——行为人擅自处置了权利人的利益，"一个明确的争议点应与两个争议者之间的更宽泛的复杂关系相分离，并隔绝于该关系的其他方面，才能得到处理。这种制度在大型的陌生人社会是可行的，因为在这种社会中，引起争议的许多事件往往就是相关各方的唯一接触点；但在争议各方处于持续'面对面'关系的社会中时，情况就远非如此"[2]。"在今天的刑事司法领域中，法官总是自觉地将各种各样的罪犯（行为人——笔者注）的特质缩小、抽象化和通约了"[3]，而极少去考虑行为人与权利人之

---

[1] 参见［英］齐格蒙特·鲍曼：《共同体》，欧阳景根译，江苏人民出版社2007年版，第2—3页。

[2] ［英］西蒙·罗伯茨：《秩序与争议——法律人类学导论》，沈伟、张铮译，上海交通大学出版社2012年版，第9页。

[3] 周光权：《刑法学的向度——行为无价值论的深层追问》，法律出版社2014年版，第74页。

间是否存在可以适用"非正式规范"的"特定关系"。然而,"谁具有一个健全的判断,他就不能以普遍的观点去评判特殊事物"①。

值得注意的是,并不是在行为人与权利人之间存在着"特定关系"就可以就所有的擅自处置他人事项的行为构建出一套"非正式规范"从而排除刑法的介入,而是这种"特定关系"必须与行为所涉的事项具有一定的联系。例如,当某人在暴雨来临前,冲入已经外出的邻居的院子,把其放置在院子里晒太阳的家具搬到屋檐下,以免因淋雨而损坏时,该人与邻居间的"邻里关系"这种"特定关系"可以避免刑法将其行为评价为侵犯了邻人的住宅安宁,因为其擅自侵入邻居住宅的行为正是体现了对"邻里关系"的维护。

但在以下这种情形,则不能认为"邻里关系"与行为所涉及的事项存在关联,从而能够排除刑法评价的介入:行为人顾某某,男,1990年出生,精神状态正常,于2014年某日采取翻窗入室的方法来到隔壁邻居吴某某家中,并窃得人民币2800元。当日,被告人顾某某即被抓获归案。到案后,其如实供述了上述事实。审理该案的法院认为,顾某某以非法占有为目的,入户秘密窃取他人财物,数额较大,其行为已构成盗窃罪,应予惩处。在本案中,虽然行为人顾某某与权利人吴某某之间存在"邻里关系"(或许还是不错的"邻里关系"),但顾某某的行为所涉及却是关乎吴某某之财产利益的事项,因此这种特定的"邻里关系"并不能为该行为排除刑法的干预提供任何实质上的理由。

同时,这种来自行为涉及事项中所包含利益的限制,不仅具有质的方面而且也有量的方面。例如在将"无权使用交通工具"的行为规定为犯罪的国家,某人在无法联系到好友的情况下,将其汽车予以"借用"。从通常的观念来看,朋友间确有"通财之义","朋友关系"这种"特定关系"确实与擅自处置包含他人财产权利的事项存在关联,可以为相应的行为提供排除刑法介入的理由,但如果"借用"的金额过大,则必须对这种"理由"予以限制:行为人夏某某,男,1992年出生,精神状态正常。经查,夏某某于2012年9月23日前后的一天,前往其同学司某某家

---

① [德]汉斯·格奥尔格·加达默尔:《真理与方法(上卷)》,洪汉鼎译,上海译文出版社1992年版,第41页。

中做客，期间，司某某因事外出，夏某某便在司某某的床头柜中窃得黄金手链、项链、各类挂件、吊坠及手镯等物品，价值合计人民币4万余元。案发后，夏某某将赃物退还给司某某，并退赔人民币3万元。法院审理认为，夏某某以非法占有为目的，秘密窃取他人财物，数额巨大，其行为已构成盗窃罪，应予惩处。但由于其自动投案，并如实供述自己的罪行，且有积极退赃等行为，可予以从轻或减轻处罚。按照通常的观念，于朋友不在家时，擅自取走价值4万余元财物的做法，已经不能用"朋友关系"这几个字来排除刑法的干预了。当然，在确定将擅自处置事项中所包含的利益限制在何种程度才能排除刑法的介入时，"通常的观念"只能作为一个判断资料，而更多的内容需要从权利人的惯常行为中获得。

二 权利人的惯常行为

当某个擅自处置应当由权利人自身处置事项的行为所涉及的利益价值从"通常的观念"的观念来看并不非常轻微，而且也不具有紧急性的场合，也可以根据行为人对权利人的了解而"推定"其真实意志。当然这里存在的限制性要求是经常存在以类似方式而发生的事实，并且权利人从未以任何表示过异议或者行为人从没有也无法以合理的方式得知权利人的异议。换言之，行为人可以通过权利人惯常行为对其真实意志予以推定，基于权利人一向对于类似行为的态度，得出权利人对于当前的法益处置行为也会"理所当然"地表示同意。因为人们在追求某种需要得到满足的过程中，总是不可避免地要与周围的环境以及身处其中的客观事物发生一定程度的联系，如此一来，人们便与这些客观事物（也包括其他人）之间就会形成一种有选择的相互作用，并且随着时间的推移，就产生了自身特定的兴趣和爱好，"并在此基础上形成自己的对客观事物的态度、信念、价值观等个性倾向性；在满足需要的过程中，经常、反复出现的行为特征，就形成习惯"[①]，因此，根据权利人之惯常行为对其真实意志进行推定正是对其"需要"的满足（至少不能认为是侵害）。

[①] 梅传强：《犯罪心理学研究的核心问题——刑事责任的心理基础》，《现代法学》2003年第25卷第2期。

但是，在将某个惯常行为作为构建"非正式规范"的内容，并以此来制定依推定的同意之行为的成立要件时，必须明确这些惯常行为产生的根源，换言之，必须考虑权利人是基于何种原因做出这些惯常行为的。例如，某公司的总裁每次前往异地出差前总会叮嘱其助理及时拆阅"一切"寄给这位总裁的信件，并且以往在这样的场合下，其助理所收到的信件都是工作信件。某次，该总裁出差前，由于工作繁忙，没有对其助理进行以往的"叮嘱"，而恰逢此时，助理收到了一封寄给总裁的信件，并且其有充分的理由相信该信件属于总裁的私人信件，那么在其无法及时与总裁进行联系并就是否能够拆阅该信件进行请示时，他能否拆开这封信件？本书认为，一方面，必须承认，该总裁在外出时委托其助理代为拆阅"一切"信件已成为一种惯常行为；另一方面，也必须对其做出这种惯常行为的动机与原因进行分析。如果其委托助理代为拆阅信件这种惯常行为是基于助理对总裁工作的辅助性作用而做出的，那么其助理拆阅一封具有充分的理由被认为是属于总裁的私人信件时，就涉嫌侵犯了总裁的通信自由；而如果这种惯常行为是基于总裁对助理保守其个人隐私的充分信任而做出的，那么助理拆阅该信件的行为，就有成立依推定的同意之行为的余地。

之所以会出现如此的局面，是因为此处的"惯常行为"是作为构建"非正式规范"的内容之一而存在的，而"非正式规范"本来就是正式规范的制度性修辞，这种修辞的目的在于为保证"小型群体"中的成员在特定情形下行为模式的个别化与具体化，其在过程中，体现出一种论辩的特征，因而人们不得不讨论该惯常行为所体现出的人的诉求。例如某甲与某乙为居住在同一寝室内的同学，家境殷实的甲被虽然深处逆境但仍孜孜不倦的乙所打动，因而经常在生活上对乙予以接济，乙对此也欣然接受，双方将乙从甲的抽屉中取钱购买学习资料或食品的行为当成一种惯常行为，然而有一天乙为了参与赌博活动从甲的抽屉中擅自取出一笔现金，该行为能否成立依推定的同意之行为呢？对此，我们必须着眼于乙从甲抽屉中擅自取钱这种"惯常行为"所体现出的双方的诉求，即：乙是为了生存与治学，而甲是为了满足乙的这些目的。当"处分财产不是出于经济利益的考虑，而是为了实现社会目的；如果处分财产的社会目的得以实现，处分财产就成为实现主体社会目的的手段，当然无所谓财产损失；反之，如果……处分财产的社会目的失败，就应认定为财产损失"[①]。在此处，当乙出于"参与赌博活动"的需要从甲处擅自取钱的行为显然不能体现出构建双方之间"惯常行为"的论辩过程中所体现的目的与需求，因而不能认为能够依据甲允许乙擅自取钱的惯常行为构建出这样一个"非正式规范"：乙出于任何目的都能够将钱擅自取走。换言之，他应该将当下的情况如实告知甲，并取得甲的现实的同意后才能将钱取走。

此外，之所以说"小型群体"中的成员之间通过惯常行为构建"非正式规范"的过程一个论辩的过程，是因为这一过程如同通过交谈的双方建立一个新的立场一样："在交谈过程中，一方和另一方的思想会随之发生变化。……在此过程中，进行交谈的任何一方要么形成了从未有过的思想，要么使已有的思想得以继续建构下去。但思想的这种形成和重构所表明的向度和秩序，不能单单根据这一个交谈者，也不能单单根据另一个交谈者的思想构成予以解释，而是应从这一个和那一个交谈者之间形成的联系方面求得解释。恰恰是这一点，亦即人是在与他人的联系中并通过这种联系改变了自身，他们在彼此的关联中不断地塑造和改造自己——才根本地刻画了人的交织化现象的特征。"[②] 而"非正式规范"的构建也正是在行为人与权利人之间的持续交往过程中通过双方不断地向对方表露自身的思想与意愿以及体现这些思想与意愿的"惯常行为"而得以实现的。因此，在"非正式规范"的构建与适用中，必须考虑参与各方的诉求。同时，"任何社会的秩序必须首先依赖于其成员之间存在的、针对应如何安排日常生活以及一个特定情境下，什么形式的行为可接受、什么不可接受的某种理解。在熟悉的情境下，A 怎样能够预测 B 的行为以及 A 自身的行为如何被接受，如果缺乏这些分享的前提，社会生活很难存在。"[③] 对于这些前提的理解以及它们能够涉及的相关事项，都取决于相关群体内的成员所持有的价值和信仰、他们谋生的方式以及社会组织方式，而所谓的"惯常行为"正是建立在这些因素之上的。因此，如果行

[①] 张明楷：《论诈骗罪中的财产损失》，《中国法学》2005 年第 5 期。

[②] [德] 诺贝特·埃利亚斯：《个体的社会》，翟三江、陆兴华译，译林出版社 2008 年版，第 25—26 页。

[③] [英] 西蒙·罗伯茨：《秩序与争议——法律人类学导论》，沈伟、张铮译，上海交通大学出版社 2012 年版，第 17 页。

为人明确知道权利人有反对的意思，即使权利人的反对不合理，也不能忽视这种意志，因为此时一贯存在的价值、信仰以及组织方式已经发生变化。换言之，当只有当权利人就对行为所涉及的事项应当任何进行处置的现实意志不存在的时候，才允许对这种意志进行"推定"。

三 缺乏权利人之现实意志

如前所述，对于存在"权利人同意"的行为和依推定的同意之行为来说，一方面，后者以前者为主导形象，另一方面，前者是对权利人现实意志的尊重，而后者是通过"推定"来实现这种尊重的。因此，当权利人已经就某个应当由其本人处置的事项作出了现实的意志表示，或者行为人有可能在行为时就这种意志向权利人进行请示时，就不存在对该意志进行"推定"的余地。对此，我们借助医疗行为予以说明。

众所周知，医疗行为是以治疗、矫正或预防人体疾病、伤害、残疾或对人体进行保健为目的，所采取的观察、诊断、治疗等行为。这类行为应当包括三个要素：主观上的医疗目的，客观上的医疗适应性、医术正当性（医疗适正性与实践性），以及患者的有效同意[1]，并具有如下特征[2]：第一，高度专业性以及由此带来的信息不对等性；第二，高度的不确定性以及由此产生的专业裁量性；第三，外在的危险性与表面的侵袭性。

因此，一个完整的医疗行为必须具备患者的有效同意，而未取得患者有效同意的医疗行为，即被称为"专断性医疗行为"，其中"广义的专断医疗"是指医师未获得病人的同意或者违反病人的意思所实施的医疗行为，能够涵盖强制医疗和紧急医疗。[3] 而"狭义的专断医疗"，则是指在不属于强制医疗和紧急医疗的情况下，医师应当并且能够获悉病人的意思，却置病人意思于不顾而擅自实施的医疗行为。[4] 一般而言，对于强制医疗和紧急医疗的正当性，学界尚无太大争议，主要集中在其具体的成立要件，这里着重讨论狭义的专断性医疗行为。

---

[1] 王皇玉：《论医疗行为与业务上之正当行为》，《台大法学论丛》2007 年第 6 期。
[2] 参见赖其万《医学是软硬兼施的科学》，《科学人》2007 年第 4 期。
[3] 甘添贵：《专断医疗与承诺》，《月旦法学教室》2004 年第 3 期。
[4] 杨丹：《医疗刑法研究》，中国人民大学出版社 2010 年版，第 202 页。

以医疗行为与患者的同意之间的关联性为基准,"专断医疗"行为能够被划分为以下三类:第一,超越患者同意范围的积极治疗,即虽然患者就某项医疗行为向医疗人员作出了有效同意,但在治疗过程中,该医疗人员能够及时向患者征求意见而怠于征求,结果超越了患者的同意范围,进行了更多的治疗的行为。第二,完全违背患者意思决定的积极治疗,即虽然某个医疗行为需要患者之有效同意,但在此场合下,医疗人员竟无视患者在充分而正确地了解了医疗行为的基础上所作出的拒绝接受该医疗行为的意愿,而强制地进行医疗的行为。第三,无视患者之接受医疗行为的积极意愿,拒不进行医疗行为,这是指患者在明确自身的状况以及某些医疗行为对其自身的意义,并强烈要求进行该医疗行为,但是,医生却无故忽视患者的真实意愿,拒不进行患者所期待的医疗行为。[①] 第四,未向患者告知一切真实情况,使患者在信息获取不完全的条件下作出同意并接受治疗。

从原则上来说,在行为人就行为所涉及的事项向权利人进行请示时,应当将该事项所涉及的客观情况以及处置该事项的行为方式向权利人进行准确无误的说明,以便权利人能够按照自身的意志自由地处置这些事项,否则行为人不得以"推定的同意"为由擅自处分他人的利益。然而,如前所述,医生与患者之间也可能由于医疗活动而组建一个"小型群体",从而形成一种"协作与信任"的关系,这种关系不同于社会中一般的人与人之间的关系;换言之,医生与患者之间不但存在着由作为正式规范的各项法律所规定的双方所能够享有的权利以及必须履行的义务,还存在着构建"非正式规范"所必需的"特定关系"。因此,一般来说,由于"医疗行为是由医疗专家采用高度的医学知识和技术进行的,而且,不少包含着对患者的生命·身体的极大危险性,因此,医生等为了能够从患者或者其保护者得到承诺,需要事先使患者·保护者充分认识实施其医疗行为的必要性、紧急性和危险性,必须说医生负有这种说明义务"[②]。换言之,在此医疗活动中,包括医生等在内的医疗专业人员必须根据自己的专业知

---

① 参见冯军《专断性医疗行为的刑事处罚及其界限》,载刘明祥《过失犯研究——以交通过失和医疗过失为中心》,北京大学出版社 2010 年版,第 170—171 页。

② [日] 大塚仁:《刑法概说(总论)》,冯军译,中国人民大学出版社 2003 年第 3 版,第 418 页。

识就该医疗行为（包括诊断结果、具体方案以及预期效果等）对于患者的必要性、紧急性和危险性对其进行适当的说明[1]。

但是，另一方面，也应当区分医疗活动所涉及的信息内容。通常来说，何种与某个具体医疗行为有关的信息需要告知患者，应当以如下标准进行判断：依一般人的立场观之，该信息内所透露的风险是否能够影响到患者对具体的医疗行为接受与否来考量，而并非是要求在任何情况下都将与医疗行为有关的所有的细节与信息毫无遗漏地告知患者。虽然，从理论上说，医疗人员相对于患者的告知义务来源于患者的自主决定权，这种权利是一种人格权，所以，只要是涉及患者就治疗行为进行自己决定时认为是必要的信息，医疗人员具有详尽的告知义务。但是，如果医疗人员有充分的理由确信他与患者之间存在着"协作与信任"的"特定关系"，并本着将病人的福利置于他自己的个人利益之上的原则，担心如果将相关的诊断情况以及治疗行为的细节（尤其是其中容易引起患者产生恐惧心理或其他不适的内容）都加以详细说明，反而会坏事，因此必须避免进行这种说明，这样的做法也被称为"基于德行的干涉"；换言之，在如果患者具备相应的医学知识，不会因为这些信息感到恐惧从而拒绝接受医疗行为的场合，可以"推定"患者已经作出了同意表示，而不需要对医疗行为作详细说明。[2] 因为虽然对于患者在针对是否接受某个具体的医疗活动作出自我决定时，医生的详尽告知义务对于维护患者的自我决定权具有不可替代的重要意义，但是如果这种详尽地告知会导致患者因为恐惧等原因选择一个在客观上并不有利于其康复的决定，并且能够预料到其在以后的日子里极有可能会因为这个决定而后悔，则可以对这种告知义务予以适度的"缓和"，换言之，可以有条件地将上述第四类专断医疗行为视为依推定的同意之行为。[3]

据此，我们可以认为：在某些场合下，如果将行为及所涉及事项的所有情况都详细地告诉权利人，根据行为人对权利人的一贯了解，认为其在

---

[1] 参见徐俊驰《医疗行为违逆知情同意原则之刑事责任》，《中国刑事法杂志》2010年第11期。

[2] 参见［日］曾根威彦《刑法学基础》，黎宏译，法律出版社2005年版，第63页。

[3] 参见［日］山口厚《刑法总论》，付立庆译，中国人民大学出版社2011年第2版，第165页。

得知了这些情况以后反而不能作出有益于自身利益的决定，最终导致"总有一天会后悔"的局面，那么也可以站在维护权利人之利益的立场上，对权利人以后才会出现（从而在当时无法正确作出）的真实意志进行"推定"。当然，如果治疗行为将会造成患者某种功能的丧失，如绝育、永久残疾等，且患者明确表示过不接受这样的治疗方案，则原则上不允许进行这样的"推定"。

另外，在需要由权利人的代理人作出意思表示的场合，如果行为人有充分的理由认为该代理人的意思表示明显不利于权利人本人的利益，则应当允许行为人绕过该代理人直接对权利人本人的意志进行"推定"。如纷扰一时的"肖志军拒签事件"就存在类似情况：2007年11月21日下午4时许，女性患者李丽云（怀孕9个多月，即将临盆）因为出现感冒症状，被其未婚夫肖志军送至北京朝阳医院京西分院进行诊疗。该院医生经过诊断，确定李丽云感染了重症肺炎，并建议其立即住院，考虑到患者及其未婚夫均为进京务工人员，经济条件较为拮据，医院对其减免了相关费用并安排入院治疗。医生在李丽云入院以后，对其进行了进一步的观察与初步诊断，发现其所患的肺炎已经导致心肺功能严重下降，如此下去，无论是孕妇李丽云还是其腹中的胎儿都有危险，因而必须马上进行剖腹产。医生在对患者李丽云征求其是否同意进行剖腹产手术之意见时，她用手指了指身边的未婚夫肖志军，然而出乎人们意料的是，肖志军居然一口拒绝了在剖腹产手术通知书上签字，并坚持要求医生治疗其未婚妻的感冒。随后，李丽云便陷入了昏迷状态。在此期间，医生及旁观者都多次劝说肖志军在手术通知书上签字，但顽固的肖志军先后5次拒绝签字，甚至还在手术通知书上写下了"坚持用药治疗，坚持不做剖腹产手术，后果自负"的字样。而他不同意签字的理由更是令人匪夷所思："你们把她的感冒治好了，她自己会生的"，"妻子只是来看感冒，没想生孩子"。无奈之下，医院只得用呼吸机对李丽云进行急救，并在此过程中，调来了精神科的医生，以确认肖志军的精神是否存在异常（后经证明其精神状态并无任何异常）。同时，医院一方面试图联系患者李丽云的其他亲属，另一方面将此情况上报其上级主管部门——北京市石景山区卫生局医政处，该处某科长在请示医政处的相关负责人后，得到的指示为：如果家属不签字，不得进行手术。于此情形之下，医院使用了各种急救药物和采取了种种抢救措施，在呼吸机无效之后又轮番实施了心脏按压，当晚6点24分，确定胎死腹中；7点25分，患者李丽云被宣布经抢救无效后死亡。①

对此，谢望原教授表示，医院负有对危重病人的紧急救助义务，即使违背患者的同意，也要实施抢救患者生命的医疗行为，否则，就可能构成过失致人死亡罪。② 本书认为，在本案中，抛开医院或者肖志军是否构成不作为犯罪，也无论谁应对患者李丽云的死亡承担法律责任，假设卫生行政管理机构或者医院作出决定，及时地对李丽云进行剖腹产手术，并且该手术完全符合医学上的常识与规定，但仍然未能挽救患者的生命，在此情形下，能否因为其未婚夫肖志军或者其他亲属无理地拒绝在手术通知单上签字而认为医院及其相关医疗人员应当承担法律责任甚至是刑法上的责任？本书的回答是：不能。因为在这种场合下，肖志军的行为已经明显地表现出不能尽到对患者李丽云的身体健康及生命权利所应具有的谨慎和勤勉了，而李丽云本人也没有表示过：即便死亡也听凭肖志军处理的意愿（暂且不论该意愿是否具有约束力）。对于该假设中医院的积极治疗行为，无论其最终效果如何，都应当成立依推定的同意之行为，因为在决定是否对患者实施手术前所存在的反对意志并非患者自己的意志，而是肖志军的那个完全不利于患者的意志。因此，在医疗机构面对代理人明显不利于患者的意志时，应当站在"救死扶伤"的观念上对患者展开救治行为，同时，刑法也必须选择在此种情形下"自觉退场"，否则，还会有"李丽云"式的悲剧出现。

又如，某未成年人脚踝处的骨骼被发现存在结核性肿瘤，如果不实施手术、任由该肿瘤进一步扩大就有可能威胁其生命，但其父亲因信奉所谓的"自然疗法"，明确表示反对实施手术。而医生在对该未成年患者的整体状况进行衡量后，不顾其父亲的反对意志，对其实施了腿部截肢手术，该手术完全符合医学上的常识与规定，而且患者在术后恢复状况也较为良好。此案中医院的处置措施是得当的，因为法律认为未成年人在"是否截肢"这一问题上缺乏同意能力是基于对未成年人的保护，才将代理权

---

① 参见《男子拒签字致孕妇死亡事件调查》，http://news.sina.com.cn/c/2007-12-03/233214441411.shtml，2007年12月3日。

② 参见谢望原《孕妇事件：医院应负不可推卸的法律责任》，《法制日报》2007年12月2日第1版。

交到其父母手中的，而父母对这种代理权的行使也必须以为孩子的最大利益着想为原则，而不是自己的信仰。以一般人的认识观之，对于一个尚不知信仰为何物的未成年来说，保住其生命相对于身体的完整或是其父亲信奉的"自然疗法"来说，显然前者更能体现出该未成年人的利益，因此，医院可以将符合这种利益作为对未成年病患意志进行"推定"的正当理由，从而绕过其父亲那个"古怪"的意志。因为对未成年人的保护显然不仅仅是其父母或监护人的事情，医院这种对于全社会来说具有特殊意义的社会机构（特别是在其父母或监护人的决定明显不利于未成年患者的情况下）也应当负有相应的责任。刑法不应当仅仅根据其父亲的意愿而介入医院的行为，否则，在类似情形下，医院会陷入两难的境地：要么放弃自己的责任（当然仅仅放弃道义上的责任不一定构成不作为犯罪），要么侵犯代理人的决定权。这样，显然不利于医院发挥自己的社会功能，最大限度地实现患者的利益。

四 情势的紧迫性

由于依推定的同意之行为是在权利人的真实意志不存在的前提下作出的，其潜台词便是"无法等到得知权利人的真实意志再行为"，因此除了权利人的真实意志"缺位"这一前提外，还必须强调情势的一定紧迫性，这也是该类行为虽然以存在"权利人同意"的行为为主导形象却不完全与之等同原因，因为在对"情势紧迫性"的要求这一点上，其与紧急避险行为存在类似之处。但是，值得注意的是：在紧急避险行为中，对"情势紧迫性"的要求体现为危险的"现在性"，包括"法益侵害的状态现实存在着"、"法益侵害的危险正在迫近"或者"虽然还不能说是迫近，但根据经验或自然的变化处于立即迫近的状态"等情形[1]；而在依推定的同意之行为中，"情势的紧迫性"则是指如果不及时采取某种行动，而是消极地等待权利人在知晓客观情势后再表达自身的意志，则其利益就有可能遭受更大的损害或者减少解决问题的选项。

---

[1] 参见马克昌主编《外国刑法学总论（大陆法系）》，中国人民大学出版社2009年版，第196页。

仍以医疗行为为例，虽然如前所述，当医疗人员有充分的理由确信他与患者之间存在着"协作与信任"的"特定关系"，并本着将病人的福利置于他自己的个人利益之上的原则行为时，如果担心将容易引起患者产生恐惧心理或其他不适的内容的情况都加以详细的说明，反而会导致患者感到恐惧从而拒绝接受医疗行为的话，可以对这种告知义务予以适度的"缓和"，并将其在此情况下采取的医疗行为视为依推定的同意之行为。然而，此处还应当附加一个前提：即进行这类治疗行为必须具有一定的紧迫性，详言之，如果不进行这样的治疗也不会对患者的健康造成不可逆转的后果或者减少其日后进行选择的机会，那么原则上不应该允许进行这样的"推定"。

因此，需要对患者或其代理人的意志进行"推定"并在此基础上进行医疗救治活动的前提还应当具有"存在某种紧急情况"这一条件，在医疗活动中这种"紧急情况"的含义是指如果不及时对患者的身体进行相应的处理措施而是等到其自身或者家属等代理人作出现实的意思表示时，会造成严重后果或者减少其进行选择的机会。这里的"情况紧急"应当被理解为"稍有延迟，则无法挽回"的意思。如果具体情形并非如此，而是可以等到真实意志之获取再进行下一步的行为，则不能进行这种"推定"。在德国，曾经出现过如下案例："被告人乃是一家医院的主任医师。他给附带起诉人做了一例手术。在先前的一次检查中，她被检查出了一个有两个拳头大的子宫肌瘤，他建议她实施手术切除。在手术过程中发现，这个肿瘤并不是长在子宫表面，而是和子宫牢牢地长在了一起。由于除了同时切除子宫以外，没有别的办法可以清除这个肿瘤，被告人就切除了整个子宫体。对于这样大的手术，附带起诉人当时并不同意。"[1] 在本案中，由于不存在"稍有延迟，则无法挽回"的紧急情况，因此，即便医生认为将病人的子宫切除是符合医学常识及其根本利益的，甚至是将该病人从危及生命的疾病中解救出来的唯一方法，其也能够在病人苏醒后当面询问其意愿再作进一步的打算。在这个意义上来看，是不能对病人的意志进行所谓"推定"的。因此，如果情势并不紧急，行为人完全可以征

---

[1] ［德］克劳斯·罗克辛：《德国最高法院判例——刑法总论》，何庆仁、蔡桂生译，中国人民大学出版社 2012 年版，第 72 页。

求权利人的意见却不征求，而是擅自采取行动，就是对权利人自主决定权的侵犯，自无成立依推定的同意之行为的余地。原则上来说，情势越具有紧迫性，行为人之行为获得权利人之"同意"的盖然性就越高。但是，这一要求也不能被绝对化，因为获得"同意"的盖然性除了与"情势的紧迫性"呈现"正相关"外，还和行为所涉事项所包含的利益价值的大小呈现"负相关"的关系，即行为所涉事项所包含的利益对权利人的意义越小，其获得权利人之"同意"的盖然性就越高。

五 行为人对权利人的可能意志具有主观上的认识

对于在"权利人同意"中是否需要求行为人认识到权利人的同意，理论上存在"认识必要说"与"认识不要说"的对立。主张"认识必要说"的学者认为："行为人必须已经认识到受害人表示了同意，而且就……行为人也正是'基于'同意而实施了行为"[①]。而主张"认识不要说"的学者则主张："既然基于同意的违法阻却是以利益的处分，亦即'利益不存在'为根据，那么，同意是否被行为人所认识到，对违法的阻却并无影响"[②]。应该说，"认识必要说"与"认识不要说"与所谓"意思方向说"与"意思表示说"的对立有关，此二者是关于权利人是否需要将其"同意"的意思表现于外部产生的对立："意思表示说"认为权利人必须将其"同意"表示于外部，而"意思方向说"则认为只要存在"同意"即可（只有被害人内心同意即可），不要求该承诺表示于外部。[③] 另有学者主张一种"折中说"，主张"同意是能够明确地从外部能够认识的"[④]，换言之，同意并不需要明确表示，通过有说服力的行为来表示同意就足够了。可以看出，主张"意思方向说"的学者一般会采用

---

① ［德］冈特·施特拉腾韦特、洛塔尔·库伦：《刑法总论I——犯罪论》，杨萌译，法律出版社2006年版，第152—153页。

② ［日］松宫孝明：《刑法总论讲义》，钱叶六译，王昭武审校，中国人民大学出版社2013年第4版，第94页。

③ 参见张明楷《外国刑法纲要》，清华大学出版社2007年第2版，第185页。

④ ［德］汉斯·海因里希·耶赛克、托马斯·魏根特：《德国刑法教科书》，徐久生译，中国法制出版社2001年版，第462页。

"认识不要说",而主张"意思表示说"与"折中说"的学者则会倾向于"认识必要说"。

"认识不要说"与"认识必要说"在对具体案件的处理上存在差异,这主要体现在权利人同意该行为和结果但行为人却误认为没有同意的场合,也即在同意的存在上有错误的场合,"认识不要说"会认为只要有同意,就没有侵害法益的结果,所以不可罚;而"认识必要说"会认为由于没有主观的正当化要素,因而至少成立未遂犯。可以看出,"认识不要说"是"评价时判断"的观点,而"认识必要说"则是"行为时判断"的观点,至于两者的对比在前文中已有详述,本书采取进行"行为时判断"的"认识必要说",况且对于依推定的同意之行为来说,要求行为人主观上具有推定的意识,即要求其对权利人的同意进行了推定,也是其遵循"非正式规范"而行为的逻辑前提,如果行为人行为时没有此种认识,即使该行为获得了权利人的事后追认,也不能成立依推定的同意之行为。换言之,根据"行为时"的方法,在行为人对权利人的意志进行推定时,必须认识到其所进行的是对权利人在行为时意志的"模拟",而非指望权利人在事后出于其他原因对该行为的容忍。

第四节　是否遵循"非正式规范"的判断

通过上节的分析,本书认为,在构建依推定的同意之行为所应当遵循的"非正式规范"的过程中,必须考虑诸如行为人与权利人之间的特定关系、权利人的现实意志是否存在、行为所处置的事项中包含利益价值的大小以及是否具有客观上的紧迫性等因素,那么依据什么样的标准才能判断某个擅自处置原本应由他人处置事项的行为是否遵循了这些"非正式规范",进而能否成立依推定的同意之行为呢?

一　判断标准——"社会一般观念"

本书认为,上述判断标准只能是"社会一般观念"。如前所述,包括阶层犯罪论体系和"四要件"犯罪构成理论在内的各种有关犯罪成立条件的理论即是连通刑事法律文本与现实中所发生的各式各样具体刑事案件的桥梁,因而根据这些理论判断行为是否成立犯罪的过程都是解释刑法的过程,这一点无论是在阶层犯罪论体系下的"构成要件阻却事由"还是"四要件"犯罪构成理论中的"犯罪阻却事由"那里都是成立的。因为从法律解释的任务上来看,其可以分为两个方面:一方面是使得不清晰的法律文本在内容上变得清晰可辨;另一方面则是弄清楚待决事实的法律意义。其中,"事实的法律意义"主要是指用通过法律规范赋予的某个(待决)案件事实的价值内涵,一般来说,这种价值内涵不会在法律与事实的"碰撞"中自动产生,它总是法律的解释者通过解释法律的活动所赋予的,是法律解释的结果。因而,没有解释的过程,就没有所谓"事实的法律意义"[1]。换言之,法律解释充当的是"确定适当的法律规则"与"在待决案件中适用这种(些)规则之间的媒介。也就是说,法律解释实际上是一个过程或方法,通过这一过程,确定的法律规则与待决案件就有机地联系在了一起,并因此被赋予相应的价值内涵。[2] 如是观之,法律解释在某种程度上属于法律适用,其体现为一种双向的交流,一方面必须从具体案件可能适用的法条出发,将某种"未经加工"的案件事实引向具有价值内涵的终局的案件事实;另一方面也必须考虑作为"终局的案件事实"之价值内涵,将应予适用的规范内容尽可能精确化[3],换言之,法律适用即法律解释。而对某个行为因为符合依推定的同意之行为而具备"构成要件阻却事由"或者"犯罪阻却事由"从而予以出罪的判断,自然是刑法适用的过程,也当然属于刑法解释的范畴,而既然法律解释不能离开案件事实的"价值内涵",那么这种"价值内涵"的赋予势必要考虑到案件事实所涉及的部门法之基本目的或价值准则,对于刑法解释而言,"只有结合刑法的基本目的或者价值准则,才能进行恰当的刑法解释"。同时,"在刑法解释中,指导解释主体价值判断的原则或者精神应当是社会公众的善恶观念。是否体现社会公众善恶观念,是衡量刑法适用、解释

---

[1] 参见陈金钊《法律解释学——权利(权力)的张扬与方法的制约》,中国人民大学出版社2011年版,第104页。

[2] 参见[美]安德雷·马默主编《法律与解释》,张卓明、徐宗立译,法律出版社2006年版,第55页。

[3] 参见[德]卡尔·拉伦茨《法学方法论》,陈爱娥译,商务印书馆2004年版,第193页。

好或者坏的实质标准。"① 这种"社会公众的善恶观念"即可以被理解为"社会一般观念",虽然"非正式规范"是处于"小型群体"中的人们处理相互之间事务的规范,是对（适用于社会中的一般人的）正式规范的替代或补充,然而社会中的每一个人都位于他所处的那个"小型群体"当中,对于相类似的事务会具有大致相同的看法,因此,"社会一般观念"在判断特定的行为是否遵循了某个"非正式规范"时能够承担起评判标准的作用。具体而言,其原因体现在如下几个方面:

第一,刑法解释作为社会科学的一种实践活动是无法与人的情感以及与该情感密切联系的价值观念彻底绝缘的。从实然的立场上看,一个刑事（可能还包括其他部门法的）判决常常来源于裁判者本能与自发的情感之中,并且这种"本能与自发的情感"总是以裁判者的价值观念为基础,而所谓的"法律方法"（或曰"法律技术"）只不过是出于对形式理性（在此表现为"三段论"的论证方式）在事后对它进行的论证而已。而且包括刑法解释学在内的社会科学,其所面对的对象由人所组成的社会,因此,社会科学中所强调的"客观性"就不可能像这一概念在自然科学中那样具有"价值无涉性"并且超脱于人的主观意识。具体来说,尽管同样是体现为某种"规则"（包括自然科学的规律与社会科学的规范）,但自然科学中的规律所发挥的作用与效力是不以任何人的好恶为转移的;而（包括刑法规范在内的）社会规范调整的是人与人之间的关系,因而必须在相当程度上体察人们的喜怒哀乐并且考察其针对某一具体事物的善恶观念,只有在大多数社会成员接受并认可的范围内,这些规范才能够真正地发挥应有的作用与效力。

第二,由于刑法规范是一种社会行为规范,因此要使其发挥应有的作用与效力,在形成某个刑事判决时,就不能仅仅考虑裁判者个人的价值观念,而必须尽量使该价值观念与普通民众的正义情感保持一致。因为无论是刑法还是其他法律都是一种社会控制手段（或曰"社会整体控制体系的一部分"）,而任何一个社会的统治者或管理者在进行社会控制时,不可能仅仅专注于某一方面的利益得到满足,而是尽量地使社会中存在的各种处于相互冲突状的利益达致某种平衡。而对于处于"非正式规范"效

---

① 张武举：《刑法伦理解释论》,《现代法学》第 28 卷第 1 期。

力范围内的"小型群体"而言,由于成员间的相互关系则具有长久性的特征,并且在相当程度上,他们以维持彼此间的关系为需要,因此对其内部成员间的利益平衡本来就是"小型群体"中的成员们构建这些"非正式规范"的目标,因而这些成员对"非正式规范"的遵循并非简单的基于仅仅通过对因违反规范的行为而受到的制裁与从越轨行为中获得的好处社会成员进行"成本收益分析"(类似于费尔巴哈的"心理强制说")或者是因为受到了其所属群体尤其是其中的权威人物等外界因素的影响,而是更多地是因为他们的内心深处认为该规范的内容具有正确性,从而对其采取认可和肯定的态度。所以,当裁判者对某个行为是否遵循了"非正式规范"进行判断时,必须使其标准与普通民众的正义情感保持相符或一致,这同时也是使刑法得到公民的普遍认同和尊重,从而真正发挥其作用与效力的手段,因为当刑法介入了其不应当介入的场合("非正式规范"发生效力的范围内),全社会对刑法的信仰和认同就会因此而降低。而如果在对行为是否遵循了"非正式规范"的判断中,仅仅要考虑刑法学家、司法人员的接受程度,而忽视一般人的接受程度,甚至对公民朴素的法感情置之不理、充耳不闻,那么这样的做法无疑是将依据"非正式规范"对行为的评价放入了一个只能由法官等法律专业人士垄断、普通国民因专业知识的欠缺无法参与其中的"黑箱"里,根本无法达到制定和适用"非正式规范"的目的,即根据特定群体的需要对正式规范予以修正。在这个意义上,对行为是否遵循了"非正式规范"的判断比对行为是否遵循了正式规范的判断更需要考虑"社会一般观念"。

  第三,强调"社会一般观念"在对行为是否遵循了"非正式规范"的判断过程中的决定作用,不能被理解为以"民愤"断案。虽然,社会一般观念与"民愤"虽然都来自于民众,但是详细观之,两者存在很大的不同:尽管"民愤"在一定程度上也能够体现非官方的价值观念及正义理念,但是其总是会因为宣传者的政治立场或商业利益而产生异化和扭曲;另一方面,存在于社会中的个体总是基于各自不同的利益与需要形成不同的群体与阶层,当某个案件中的当事人恰好是某一群体或阶层中的成员,则该群体或阶层中其他成员便会自然而然地在情感上发生倾斜。例如,妇女群体往往会对强奸犯罪表现出更加强烈的愤怒,处于弱势地位的人们会对"富人"犯罪具有比一般人更多的厌恶情绪等,那么此时的

"民愤"就只不过是某一群体或阶层的呼声,从而失去了广泛的代表性。由此可见,"民愤"所具有易变性和随意性等特征使得裁判者在处理案件时,往往对其"敬而远之"。然而,本书所强调的"社会一般观念"之所以能够在刑法解释中被考虑,是因为其是来自于长久以来的历史文化与传统习惯的日积月累,这种文化习惯经过岁月的交汇与积淀后,深深地植根于广大社会公众的内心世界,并成为其内在的普遍观念与道德准则。虽然这些普遍观念与道德准则也表现为某种情感或直觉,但其在一定的历史时期及地理范围内却呈现出相对的稳定性与普遍性。况且,强调在刑法解释中考虑"社会一般观念"也并不就一定意味完全由民意来操控刑事审判的过程与结果,而反观以"民愤"断案的做法则可以发现:其在很大程度上是为了迎合一时间舆论的呼声,或者是为了平息一时的"民愤",抛开诉讼法所规定的程序及实体法中的犯罪构成立要件而任意出入人罪。

其实,以"社会一般观念"作为刑法解释的标准也可谓是一种"常识化解释",所谓"刑法的常识化解释",即是指运用社会中具有通常能力的一般人所具有的常识经验和生活语言,对刑法规范所体现的内容和发挥作用的范围进行感性的描述或者直观的说明,以便于社会公众能够依据自身常识观念来对刑法规范进行理解,并接受和遵守这些规范的解释方法。这种解释方法的积极作用就在于其符合不具备法律专业知识人士的水平,使其凭借自身的能力也能够理解刑法的内容,并且能够对刑事司法活动进行监督和批评,最终达到刑法被社会公众所接受和遵守的目的,正是因为这些原因才使得这种解释方法能够得到大多数人的支持并得以普遍推行。① 但是必须指出的是,在上节中讨论行为所涉事项所包含利益程度时,引入了"通常的观念"这一概念,应当说它与"社会一般观念"在判断标准上具有某些类似之处,但是前者是针对"非正式规范"的内容本身所提出的判断标准,因而(相对于权利人自身的行为倾向来说)仅具有参考意义,而后者起到的却是衡量行为是否遵循了"非正式规范"的作用,而这种作用相对于作为个人存在的行为人、权利人以及裁判者来说,都是决定性的。

---

① 王钧:《刑法解释的常识化》,《法学研究》2006年第6期。

二 判断方法——"社会一般观念"的"间接在场"与"直接在场"

上述"社会一般观念",可以被简称为"民意",也可以被理解为陈忠林教授所一贯倡导的"常识、常理、常情",对于这种"常识、常理、常情"如何获得,陈老师的答案是:"请到你们自己的本性中去找,请到你们心灵深处去找,请到你们自己的良心中去找"①。如果说非要站在一个实然的角度来论证这个答案,确实只有如陈老师所说的方法来实现了,但是在刑事司法实践中,如何确保根据这种"社会一般观念"所确立的标准能够对判断行为是否遵循了"非正式规范"发挥作用,则需要根据刑事审判的规律与特征进行分析。

从理论上来说,某种价值观念能够对人类的思维判断产生影响方式分为两类,一是价值观念本身作为判断对象而出现;二是该价值观念的持有者作为判断主体而出现。②从现实中看,社会一般观念在司法判决的过程中发挥作用存在两条互为补充的展开途径:其一,依据现象学中对事物进行诠释的方法,法官在作为现象而存在的生活世界的传统里与"社会一般观念"达成一致,换言之,法官在面对法律规范与案件事实的关系时,总会存在某种"前理解",而在这种"前理解"中必须为"社会一般观念"保留一席之地。其二,依据关系本体论的方法,无论是刑事立法活动抑或是刑事司法过程都应当体现出一种在平等的交往与商谈中形成的"主体间性"。前者属于"社会一般观念"的"间接在场",此时,它是作为"判断对象"而出现在刑事司法活动中的,而后者则是"社会一般观念"的"直接在场","社会一般观念"的持有者(即社会一般公众)成了刑事司法活动的主体(之一)。③

"社会一般观念"对于某个行为是否遵循了"非正式规范"之判断标准的影响应当体现在这两种方式的互相配合之中。从"间接在场"的方

---

① 陈忠林:《刑法散得集 II》,重庆大学出版社 2012 年版,第 26 页。
② 参见胡志刚《价值相对主义探微》,上海世纪出版集团 2012 年版,第 3 页。
③ 参见贾健《哲学本体论视角下的刑法民意"在场"》,载赵秉志《刑法论丛》第 29 卷,法律出版社 2012 年版,第 137—138 页。

式而言，在法哲学本体论诠释学中，刑法的"社会一般观念"会以如下的方式出现：法官在接触待解决的案件事实之前，甚至可以追溯到其成为法官之前，作为社会公众中的一员与社会中的其他成员必定会根据不同的时间与空间、针对不同的事物（也包括作为认识与判断对象而存在的"人"）进行思想、情感与价值的交换，其具体情境大致表现为裁判者在面对法律文本与待决案件事实时会潜意识地考虑：作为社会中普通民众中的一员会怎么看待这个问题。① 从这个意义上来看，裁判者对于法律解释的结论往往是基于其常识和直觉，以及其所处的特定时空下的价值观念，"并且这种判断往往先于司法推理和法律适用。法律适用和法律推理在基层司法层面上看，是一个司法判断后的产物，而不是相反"②。这种常识或直觉，是我们通常所说的"司法前见"的一部分，换言之，任何人在对某个事物进行评价之前，总会出现由于其以往与该类（或类似于该类）事物打交道的过程中经历的感受而形成的某种见解，这一点在法官面对待决案件事实与法律规范的关系时也不例外——他总会基于个人生活中所形成的经验与感受对案件的性质预先形成某种看法与评价，并且也可能会根据这些由经验感受而导致的看法不假思索地对案件进行裁判，在这种情况下，判决结果不是作为（人们预想中的及法律上所要求的）分析与推理的产物，而更多地体现出了经验与直觉的色彩。③ 但是对这种"司法前见"的存在并不值得进行责难，因为任何思维判断过程均会体现出这一特点④；而按照本书的观点，如果在裁判者的"司法前见"中为"社会一般观念"预留一席之地的做法非但不值得责难，而且还应该提倡。但是，另一方面，由于这种"司法前见"的存在可能导致法的安定性严重受损，因而裁判者在根据"法律前见""不假思索地对案件进行裁判"时，他不能"不假思索"地把裁判的结果告诉当事人甚至全社会，而

---

① 参见贾健《哲学本体论视角下的刑法民意"在场"》，载赵秉志《刑法论丛》第 29 卷，法律出版社 2012 年版，第 139 页。

② 苏力：《送法下乡——中国基层司法制度研究》，中国政法大学出版社 2000 年版，第 275 页。

③ 参见［美］德沃金《法律帝国》，李常青译，徐宗英校，中国大百科全书出版社 1996 年版，第 228 页。

④ 参见［德］阿图尔·考夫曼《法律哲学》，刘幸义等译，法律出版社 2011 年第 2 版，第 63—64 页。

"必须找到并且证明适用于该案例的规范"①。具体而言，裁判者面对某个擅自处置原本应由他人处置的事项之行为时，如果他认为社会中的一般人都不会觉得这种行为值得动用刑法来予以处罚，即他的"司法前见"告诉他该行为遵循了某种"非正式规范"，那么他就必须为这一结论确立相应的"非正式规范"的内容作为大前提，并根据其行为所具有的事实特征构建小前提，由于刑法的解释或适用是一个将作为大前提的规范与作为小前提的事实拉近的过程，那么他在确立这种"非正式规范"的时候，就必须尽量地使该规范中所要求的"特定关系"更接近于行为人与权利人之间的关系，尽量地使这种关系能够与行为所涉及事项中所包含的利益种类与程度发生联系，并且尽量地使规范中所要求的"紧迫性"接近于行为时的客观情势。同时，在对案件事实进行概括与归纳时，也必须按照拟适用的"非正式规范"所包含的事实性要件进行适度的裁剪。而当裁判者认为社会中的一般人都会觉得如果不对这种行为动用刑法来予以处罚的话，非但"小型群体"中的成员会受到不利影响，而且全社会对于法律的确信与敬仰都会荡然无存时，即他的"司法前见"告诉他该行为超出了"非正式规范"的效力范围或者没有遵循某种"非正式规范"从而需要刑法的介入时，相反的工作（指将大前提的确认与小前提的归纳向着成立犯罪的方向移动）就必须展开。

从这个角度来说，前述我国台湾地区学者甘添贵教授认为依推定的同意之行为中的"推定"实指法官的"推定"，虽然不够全面，但是从法官对案件进行裁判的角度来看，情况也确实如此。但是，在这种模式下，与裁判者进行交流的"社会一般观念"依然只是借助于无声的法律文本与案件事实，而并非活生生的真实个体，并且更为严重的是，当裁判者的"司法前见"存在重大缺陷的时候，会导致"社会一般观念""间接"登场的落空，这一点在社会价值异常多元的时代体现得尤为明显。而且，无论怎样强调裁判者的"司法前见"要与"社会一般观念"紧密结合，其都不可避免地导致对"社会一般观念"认定中的不可证实性和（一定程度上的）随意性。

对于如何实现"社会一般观念"的直接登场，英美法系国家是通过

---

① ［德］N. 霍恩：《法律科学与法哲学导论》，罗莉译，法律出版社 2005 年版，第 123 页。

其"陪审团"制度和对抗制的诉讼模式来实现的。在这种模式下,"社会一般观念"在刑事审判中,即作为一种实体上的知识也作为一种程序上的规则出现在对行为性质的认定结果中①。这样一来,就极大地避免了"社会一般观念"所代表的价值观念因为没有被写进立法而"失声",同时对抗制的诉讼模式使控辩双方能够各抒己见、公平对抗,也使得"社会一般观念"在实然的角度可以被证实,从而降低在对其进行认定的过程中存在的随意性。对于不实行"陪审团"制度和对抗制的国家(如我国)来说,控辩双方之间的这种"各抒己见、公平对抗"的论辩过程同样十分重要,因为从某种程度上而言,法律思维并不是完全表现出"系统性"的特征,在有的场合,其更多的是以"问题导向"为价值核心的。此时,以往在法律思维中占据绝对优势的系统性的"形式的、逻辑推导(演绎)",被一种"辩论"的方法所取代,换言之,法律思维变成了一个辩论性的过程,在这一过程中,控辩双方所依据的理由与对这些理由的论证(而非裁判者本人的价值观念)决定了最终的判决结果。所谓的"辩论"即是指在一个多人参与的对话(讨论)中发展和权衡正理由和反理由,以获得一个决定。从根本上来说,辩论是一个思想开放的过程。所有可以想得到的和与该问题相关的观点都可以被引入辩论。在关于一个需要决定的案例或者一个法律问题的专业法律工作者的辩论中,不仅法律规范可以被用作论点,当事人所提出的考虑,特别是关于案情的,都可以被引入到辩论程序中。②因此,在刑事司法中亦应重视以"商谈理论"为导向的"控辩过程",这一过程体现了刑事个案之中控、辩、审以及当事人和其他诉讼参与人之间的多方商谈,缺少了这一过程,在公众的视野中,法律仍然可以说是不具有正当性的。

哈贝马斯站在其"交往理性"的角度,根据团结社会中交往行动的需要,认为只有当人们依据某种非强制性的方式,将某个行为所关涉的主体范围尽可能地扩大,并且在这一过程中使各个主体的意志得到真实有效的反映,该行为事实所蕴含或体现的规范价值之内容才能达成一个相对合理的共识,并且这种共识的合理程度与主体范围的大小与对其意志反映的

---

① 参见储槐植、宗建文、杨书文等《刑法机制》,法律出版社2004年版,第173页。
② 参见[德]N. 霍恩《法律科学与法哲学导论》,罗莉译,法律出版社2005年版,第145—146页。

真实程度呈现正相关①，而"论辩"在司法活动中的作用，恰恰就在于能够使得参与各方就某种价值观念达致相当程度的共识成为可能。况且，刑法本来就是面向所有读者开放的，"每个读者都通过文本与刑法文本的作者进行对话，做出自己认为正确的解释，从而成为刑法的解释者"，而"持多元价值观的众多解释者基于自己的特定的处境与视域对刑法文本的解读……可能存在分歧甚至冲突与对立"，就必然要求通过"对话"而达成共识，而达成这种共识的方式之一就是确立判决说理公开制度，因为"判决说理是法官以其他解释主体作为拟定的听众，通过判决书这一载体，阐明其对刑法的解释，并通过说理证明其解释的合理性，目的就在于获得或增强听众的认同"②，从司法实践来看，在大多数场合下，社会公众是通过判决书中所列明的理由来了解法官针对具体案件所作的解释及其理由，并进一步地对这种解释及其采用的方法和所依据的理由进行评判，从而实现司法者与社会公众的密切互动。因此，在这个意义上来说，加强在判决书中"说理"工作即是促进司法者与社会公众进行充分对话，实现"社会一般观念"直接"在场"的有效途径。这种"说理"的工作在"对话"当中应防止出现过度简单的论述从而影响"共识"的达成，因为"对话只有在下述的情形下才能达成这种观点的澄清：只有当对话是不受宰制并且公平地进行时，也就是说，只有当对手不再过度简化或扭曲反对意见的论据、不再提出未经证成的非难、不再用那些以自己意见之正确性作为前提的论据（所谓的循环论证）驳斥反对意见，并且，尽力去了解与深入探讨反对阵营的各种论点时，对话才能澄清双方的看法"③。

中国台湾地区学者杨仁寿也认为：在任何学科领域中，都不可能存在一种绝对的权威意见，换言之，没有哪种学说或观点是无不可拿来讨论或者进行批判的。任何意见或主张，都必须容得下分歧各方的讨论与批判，以提高其客观性。但是为了避免这些讨论或批判陷入一种无益而冗长的争

---

① 参见［德］哈贝马斯《在事实与规范之间——关于法律与民主法治国的商谈理论》，童世骏译，生活·读书·新知三联书店 2003 年版，第 280 页。

② 袁林：《超越主客观解释论：刑法解释标准研究》，《现代法学》2011 年第 33 卷第 19 期。

③ ［德］英格博格·普珀：《法律思维小课堂》，蔡圣伟译，北京大学出版社 2011 年版，第 176 页。

论中,任何人就某一问题所持的见解,除了应表明其"主张"外,还应当提供"合理的理由",以便听众能够更好地理解其观点,进而对其主张之是否具合理性进行讨论与批判。反之,其批判者所提出的主张,也应当就其反对意见提供"合理的理由"。如果某个法律见解在提出时,仅仅空言其"主张",却没有提供任何理由,或者其所提供的理由明显不符合一般民众公认所承认的常识性标准,或者不将其理由予以公开,均不能冠以"学问"之名。[①] 具体而言,在判断某个擅自处置应由他人处置的事项之行为是否遵循了"非正式规范"从而成立依推定的同意之行为时,裁判者需要平等地听取各方的意见,尤其是权利人事后对行为人的行为不予认同的场合下,既要关注权利人所主张的行为人之行为超越了"非正式规范"的效力范围或者没有遵循"非正式规范"的理由,也要关注行为人所主张的相反理由,同时还要将裁判者自己对该问题的看法及理由以符合逻辑的形式展示在判决书等相关法律文书当中并(在法律允许的范围之内)予以公开,以便接受社会舆论的审查。因为没有人可以有根据地宣称,他掌握了绝对正确的解决方案,或是找到了绝对有效的处理公平问题,因此,所有人的认知确信都是同等有效的,任何个体都应被作为道德上相同的层级而对待。而且,人类具有通过讨论与经验纠正错误的能力,错误的观点与习惯会逐渐从事实与论证中消退,人们也总是通过与其他观点进行比较,来改进和完善自己的观点。"那些最具理由的见解并没有其他保障,仅仅是对整个世界保持开放,欢迎人们对它的错误之处进行批判。如果要求未被满足或是见解缺乏证据证明,就证明我们距离正确认知还为时尚远;但我们至少做了所有努力,将现实状况交由人类的理性来处理;我们也没有错过真理可能产生的任何机会。我们将缺陷予以展示,是希望如果存在某种更好的真理,它就能够被我们发现。只要人类的精神有能力接受这种更好的真理,我们就能够确信,在今天我们已经无限接近真理。而这就是认知的总和,它通过试错的方式获得,而这也是我们获取它的唯一途径。"[②] 换言之,对正义问题的实质性论断的发现只能在辩论中实现,因为"给一个信念提供的辨明越多,该信念就越有可能是真

[①] 参见杨仁寿《法学方法论》,中国政法大学出版社 1999 年版,第 40—43 页。
[②] [德] 齐佩利乌斯:《德国国家学》,赵宏译,法律出版社 2011 年版,第 319—320 页。

的。……每一次相继地以用得较好的、得到辨明的信念取代较差的、得到辨明的信念,在符合程度上是一个提高"[1]。从这个意义上说,在面对有关"依推定的同意之行为"的案件时,得出一个体现"一般社会观念"的判决与其说是"非正式规范"本身所具有的属性所致,毋宁说是人们通过相互"论辩"对这类规范所提出的期望与要求。

---

[1] [美]理查德·罗蒂:《真理与进步》,杨玉成译,华夏出版社2003年版,第6—7页。

第七章　结语

　　从原则上来看，对包括"犯罪阻却事由"在内的各种刑法问题的研究，既要注重在司法认定的过程中对其成立原理及成立要件的分析，又要就该问题在刑事立法上的可行性进行研究。但是本书仅仅在刑事司法的层面对依推定的权利人同意之行为进行了探讨，而未涉及其在刑事立法上的可行性，因为笔者认为，与呈现类型化特征的犯罪之"肯定性要件"不同，要为某种犯罪之"否定性要件"制定一个能够适用于各种情况的规范，要么就会显得繁杂无比，要么就会因为保证其宽泛的适用范围而将其铸造成一个空洞的概念，即便将依推定的权利人同意之行为作为法定的"犯罪阻却事由"规定在我国刑法总则中，从而使其不再具有"超法规"的特征，其在"明确性"上存在的问题以及在司法实践中存在的争议也不会比目前的要更少。因为，虽然"法典是人类理性的体现，但并不是万能的。法典的高度抽象使得它远离社会生活，如果一个人只阅读法典的话，实际上不可能完全理解法律。法律原本就是社会中的法律，因而我们只有在对司法生活的观察中，才能深入地理解法律"[①]。而且，虽然目前世界上也只有少数国家或地区在成文法中明确规定了这一事由，绝大多数国家或地区都是根据社会生活的现实情状对该事由均表示不同程度的认可。当然，如果学者们能够在克服成文法之不周延性、模糊性、滞后性的缺点之基础上，站在立法论的层面对该类行为展开研究，对于其今后的发展则"善莫大焉"。

[①]　陈金钊：《法律解释学——权利（权力）的张扬与方法的制约》，中国人民大学出版社2011年版，第17页。

参考文献

一　中文类参考文献

（一）中文著作

蔡桂生：《构成要件论》，中国人民大学出版社2015年版。

常健、李国山：《欧美哲学通史（现代哲学卷）》，南开大学出版社2003年版。

陈金钊：《法律解释学——权利（权力）的张扬与方法的制约》，中国人民大学出版社2011年版。

陈朴生：《刑法专题研究》，三民书局股份有限公司1988年第2版。

陈兴良：《本体刑法学》，商务印书馆2001年版。

陈兴良：《刑法的价值构造》，中国人民大学出版社2006年第2版。

陈兴良：《刑法的人性基础》，中国人民大学出版社2006年第3版。

陈兴良：《刑法适用总论（上卷）》，中国人民大学出版社2006年第2版。

陈兴良：《刑法学》，复旦大学出版社2010年第2版。

陈兴良：《刑法哲学》，中国政法大学出版社2004年第3版。

陈兴良：《刑事司法研究》，中国人民大学出版社2008年第3版。

陈兴良主编：《刑事法判解》第2卷，法律出版社2000年版。

陈璇：《刑法中社会相当性理论研究》，法律出版社2010年版。

陈忠林：《刑法散得集II》，重庆大学出版社2012年版。

陈子平：《刑法总论》，中国人民大学出版社2009年版。

储槐植、江溯：《美国刑法》，北京大学出版社2012年第4版。

储槐植、宗建文、杨书文等：《刑法机制》，法律出版社2004年版。

储槐植：《刑事一体化论要》，北京大学出版社2007年版。

邓子滨：《中国实质刑法观批判》，法律出版社2009年版。

樊崇义主编：《刑事诉讼法学》，中国政法大学出版社1996年版。

方泉：《犯罪论体系的演变——自"科学技术世纪"至"风险技术社会"的一种叙述和解读》，中国人民公安大学出版社2008年版。

冯军、肖中华主编：《刑法总论》，中国人民大学出版社2008年版。

冯军、肖中华主编：《刑法总论》，中国人民大学出版社2016年第3版。

冯军：《刑法问题的规范理解》，北京大学出版社2009年版。

付立庆：《犯罪构成理论——比较研究与路径选择》，法律出版社2010年版。

付立庆：《主观违法要素理论——以目的犯为中心的展开》，中国人民大学出版社2008年版。

付子堂主编：《法理学进阶》，法律出版社2005年版。

付子堂主编：《法理学高阶》，高等教育出版社2008年版。

甘添贵：《刑法之重要理念》，瑞兴图书出版社1996年版。

高铭暄主编：《刑法学原理》第2卷，中国人民大学出版社2005年第3版。

高铭暄主编：《刑法学原理》第1卷，中国人民大学出版社2005年第3版。

郭道晖：《法理学精义》，湖南人民出版社2005年版。

韩忠谟：《刑法原理》，北京大学出版社2009年版。

郝艳兵：《风险刑法——以危险犯为中心的展开》，中国政法大学出版社2012年版。

洪福增：《刑法理论之基础》，台湾刑事法杂志社1977年版。

胡志刚：《价值相对主义探微》，上海世纪出版集团2012年版。

黄荣坚：《基础刑法学（上）》，中国人民大学出版社2009年第3版。

黄荣坚：《刑法问题与利益思考》，中国人民大学出版社2009年版。

黄仲夫：《刑法精义》，元照出版有限公司2014年版。

贾济东：《外国刑法学原理（大陆法系）》，科学出版社2013年版。

贾健：《刑法目的论——以关系性本体论为视角》，法律出版社 2014 年版。

贾宇：《刑事违法性理论研究》，北京大学出版社 2008 年版。

柯耀程：《变动中的刑法思想》，中国政法大学出版社 2003 年版。

黎宏：《日本刑法精义》，法律出版社 2008 年第 2 版。

黎宏：《刑法总论问题思考》，中国人民大学出版社 2007 年版。

李海东：《刑法原理入门（犯罪论基础）》，法律出版社 1998 年版。

李立众：《犯罪成立理论研究——一个域外方向的尝试》，法律出版社 2006 年版。

李永升：《犯罪论前沿问题研究》，中山大学出版社 2009 年版。

梁根林主编：《当代刑法思潮论坛——刑法体系与犯罪构造》第 1 卷，北京大学出版社 2016 年版。

林山田：《刑法通论（上册）》，北京大学出版社 2008 年第 10 版。

林钰雄：《新刑法总则》，元照出版有限公司 2014 年版。

刘建伟：《新康德主义法学》，法律出版社 2007 年版。

刘俊荣、张强、翟晓梅：《当代生命伦理的争鸣与探讨》，中央编译出版社 2010 年版。

刘明祥主编：《过失犯研究——以交通过失和医疗过失为中心》，北京大学出版社 2010 年版。

刘艳红：《实质刑法观》，中国人民大学出版社 2009 年版。

刘长秋：《器官移植法研究》，法律出版社 2005 年版。

吕叔湘、丁声树主编：《现代汉语词典》，商务印书馆 1983 年版。

马俊驹、余延满：《民法原论》，法律出版社 2010 年第 4 版。

马克昌：《比较刑法原理——外国刑法学总论》，武汉大学出版社 2002 年版。

马克昌主编：《犯罪通论》，武汉大学出版社 1999 年版。

马克昌主编：《外国刑法学总论（大陆法系）》，中国人民大学出版社 2009 年版。

欧阳康主编：《社会认识方法论》，武汉大学出版社 1998 年版。

彭万林主编：《民法学》，中国政法大学出版社 2007 年版。

邱兴隆、许章润：《刑罚学》，群众出版社 1988 年版。

申柳华:《德国刑法被害人信条学研究》,中国人民公安大学出版社 2011 年版。

石经海:《量刑个别化的基本原理》,法律出版社 2010 年版。

苏力:《送法下乡——中国基层司法制度研究》,中国政法大学出版社 2000 年版。

田宏杰:《刑法中的正当化行为》,中国检察出版社 2004 年版。

王建军、李国山、贾江鸿:《欧美哲学通史——近代哲学卷》,南开大学出版社 2007 年版。

王牧:《犯罪学》,吉林大学出版社 1992 年版。

王世洲:《德国经济犯罪与经济刑法研究》,北京大学出版社 1999 年版。

王扬、丁芝华:《客观归责理论研究》,中国人民公安大学出版社 2006 年版。

王泽鉴:《民法概要》,中国政法大学出版社 2003 年版。

王政勋:《正当行为论》,法律出版社 2000 年版。

王作富、黄京平主编:《刑法》,中国人民大学出版社 2011 年第 5 版。

夏基松:《现代西方哲学》,上海人民出版社 2009 年第 2 版。

肖洪:《论刑法的调整对象》,中国检察出版社 2008 年版。

肖前主编:《马克思主义哲学原理(上)》,中国人民大学出版社 1994 年版。

肖中华:《犯罪构成及其关系论》,中国人民大学出版社 2000 年版。

谢晖:《法学范畴的矛盾辨思》,山东人民出版社 1999 年版。

徐岱:《刑法解释学基础理论建构》,法律出版社 2010 年版。

许玉秀、陈志辉主编:《不移不惑献身法与正义——许迺曼教授刑事法论文选辑》,新学林出版股份有限公司 2006 年版。

许玉秀:《当代刑法思潮》,中国民主法制出版社 2005 年版。

杨丹:《医疗刑法研究》,中国人民大学出版社 2010 年版。

杨仁寿:《法学方法论》,中国政法大学出版社 1999 年版。

杨兴培:《犯罪构成原论》,中国检察出版社 2004 年版。

于改之:《刑民分界论》,中国人民公安大学出版社 2007 年版。

余振华：《刑法违法性理论》，瑞兴图书股份有限公司 2010 年版。

张恒山：《法理要论》，北京大学出版社 2002 年版。

张明楷：《法益初论》，中国政法大学出版社 2000 年版。

张明楷：《行为无价值论与结果无价值论》，北京大学出版社 2012 年版。

张明楷：《外国刑法纲要》，清华大学出版社 2007 年第 2 版。

张明楷：《刑法的基础观念》，中国检察出版社 1995 年版。

张明楷：《刑法分则的解释原理（上）》，中国人民大学出版社 2011 年第 2 版。

张明楷：《刑法格言的展开》，北京大学出版社 2013 年第 3 版。

张明楷：《刑法学（上）》，法律出版社 2016 年第 5 版。

张明楷：《刑法学》，法律出版社 2011 年第 4 版。

张明楷：《诈骗罪与金融诈骗罪研究》，清华大学出版社 2006 年版。

张明楷：《罪刑法定与刑法解释》，北京大学出版社 2009 年版。

张武举：《刑法的伦理基础》，法律出版社 2008 年版。

张亚军：《刑法中的客观归属论》，中国人民公安大学出版社 2008 年版。

张远煌：《犯罪学》，中国人民大学出版社 2007 年版。

赵秉志主编：《刑法争议问题研究》，河南人民出版社 1996 年版。

赵秉志主编：《英美刑法学》，科学出版社 2010 年第 2 版。

郑泽善：《刑法总论争议问题研究》，北京大学出版社 2013 年版。

钟宏彬：《法益理论的宪法基础》，元照出版有限公司 2012 年版。

周光权：《刑法学的向度——行为无价值论的深层追问》，法律出版社 2014 年版。

周光权：《刑法总论》，中国人民大学出版社 2007 年版。

朱建华主编：《刑法学研究提要》，法律出版社 2013 年版。

卓英子：《新黑格尔主义法学》，法律出版社 2006 年版。

薛成泰：《德国刑法中的合法化事由的体系》，元照出版有限公司 2007 年版。

（二）中文论文

陈庆安：《超法规排除犯罪性事由研究》，博士学位论文，吉林大学，

2008年。

初红漫:《被害人过错与罪刑关系研究》,博士学位论文,西南政法大学,2012年。

凌萍萍:《被害人承诺研究》,博士学位论文,吉林大学,2010年。

张少林:《被害人行为刑法意义之研究》,博士学位论文,华东政法大学,2010年。

(三) 中译著作

[德] 阿图尔·考夫曼、[德] 温弗里德·哈斯默尔:《当代法哲学和法律理论导论》,郑永流译,法律出版社2002年版。

[德] 阿图尔·考夫曼:《法律哲学》,刘幸义等译,法律出版社2011年第2版。

[德] 埃里克·希尔根多夫:《德国刑法学——从传统到现代》,江溯、黄笑岩等译,北京大学出版社2015年版。

[美] 安德雷·马默主编:《法律与解释》,张卓明、徐宗立译,法律出版社2006年版。

[英] 安德鲁·冯·赫尔希:《法益概念与"损害原则"》,樊文译,载陈兴良《刑事法评论》第24卷,北京大学出版社2009年版。

[德] 安塞尔姆·里特尔·冯·费尔巴哈:《德国刑法教科书》,徐久生译,中国方正出版社2010年第14版。

[意] 贝卡里亚:《论犯罪与刑罚》,黄风译,中国法制出版社2005年版。

[英] 博温托·迪·苏萨·桑托斯:《迈向新法律常识:法律、全球化和解放》,刘坤轮、叶传星译,郭辉校、朱景文审校,中国人民大学出版社2009年版。

[美] E.博登海默:《法理学、法律哲学与法律方法》,中国政法大学出版社2004年版。

[日] 曾根威彦:《刑法学基础》,黎宏译,法律出版社2005年版。

[日] 川端博:《刑法总论二十五讲》,余振华译,甘添贵监译,中国政法大学出版社2003年版。

[日] 大谷实:《刑法讲义总论》,黎宏译,中国人民大学出版社2008年第2版。

［日］大塚仁：《刑法概说（总论）》，冯军译，中国人民大学出版社 2003 年第 3 版。

［美］德沃金：《法律帝国》，李常青译，徐宗英校，中国大百科全书出版社 1996 年版。

［法］E. 迪尔凯姆：《社会学方法的准则》，商务印书馆 1995 年版。

［意］杜里奥·帕多瓦尼：《意大利刑法学原理》，陈忠林译，中国人民大学出版社 2004 年版。

［德］恩施特·贝林：《构成要件理论》，王安异译，中国人民公安大学出版社 2006 年版。

［德］G. 拉德布鲁赫：《法哲学》，王朴译，法律出版社 2005 年版。

［德］冈特·施特拉腾韦特、洛塔尔·库伦：《刑法总论 I——犯罪论》，杨萌译，法律出版社 2006 年版。

［日］关哲夫：《现代社会中法益论的课题》，王充译，载赵秉志《刑法论丛》第 12 卷，法律出版社 2007 年版。

［德］哈贝马斯：《在事实与规范之间——关于法律与民主法治国的商谈理论》，童世骏译，生活·读书·新知三联书店 2003 年版。

［德］汉斯·格奥尔格·加达默尔：《真理与方法（上卷）》，洪汉鼎译，上海译文出版社 1992 年版。

［德］汉斯·海因里希·耶赛克、托马斯·魏根特：《德国刑法教科书》，中国法制出版社 2001 年版。

［德］N. 霍恩：《法律科学与法哲学导论》，罗莉译，法律出版社 2005 年版。

［英］吉米·边沁：《立法理论》，李贵方等译，中国人民公安大学出版社 2004 年版。

［英］杰西·洛佩兹、约翰·斯科特：《社会结构》，允春喜译，吉林人民出版社 2007 年版。

［韩］金日秀、徐辅鹤：《韩国刑法总论》，郑军男译，武汉大学出版社 2008 年版。

［德］卡尔·恩吉斯：《法律思维导论》，郑永流译，法律出版社 2004 年版。

［德］卡尔·拉伦茨：《法学方法论》，陈爱娥译，商务印书馆 2004

年版。

[法] 卡斯东·斯特法尼：《法国刑法总论精义》，罗结珍译，中国政法大学出版社 1998 年版。

[德] 康德：《实践理性批判》，邓晓芒译，杨陶祖校，人民出版社 2003 年版。

[德] 克劳斯·罗克辛：《德国刑法学总论——犯罪原理的基础构造》第 1 卷，王世洲译，法律出版社 2005 年版。

[德] 克劳斯·罗克辛：《德国最高法院判例——刑法总论》，何庆仁、蔡桂生译，中国人民大学出版社 2012 年版。

[德] 克劳斯·罗克辛：《刑事政策与刑法体系》，蔡桂生译，中国人民大学出版社 2011 年第 2 版。

[德] 克劳斯·罗克信：《刑法的任务不是保护法益吗？》，樊文译，载陈兴良《刑事法评论》第 19 卷，北京大学出版社 2007 年版。

[英] 克里斯·桑希尔：《德国政治哲学：法的形而上学》，陈进江译，人民出版社 2009 年版。

[德] H. 科殷：《法哲学》，林荣远译，华夏出版社 2002 年版。

[德] 李斯特：《德国刑法教科书》，[德] 施密特修订，徐久生译，何秉松校订，法律出版社 2006 年版。

[韩] 李在祥：《韩国刑法总论》，韩相敦译，赵秉志、武小凤审校，中国人民大学出版社 2005 年版。

[美] 理查德·A. 爱泼斯坦：《简约法律的力量》，刘星译，中国政法大学出版社 2004 年版。

[美] 理查德·罗蒂：《真理与进步》，杨玉成译，华夏出版社 2003 年版。

[德] 罗伯特·阿列克西：《法律论证理论——作为法律证立的理性论辩理论》，舒国滢译，中国法制出版社 2002 年版。

[美] 罗斯科·庞德：《法律与道德》，陈林林译，中国政法大学出版社 2003 年版。

[英] 洛克：《政府论（下篇）》，叶启芳、瞿菊农译，商务印书馆 2005 年版。

[法] 孟德斯鸠：《论法的精神（上册）》，张雁深译，商务印书馆

1961 年版。

［德］诺贝特·埃利亚斯：《个体的社会》，翟三江、陆兴华译，译林出版社 2008 年版。

［美］诺内特、塞尔兹尼克：《转变中的法律与社会》，张志铭译，中国政法大学出版社 1994 年版。

［英］齐格蒙特·鲍曼：《共同体》，欧阳景根译，江苏人民出版社 2007 年版。

［德］齐佩利乌斯：《德国国家学》，赵宏译，法律出版社 2011 年版。

［德］齐佩利乌斯：《法学方法论》，金振豹译，法律出版社 2009 年版。

［日］前田雅英：《刑法讲义总论》，曾文科译，北京大学出版社 2017 年第 6 版。

［日］山口厚：《刑法总论》，付立庆译，中国人民大学出版社 2011 年第 2 版。

［日］松宫孝明：《刑法总论讲义》，钱叶六译，王昭武审校，中国人民大学出版社 2013 年第 4 版。

［英］J. W. 塞西尔·特纳：《肯尼刑法原理》，王国庆、李启家等译，华夏出版社 1989 年版。

［德］魏德士：《法理学》，丁晓春、吴越译，法律出版社 2005 年版。

［德］乌尔里希·贝克：《风险社会》，何博闻译，译林出版社 2004 年版。

［德］乌尔斯·金德霍伊泽尔：《刑法总论教科书》，蔡桂生译，北京大学出版社 2015 年第 6 版。

［英］西蒙·罗伯茨：《秩序与争议——法律人类学导论》，沈伟、张铮译，上海交通大学出版社 2012 年版。

［日］西田典之：《日本刑法总论》，刘明祥、王昭武译，中国人民大学出版社 2007 年版。

［日］西原春夫：《犯罪实行行为论》，戴波、江溯译，北京大学出版社 2006 年版。

［日］小野清一郎：《犯罪构成要件理论》，王泰译，中国人民公安大学出版社 2004 年版。

［日］野村稔：《刑法总论》，全理其、何力译，邓又天审校，法律出版社2001年版。

［日］伊东研祐：《法益概念史研究》，秦一禾译，中国人民大学出版社2014年版。

［德］英格博格·普珀：《法律思维小课堂》，蔡圣伟译，北京大学出版社2011年版。

［美］约翰·亨利·梅利曼：《大陆法系》，顾培东、禄正平译，李浩校，法律出版社2004年第2版。

［美］约翰·凯克斯：《为保守主义辩护》，应齐、葛水林译，江苏人民出版社2003年版。

［德］约翰内斯·韦塞尔斯：《德国刑法总论》，李昌珂译，法律出版社2008年版。

［美］约书亚·德雷斯勒：《美国刑法精解》，王秀梅等译，北京大学出版社2009年版。

［日］宗冈嗣郎：《犯罪论与法哲学》，陈劲阳、吴丽君译，华中科技大学出版社2012年版。

（四）论文集

蔡桂生：《德国刑法学中构成要件论的演变》，载陈兴良《刑事法评论》，北京大学出版社2012年版。

曹菲：《治疗行为正当化根据研究——德日的经验与我国的借鉴》，载陈兴良主编《刑事法评论》第29卷，北京大学出版社2011年版。

陈檬：《正当化事由体系地位初探》，载陈兴良《刑事法评论》，北京大学出版社2007年版。

陈冉：《由"尊严死"论放弃医疗救治的制事责任》，载赵秉志主编《刑法论丛》第33卷，法律出版社2013年版。

陈兴良：《论过失的实行行为》，载刘明祥《过失犯研究——以交通过失和医疗过失为中心》，北京大学出版社2010年版。

陈兴良：《违法性理论：一个反思性检讨》，载贾宇《刑事违法性理论研究》，北京大学出版社2008年版。

冯军：《专断性医疗行为的刑事处罚及其界限》，载刘明祥《过失犯研究——以交通过失和医疗过失为中心》，北京大学出版社2010年版。

付立庆：《论违法性理论在刑法总论中的应然地位》，载贾宇《刑事违法性理论研究》，北京大学出版社 2008 年版。

何敏华：《中国与大陆法系犯罪成立条件理论宏观比较——为中国犯罪构成理论的辩护》，《西北政法学院论文集》2002 年版。

何庆仁：《刑法保护谁——关于刑法任务的一种追问》，载赵秉志《刑法论丛》第 22 卷，法律出版社 2010 年版。

贾健：《哲学本体论视角下的刑法民意"在场"》，载赵秉志《刑法论丛》第 29 卷，法律出版社 2012 年版。

[韩] 金日秀：《关于犯罪论体系的方法论考察》，载赵秉志《刑法论丛》第 30 卷，法律出版社 2012 年版。

李少平：《论刑法的社会保护功能——兼论刑法与相关部门法的衔接协调》，载陈泽宪、李少平、黄京平《当代中国的社会转型与刑法调整（上卷）》，中国人民公安大学出版社 2013 年版。

李世阳：《论刑法的规范构造——从古典犯罪论体系到新古典犯罪论体系的考察》，载陈兴良《刑事法评论》第 30 卷，北京大学出版社 2012 年版。

[美] 马库斯·德克·达博：《积极的一般预防与法益理论———个美国人眼里的德国刑法学的两个重要成就》，杨萌译，徐久生校，载陈兴良《刑事法评论》第 21 卷，北京大学出版社 2007 年版。

马荣春、周建达：《为社会危害性概念的刑法学地位辨正——兼与陈兴良教授商榷》，载赵秉志《刑法论丛》第 19 卷，法律出版社 2009 年版。

马寅翔：《构成要件的个别化机能研究》，载陈兴良《刑事法评论》第 27 卷，北京大学出版社 2010 年版。

梅象华：《刑法不得已原则——刑事不法与民事、行政不法界分的基本原则》，载陈泽宪、李少平、黄京平主编《当代中国的社会转型与刑法调整（上卷）》，中国人民公安大学出版社 2013 年版。

莫洪宪、杨文博：《论安乐死的分类与概念清理——安乐死研究误区的批判》，载赵秉志主编《刑法论丛》第 27 卷，法律出版社 2011 年版。

欧锦雄：《犯罪构成体系的平面化与位阶化》，载赵秉志《刑法论丛》第 33 卷，法律出版社 2013 年版。

茹士春：《论刑法不得已性——刑法与其他部门法协调适用的准则》，载陈泽宪、李少平、黄京平《当代中国的社会转型与刑法调整（上卷）》，中国人民公安大学出版社 2013 年版。

王安异：《法益侵害还是规范违反》，载赵秉志《刑法论丛》第 11 卷，法律出版社 2007 年版。

王俊：《构成要件理论：形式与实质——构成要件二分说之提倡》，载陈兴良《刑事法评论》第 28 卷，北京大学出版社 2011 年版。

夏勇：《刑法与民法——截然不同的法律类型》，载陈泽宪、李少平、黄京平《当代中国的社会转型与刑法调整（上卷）》，中国人民公安大学出版社 2013 年版。

肖中华、张少林：《论刑法中的被害人行为的效力根据》，载赵秉志《刑法论丛》第 21 卷，法律出版社 2010 年版。

寅翔：《构成要件的个别化机能研究》，载陈兴良主编《刑事法评论》第 27 卷，北京大学出版社 2010 年版。

袁国何：《论容许构成要件错误的责任效果》，载陈兴良《刑事法评论》第 32 卷，北京大学出版社 2013 年版。

（五）期刊类

蔡桂生：《构成要件论：罪刑法定与机能权衡》，《中外法学》2013 年第 1 期。

蔡桂生：《论被害人同意在犯罪论体系中的定位》，《南京师大学报》（社会科学版）2013 年第 6 期。

蔡桂生：《梅茨格尔犯罪阶层体系的新康德主义根基》，《清华法学》2009 年第 3 卷第 6 期。

曾文科：《个人法益结构及其应用》，《福建法学》2012 年第 1 期。

车浩：《"被害人承诺"还是"被害人同意"？——从犯罪论体系语境差异看刑法概念的移植与翻译》，《中国刑事法杂志》2009 年第 11 期。

车浩：《论被害人同意的体系性地位——一个中国语境下的"德国问题"》，《中国法学》2008 年第 4 期。

车浩：《论刑法上的被害人同意能力》，《法律科学》2008 年第 6 期。

车浩：《盗窃罪中的被害人同意》，《法学研究》2012 年第 2 期。

车浩：《论推定的被害人同意》，《法学评论》2010 年第 1 期。

陈兴良：《社会危害性理论：进一步的批判性清理》，《中国法学》2006 年第 4 期。

陈兴良：《四要件犯罪构成的结构性缺失及其颠覆——从正当行为切入的学术史考察》，《现代法学》2009 年第 31 卷第 6 期。

陈兴良：《正当化事由研究》，《法商研究》2000 年第 3 期。

陈兴良：《犯罪构成论——从四要件到三阶层：一个学术史的考察》，《中外法学》2010 年第 1 期。

储槐植、高维俭：《犯罪构成理论结构比较论略》，《现代法学》2009 年第 6 期。

杜宇：《当代刑法实践中的习惯法——一种真实而有力的存在》，《中外法学》2005 年第 1 期。

杜宇：《合分之道：构成要件与违法性的阶层关系》，《中外法学》2011 年第 4 期。

甘添贵：《专断医疗与承诺》，《月旦法学教室》2004 年第 3 期。

高维俭、薛林：《论应权利人同意之行为——被害人同意理论的重构》，《政治与法律》2004 年第 3 期。

黄京平、杜强：《被害人承诺成立要件的比较分析》，《河南省政法管理干部学院学报》2003 年第 2 期。

贾健、朱冰洁：《法益侵害论与规范违反论的后传统社会回应——以 Roxin 与 Jakobs 的理论为样本分析》，《甘肃政法学院学报》2011 年第 116 期。

赖其万：《医学是软硬兼施的科学》，《科学人》2007 年第 4 期。

黎宏：《我国犯罪论体系不必重构》，《法学研究》2006 年第 1 期。

李洁：《不能犯的可罚性危险判断》，《河南省政法管理干部学院》2007 年第 4 期。

李洁：《中国通论犯罪构成理论体系评判》，《法律科学》2008 年第 2 期。

梁云宝：《超法规的违法性阻却事由之外置化——四要件犯罪论体系下的定位》，《法学评论》2006 年第 6 期。

刘根菊：《关于公诉案件被害人权利保障问题》，《法学研究》1997 年第 2 期。

刘明祥：《器官移植涉及的刑法问题》，《中国法学》2001 年第 6 期。

刘艳红：《刑法类型化概念与法治国原则之哲理——兼论开放的构成要件之存在根据》，《比较法研究》2003 年第 3 期。

刘艳红：《目的二阶层体系与"但书"出罪功能的自洽性》，《法学评论》2012 年第 6 期。

刘远：《犯罪构成模式的反思与重构》，《中国刑事法杂志》2006 年第 5 期。

刘远：《规范 VS 法益：基于刑法第 13 条的司法逻辑分析》，《甘肃政法学院学报》2011 年第 116 期。

马骏：《医疗正当行为中被允许的危险理论初探》，《时代法学》2009 年第 7 卷第 4 期。

马荣春、王超强：《犯罪构成论体系与犯罪概念的关系》，《上海政法学院学报》2014 年第 29 卷第 2 期。

梅传强：《犯罪心理学研究的核心问题——刑事责任的心理基础》，《现代法学》2003 年第 25 卷第 2 期。

莫洪宪、王树茂：《刑法谦抑主义论纲》，《刑事法杂志》2002 年第 1 期。

齐文远、苏彩霞：《犯罪构成符合性判断的价值属性辨正》，《法律科学》2008 年第 1 期。

沈海平：《社会危害性再审视》，《中国刑事法杂志》2004 年第 2 期。

沈琪：《解析超法规违法阻却事由理论——兼论社会危害性》，《法学论坛》2004 年第 19 卷第 4 期。

石磊：《论非法行医罪在刑法学理论上的定位》，《中国刑事法杂志》2002 年第 5 期。

舒洪水、张晶：《法益在现代刑法中的困境与发展——以德、日刑法的立法动态为视角》，《政治与法律》2009 年第 7 期。

苏青：《法益理论的发展源流及其启示》，《法律科学》2011 年第 3 期。

田国宝：《论基于推定承诺的行为》，《法学评论》2004 年第 3 期。

田宏杰：《刑法中的正当化行为与犯罪构成关系的理性思考》，《政法论坛》2003 年第 21 卷第 6 期。

童伟华、武良军：《刑法中社会危害性概念的机能分析》，《时代法学》2011 年第 4 期。

王充：《论大陆法系犯罪论体系的实质化倾向——以梅兹格（Mezger）的犯罪论体系为视角》，《浙江社会科学》2006 年第 2 期。

王充：《论德国古典犯罪论体系——以贝林（Beling）的构成要件理论为对象》，《当代法学》2005 年第 6 期。

王充：《论麦耶（Mayer）的构成要件理论》，《河南省政法管理干部学院学报》2005 年第 19 卷第 5 期。

王皇玉：《论医疗行为与业务上之正当行为》，《台大法学论丛》2007 年第 6 期。

王钧：《刑法解释的常识化》，《法学研究》2006 年第 6 期。

王骏：《超法规的正当化行为论纲》，《河北法学》2010 年第 28 卷第 8 期。

王骏：《医疗行为正当化问题探析》，《中国石油大学学报》（社会科学版）2010 年第 26 卷第 2 期。

王利荣：《犯罪与法律责任的均衡之义》，《法治论丛》2008 年第 23 卷第 5 期。

王世洲：《刑法的辅助原则与谦抑原则的概念》，《河北法学》2008 年第 26 卷第 10 期。

夏勇：《定罪犯罪构成与设罪犯罪构成》，《中国刑事法杂志》2002 年第 5 期。

徐岱、凌萍萍：《被害人承诺之刑法评价》，《吉林大学社会科学学报》2004 年第 6 期。

徐岱、沈志民、刘余敏：《犯罪本质与实质违法性的判定》，《吉林大学社会科学学报》2009 年第 49 卷第 6 期。

徐俊驰：《医疗行为违逆知情同意原则之刑事责任》，《中国刑事法杂志》2010 年第 11 期。

许发民：《二层次四要件犯罪构成论》，《法律科学》2007 年第 4 期。

杨萌：《德国刑法学中法益概念的内涵及其评价》，《暨南学报》（哲学社会科学版）2012 年第 34 卷第 6 期。

杨萌：《德国刑法学中法益理论的历史发展及现状述评》，《学术界》

2012 年第 6 期。

袁林：《超越主客观解释论：刑法解释标准研究》，《现代法学》2011 年第 33 卷第 19 期。

张超：《先天理性的法概念抑或刑法功能主义——雅各布斯"规范论"初探兼与林立先生商榷》，《北大法律评论》2008 年第 9 卷。

张军、彭之宇：《超法规犯罪阻却事由的价值》，《人民检察》2006 年第 23 期。

张明楷：《构建犯罪论体系的方法论》，《中外法学》2010 年第 22 卷第 1 期。

张明楷：《论被允许的危险的法理》，《中国社会科学》2012 年第 11 期。

张明楷：《论刑法的谦抑性》，《法商研究》1995 年第 4 期。

张明楷：《论诈骗罪中的财产损失》，《中国法学》2005 年第 5 期。

张明楷：《违法阻却事由与犯罪构成体系》，《法学家》2010 年第 1 期。

张少林、卜文：《推定同意的刑法意义探究——兼谈医疗手术行为中的紧急推定同意》，《四川警察学院学报》2010 年第 22 卷第 2 期。

张武举：《刑法伦理解释论》，《现代法学》第 28 卷第 1 期。

张小虎：《我国犯罪构成理论思想探究》，《河南省政法干部管理学院学报》2003 年第 6 期。

张亚军：《被害人承诺新论》，《中国刑事法杂志》2005 年第 4 期。

赵秉志、陈志军：《社会危害性理论之当代中国命运》，《法学家》2011 年第 6 期。

郑军男：《德日构成要件理论的嬗变——贝林及其以后的理论发展》，《当代法学》2009 年第 6 期。

周光权：《论刑法的公众认同》，《中国法学》2003 年第 1 期。

朱建华：《论犯罪的社会危害性的内在属性》，《法学研究》1987 年第 1 期。

朱建华：《论犯罪客体不是犯罪构成要件》，《广东社会科学》2005 年第 3 期。

蔡桂生：《构成要件论：罪刑法定与机能权衡》，《中外法学》2013

年第 1 期。

蔡桂生：《论被害人同意在犯罪论体系中的定位》，《南京师大学报》（社会科学版）2013 年第 6 期。

蔡桂生：《梅茨格尔犯罪阶层体系的新康德主义根基》，《清华法学》2009 年第 3 卷第 6 期。

付立庆：《犯罪构成理论体系改造研究的现场叙事》，《法律科学》2009 年第 2 期。

王充：《论麦耶（Mayer）的构成要件理论》，《河南省政法管理干部学院学报》2005 年第 5 期。

［德］G. 雅各布斯：《刑法保护什么：法益还是规范适用？》，《比较法研究》2004 年第 1 期。

（六）法典类

李立众：《刑法一本通》，法律出版社 2006 年版。

《德国刑法典》，冯军译，中国政法大学出版社 2000 年版。

《日本刑法典》，张明楷译，法律出版社 2006 年版。

（七）其他类

中国社会科学院语言研究所词典编辑室：《现代汉语词典》，商务印书馆 1983 年版。

（八）报纸

谢望原：《孕妇事件：医院应负不可推卸的法律责任》，《法制日报》2007 年 12 月 2 日第 1 版。

（九）网络文献

刘永良：《客家祖地"无人售菜摊"延续 16 年》，http：//www.chinanews.com/df/2012/03-18/3752477.shtml，2012 年 3 月 18 日。

新闻中心：《男子拒签字致孕妇死亡事件调查》，http：//news.sina.com.cn/c/2007-12-03/233214441411.shtml，2007 年 12 月 3 日。

二 外文类参考文献

(一) 期刊

Reginald Parker, "Legal Positivism", *Notre Dame Lawyer*, Vol.31, December 1956, p.183.

(二) 著作

Baumann/Weber/Mitsch, *Strafrecht AT*, 2003, 17, 1V, p.403.

Claus Roxin, *Bemerkungen zur sozialen Adäquanz im Strafrecht*, in: Festschrift für Ulrich Klug zum 70.Geburtstag II: Verlag Gmbh, 1983, p.305.

Claus Roxin, *Strafrecht Allgemeiner Teil Band I*, München: Beck C.H, 2006, p.4.

Raimund Hassemer, *Schutzbedürftigkeit des Opfers und Strafrechtsdogmatik: Zugleich ein Bertrag zur Auslegung des Irrtumsmerkmals in § 263StGB*, Berlin: Duncker & Humblot, 1981, p.25.